ACTIVE
JUSTICE
AND
SOCIAL
JUSTICE

A PRELIMINARY
ANALYSIS BASED ON
CHINA'S
NATIONAL CONDITIONS

能动司法
与社会正义

基于中国国情的
初步分析

公丕祥 / 主　编

章　润 / 副主编

社会科学文献出版社
SOCIAL SCIENCES ACADEMIC PRESS (CHINA)

前　言

　　本书是南京师范大学法学院李浩教授主持的国家社会科学基金重大招标项目"维护司法公正和社会公平正义研究"子课题"能动司法与社会正义"的最终研究成果。

　　作为中国现代化和中国法治现代化重要组成部分的中国司法现代化或中国司法发展，正处在一个巨大而深刻的转变或转型过程中，需要我们为之作出持续不懈的努力，进而实现中国司法现代化的理想愿景。

　　1978年以来的当代中国司法改革与发展的历史进程，积累了诸多弥足珍贵的历史经验，其中的一个重要启示就是：在当代中国，推进司法改革，推动司法发展，必须从中国实际的司法国情条件出发，坚定司法改革与发展的中国道路，探索司法改革与发展的中国模式，努力建设中国特色社会主义司法制度，进而沿着司法现代化的中国道路坚定前行。

　　坚持能动司法的功能取向，致力于建设具有鲜明中国特质的能动司法的体制、制度和机制，这是中国司法现代化的题中应有之义。进入新的历史时期，随着当代中国转型与变革的深入推进，人民法院在经济社会发展中的地位和作用愈益凸显。面对社会矛盾纠纷呈现出的多发性、复杂性、敏感性，一味采用当事人主义的诉讼模式，显然与转型变革时代不相适应。在这样的背景下，特别是在 2008 年以来国际金融危机的司法应对的生动实践中，能动司法作为反映中国深厚本土资源的司法理念产生了广泛的影响。能动司法具有深厚的司法价值，它是社会正义理念的司法表达，以维护和实现社会正义为其终极的价值目标，因而彰显着实质正义取向的司法法治主义。

一般来说，在司法活动中，形式正义与实质正义是相辅相成、内在关联的。司法活动实际上就是通过法律的适用，把法律的抽象规定和普遍要求，转化成对社会成员个体行为的具体规制。司法的目的，就是把一般法律规范运用于特殊的具体的事实，从而使司法结果具有明确的预期性，寻求司法活动的形式正义。马克斯·韦伯称之为司法形式主义。然而，司法现代化的历史实践表明，司法活动不仅建构于非人格的关系上，遵循形式上合法合理的程序，注重形式正义的维护和实现，从而使人们对于自己的行为及其后果具有预测性，而且强调对社会正义基本价值追求的阐释、维护和实现，从而致力于实现实质正义。司法的实质正义通过司法的形式正义表现出来，司法的形式正义则必须以司法的实质正义为其存在的根据和前提，因而司法的实质正义对司法的形式正义具有优先性。[①] 在当代中国，坚持能动司法，不仅要重视形式正义，而且要更加关注实质正义，社会正义构成了法律与司法价值系统的终极依托。因此，维护和实现社会正义，乃是中国特色社会主义司法制度的基本价值目标，是中国司法改革与发展的基本任务，也是当代中国能动司法的基本价值追求。

本书坚持以马克思主义法治理论和习近平法治思想为指导，以能动司法与社会正义的内在机理为分析基础，深入考察当下中国社会转型的历史进程

---

① 参见公丕祥《当代中国能动司法的意义分析》，《江苏社会科学》2010 年第 5 期。

对于司法活动的严峻挑战，着力揭示能动司法与社会正义诸种类型之间的功能关系，探讨能动司法维护和实现社会正义的方式与机制，进而努力构建能动司法与社会正义的理论分析框架。

全书除前言、后记及主要参考文献之外，由七章构成。第一章具有全书总论的性质，在对能动司法的概念内涵作出基本界定的基础上，概述了当代中国法治语境下能动司法的主要特征，分析了社会正义的概念属性，认为从本体意义上讲社会正义集中反映了社会主体的权利要求，乃是社会主体的权利要求的制度化实现，是人类意识的载体形式，离开人类意识和人的价值尊严来谈论社会正义问题是不可思议的；由此，该章讨论了社会正义的分类问题，把社会正义划分为制度正义、程序正义和行为正义三种类型，阐述了制度正义原则、程序正义原则和行为正义原则的内在要求，进而更为深入地探讨了能动司法的价值准则，揭示了能动司法的社会正义取向，强调在急剧的社会转型与变革时代，维护和实现社会正义已经成为能动司法的基本价值目标，要求人民法院和法官在依法司法的前提下，充分发挥主观能动性，努力实现办案的法律效果与社会效果的统一、个案公正与普遍公正的统一、依法裁判与案结事了的统一、法律公正观与群众公正观的统一，从而真正成为社会正义的守护者。

基于上述分析，第二、三、四章分别研究了能动司法与制度正义、能动司法与程序正义、能动司法与行为正义的关系问题。第二章深入探讨了制度正义的价值意义，并且从内涵与外延两个方面分析了制度正义的表现形式，前者表现为制度内容的正义、制度形式的正义和制度运行的正义，而后者则包括政治制度正义、经济制度正义和法律制度正义。该章着力考察了当代中国制度正义的基本状况，分析了转型时期维护和实现制度正义面临的挑战，进而揭示了制度正义的司法需求以及通过能动司法促进制度正义的内在理路；强调在当代中国，要依法服务党和国家工作大局，这是能动司法的本质属性，也是人民法院从根本上维护和促进制度正义的重要途径；必须能动地发挥司法的职能作用，化解社会矛盾，规范社会行为，回应社会需求，参与社会治理。

第三章着力研究了能动司法与程序正义的内在关联，分析了程序正义的价值内涵及其意义，把程序正义价值区分为外在价值和内在价值，揭示了程序正义的若干基本表征，遂而深入考察了当代中国程序正义的现实状况及其面临的艰巨课题，探索了司法审判领域中程序正义与实体正义之间的两难困境以及当下中国程序正义的司法需求，指出社会公众在对司法领域中的实体正义更加关切的同时，对程序正义的关注亦愈益强烈，对司法公开、司法民主、司法便民的期待更为执着，因之必须通过能动司法更加有力地促进程序正义，切实加强司法公开、司法民主和便民诉讼机制建设。

第四章的主题是能动司法与行为正义的关系问题，在简要论述社会主体的行为正义乃是社会正义的重要支撑的基础上，联系转型社会的利益关系格局的变动情形，深入研究了关注和强调行为正义的时代意义，从法哲学角度讨论了社会交往的公平性、实现利益的合理性和主体的社会责任感等社会主体行为正义的若干表现形式。进而该章对当代中国的行为正义状况作了深入考察，分析了行为正义的司法需求，强调通过能动司法促进行为正义，必须强化司法的社会责任，要求法官通过法律解释、漏洞补充、法律推理等司法技术，能动地化解法条规定与实践需求不相适应的问题，以灵活的法律方法回应转型社会的价值诉求，借以在维护法律秩序与实现社会正义之间维持一种有益的平衡。

第五、六章着重研究了能动司法的方式和机制对于维护社会正义的重要作用。第五章旨在从能动司法方式的角度，探讨通过能动司法实现社会正义的主要途径，这里涉及的有调查走访发现实质正义、适度干预维护程序正义、柔性司法优化制度正义、人文关怀促进行为正义等若干体现能动司法方式的丰富的理论与实践问题。在这里，我们可以清晰地发现，司法的首要目标在于发现实质正义，而准确发现事实、认定事实则成为法官审理案件的重要任务之一，法官必须调查走访，最大限度地发现案件事实真相，这是能动司法的基本要求；在诉讼过程中，法官必须保持中立，但这绝不意味着法官是超然于诉讼各方之上的消极、中立的仲裁者，而是应当对当事人的诉讼活动进行适度干预，从而平衡当事人的诉讼能力，确保诉讼活动高效顺畅进行，促进纠纷的有效解决，维护和实现程序正义，这是能动司法的应有之义；法官在法律规则空间内，根据具体案件的要求，运用政策考量、利益衡平、调判结合、情法并用等柔性司法方式，充分考虑涉诉纠纷形成的特殊背景，针对不同情况、不同对象合理适度地采取司法措施，最终促成纠纷的解决，彰显社会与司法的制度正义，这是能动司法的价值所在；司法活动中的人文关怀，对于营造良好的诉讼氛围，促进涉诉纠纷的有效解决，增强社会公众对司法的信赖，提升司法的社会公信力，促进社会主体的行为正义，有着不可忽视的重要作用，因之，加强司法人文关怀乃是能动司法的必然要求。

第六章着重探讨了能动司法机制与社会正义的关系问题，分析了加强能动司法机制建设对于实现社会正义的重要性和必要性，并且分别从公共政策转化机制、多元纠纷解决机制、参与社会治理机制、内部监督制约机制等方面，阐述了建立健全能动司法机制和制度的基本要求，强调在当代中国社会大变革时代，需要我们从中国的基本司法国情条件出发，悉心把握能动司法的内在逻辑，加强能动司法机制建设，有效推动和规制能动司法方式的运用，积极催生人民法院和法官的自觉主动的能动司法行为，把能动司法纳入规范化、制度化的轨道之中，能动地回应司法的社会需求，切实维护和实现社会正义。

第七章乃是对全书叙述内容的总结，深入研究了能动司法模式与社会正义的关系问题，着重探讨了能动司法的模式特征，对能动司法的主动型司法、协同型司法、引导型司法、复合型司法、干预型司法、开放型司法的功能属性进行了深入阐述，着力揭示能动司法的每一种功能属性所蕴含的维护和促进社会正义的价值取向，强调在当代中国，面对转型与变革时期大量的错综复杂的矛盾纠纷，人民法院只有牢固树立能动司法理念，积极构建能动司法模式和机制，才能真正掌握司法审判工作的主动权，能动回应变革社会的司法需求，不断提升司法的社会公信力和司法的权威性，切实维护和实现社会正义。

目　录

第一章

能动司法的社会正义取向

能动司法与社会正义关系密切。本章在对能动司法和社会正义两个概念的内涵加以界定的基础上，进一步分析了以实现社会正义为依归的能动司法的基本司法品格，进而揭示能动司法的时代意义。

一 能动司法的规定性

一般来说，能动司法是与司法克制主义相对而言的。司法克制主义通常坚持严格的规则主义，倡导司法的绝对刚性，主张法院和法官在司法过程中只应探究法律意思，寻求法律理由，无须也不应当进行目的和效果的考量。而能动司法则坚持法律适用的原则性和灵活性的结合，强调在依法适用法律的前提下，追求法律效果与社会效果的统一、个案公正与普遍公正的统一、依法裁判与案结事了的统一。不仅如此，中国法治语境下的能动司法与西方法治语境下的司法能动主义亦有着明显的差异性。在西方（主要是美国），司法能动主义更多的是指在宪法案件中法院通过司法审查来行使"立法权"。当然，无论在美国还是在欧洲，司法能动主义也指法官应该审判案件（而不是回避案件），广泛运用他们手中的权力去促进社会公平。[1] 然而，在当代中国，能动司法主要是指人民法院正确履行宪法和法律赋予的司法审判职责，充分发挥司法能动作用，服务经济社会发展，促进社会和谐稳定，保障人民合法权益，进而维护社会公平正义。因此，能动司法体现了司法的

---

[1] 参见〔美〕克里斯托弗·沃尔夫《司法能动主义——自由的保障还是安全的威胁？》（修订版），黄金荣译，中国政法大学出版社 2004 年版，第 51、3—7 页。

政治性、人民性和法治性的有机统一，乃是中国特色社会主义司法制度本质属性的内在表现。由此出发，我们可以看到，能动司法具有以下若干基本的规定性。

（一）坚持服务大局与依法司法的统一

司法的能动性，是人民司法的应有属性。它要求司法机关不能仅仅停留在被动地审理个案上，而是必须充分认识党和国家工作大局，紧紧围绕中国特色社会主义事业，发挥司法审判职能，为经济社会发展创造和谐稳定的社会环境和公正高效的法治环境；必须善于把握大局，自觉地把本职工作融入党和国家的工作大局之中，正确分析判断司法工作面临的形势任务，科学谋划司法工作的思路和举措；必须切实服务大局，找准服务大局的结合点和切入点，科学认识社会不同发展阶段的司法需求，将审判执行案件与服务大局有机地结合起来，从而把服务改革发展、化解矛盾纠纷、维护社会稳定、推进社会治理创新、保障社会公平正义的司法任务落到实处。习近平指出："司法制度是上层建筑的重要组成部分，我们推进司法体制改革，是社会主义司法制度自我完善和发展，走的是中国特色社会主义法治道路。党的领导是社会主义法治的根本保证，坚持党的领导是我国社会主义司法制度的根本特征和政治优势。"① 因此，深化司法体制改革，推动司法发展，必须在党的领导下，"从党和国家事业发展全局出发，从最广大人民根本利益出发"。② 应当指出，人民法院的一切司法活动都必须遵守法律规定，服务大局不仅要遵守实体法，也要遵守程序法。中国特色社会主义法律体系形成之后，坚持依法司法显得尤为重要。人民法院坚持能动司法、服务大局，必须在中国特色社会主义法治体系的框架下，把握和贯彻司法审判活动的法治要求，确保司法审判活动在法治的轨道上健康运行。诚如习近平所强调的，"要善于运用法

① 《习近平谈治国理政》第二卷，外文出版社 2017 年版，第 131 页。
② 《习近平谈治国理政》第二卷，外文出版社 2017 年版，第 132 页。

治思维和法治方式推动工作，发挥好法律法规的规范、引导、保障作用"。① 因之，服务大局与依法司法的有机结合，是能动司法的基本要义之一。

（二）坚持形式正义与实质正义的统一

司法的形式正义包括司法的被动性、司法的中立性、司法的独立性等等。在能动司法的语境下，司法的被动性主要是指人民法院只能根据当事人的申请启动司法程序，并按照当事人的诉讼请求进行裁判，而不能主动启动司法程序或擅自变更当事人的诉讼请求，这种被动性更多的是对司法的程序性要求；司法的中立性则是指法官在司法过程中必须平等对待各方当事人，不偏不倚，不带有个人偏见，居间裁判，定分止争，但这绝不意味着法官只是超然于各方之上的消极、中立的裁判者，而是必须依法行使职权，加强对诉讼过程的必要的干预；司法的独立性乃是强调法院和法官要依法独立地行使审判权，不受行政机关、社会组织和个人对司法审判活动的非法干涉，但这亦绝不表明法院和法官可以脱离社会生活而孤立封闭地存在，而是应当树立司法的社会责任，努力使审判活动能够实现法律效果和社会效果的内在统一。因此，能动司法并不否认形式正义的重要性，而是强调坚持实质正义的优先性原则，主张司法"应当既强有力又公平；应该有助于界定公众利益并致力于达到实体正义"，② 绝不能为了形式正义而牺牲实质正义。而司法的实质正义之基本价值取向是维护社会公平正义。正如习近平指出的，"公正司法是维护社会公平正义的最后一道防线。所谓公正司法，就是受到侵害的权利一定会得到保护和救济，违法犯罪活动一定要受到制裁和惩罚。如果人民群众通过司法程序不能保证自己的合法权利，那司法就没有公信力，人民群众也不会相信司法。法律本来应该具有定分止争的功能，司法审判本来应该

---

① 参见习近平《论坚持全面依法治国》，中央文献出版社 2020 年版，第 39 页。

② 参见〔美〕P. 诺内特、P. 塞尔兹尼克《转变中的法律与社会：迈向回应型法》，张志铭译，中国政法大学出版社 2004 年版，第 82 页。

具有终局性的作用，如果司法不公、人心不服，这些功能就难以实现"。①

（三）坚持回应关切与综合考量的统一

社会生活是法律发展的基础，法律绝不可能脱离一定的社会条件而孤立地存在。当代中国的社会变革正在以空前的广度和深度波澜壮阔地展开。在这一历史性的进程中，司法无疑应当通过积极能动的司法作为，回应转型与变革时代的社会需求与挑战，从而成为调节经济社会关系、推动社会转型发展的重要工具。从这个意义上讲，我们可以把司法界定为"回应型司法"。能动司法之所以是回应型司法，是因为它把司法的视野从法律体系和法律规则本身拓展开来，立足于更为广阔的政治、经济、社会和文化、历史的发展背景，既积极回应党和国家工作大局的司法需求，努力维护社会和谐稳定，服务经济社会发展，保障社会公平正义，又积极回应人民群众的司法需求，不断满足人民群众对司法功能、司法公正、司法效果、司法过程、司法公信力、司法权威等方面的新要求新期待。"坚持公正司法，需要做的工作很多。我们提出要努力让人民群众在每一个司法案件中都感受到公平正义，所有司法机关都要紧紧围绕这个目标来改进工作，重点解决影响司法公正和制约司法能力的深层次问题。"② 认识到这一点，是至关重要的。在能动回应社会的司法需求的过程中，法官必须综合考量法律、政策、道德、情理、民意以及涉诉矛盾纠纷的特点、成因、背景、当事人情况等多种因素，依法审慎地作出裁判，以便确保案件审理的法律效果和社会效果的有机统一。在这里，从法律适用来看，需要法官能动地选择正确的法律方法解读法律；从事实认定来看，需要法官综合适用证据规则、经验法则、调查取证等多种方法来正确认定事实；从司法方式来看，也需要法官在综合考量各种因素的基础上，针对不同对象、不同情况依法采取不同的司法方法。只有这样，回应变革时代

---

① 参见《习近平关于全面依法治国论述摘编》，中央文献出版社 2015 年版，第 67 页。
② 参见习近平《论坚持全面依法治国》，中央文献出版社 2020 年版，第 22 页。

司法需求的司法作为，才能真正地发挥应有的社会功用。

（四）坚持开放引导与协同司法的统一

在急剧变动的社会转型时期，司法活动绝不是孤立封闭的系统，也不是少数法律"精英"的司法技能的竞技场，而是一个有序开放、充满生机与活力的有机体，是面向社会与大众的交往沟通平台。由此，能动司法主张司法应当打破人为设置的藩篱，以开放的、接纳的姿态主动融入社会生活，积极与外界交流，从而回应社会关切，增强司法的正当性，维护司法的公信力。特别是在当下中国司法公信力受到质疑的情况下，人民法院通过推进开放型司法，形成司法与社会的良性互动关系，显得尤为重要。"深化司法体制改革，要广泛听取人民群众意见，深入了解一线司法实际情况、了解人民群众到底在期待什么，把解决了多少问题、人民群众对问题解决的满意度作为评判改革成效的标准。"[1]要充分利用公开审判这一渠道，将抽象的正义呈现为人民群众能够悉知的"看得见的正义"，赢得人民群众对人民法院司法审判工作的理解和支持。要畅通涉诉民意沟通表达渠道，让专业理性与公众意见在交流甚至交锋中寻求共识、弥合裂痕，既不能一味抗拒民意，也不能一味迎合民意，而要理性适度地依法回应民意。在这一过程中，必须加强司法机关与社会的沟通协调，在依法履行职责的同时将解决纠纷职能向社会开放。这是因为，在当下中国，社会矛盾纠纷涉及多层次的社会关系、多样化的矛盾主体、多领域的利益冲突以及体制、机制、政策、法律、观念等多方面的因素。解决这些矛盾纠纷，不是一种手段、一个部门所能做到的。所以，能动司法强调，在一个趋于和谐的社会、一个渐进成长的法治社会，国家应当为不同类型的社会矛盾纠纷提供相应的解决渠道。每一种纠纷解决方式应当占有自己的位置，发挥各自的作用，并且相互补充、相互协调。建设和谐社

---

① 参见《习近平谈治国理政》第二卷，外文出版社 2017 年版，第 131 页。

会和法治社会必须树立司法的权威，但这并不意味着司法是解决社会矛盾纠纷的唯一方式，而是应当建立诉讼与非诉讼有机结合的多元纠纷解决机制，合力解决社会矛盾纠纷。习近平对"枫桥经验"给予高度评价，强调要"坚持和发展新时代'枫桥经验'，促进社会和谐稳定"，指出："群防群治和小事不出村、大事不出镇、矛盾不上交是枫桥创造的基层治理经验，要结合新的形势推广'枫桥经验'，并不断总结新鲜经验，加快形成共建共治共享的现代基层社会治理新格局。"① 这就要求在司法工作中深入贯彻落实党的群众路线，积极推进多元纠纷解决机制的健全完善与有效运行，"把非诉讼纠纷解决机制挺在前面"，② 加快构建诉讼与非诉讼相结合的司法解决纠纷机制，努力形成把矛盾化解在源头、化解在当地、化解在诉前的社会善治局面。因之，司法的开放引导与协同化解之有机统一，是能动司法的基本要义之一。

（五）坚持规范司法与制度建设的统一

毫无疑问，司法的能动，绝不意味着司法的盲动和随意。在任何时候、任何情况下，能动司法都要坚持司法的规范性，把握合理的限度。我们从来都不否认在司法领域人民法院解决矛盾纠纷的主导地位，而是进一步强化司法机关应当切实履行好宪法和法律赋予的审判职责。我们从来都不否认法律对能动司法的规制作用，而是进一步注重能动司法必须在法律框架下运行，政策、道德、情理、民意都不能取代法律，其适用必须以法律证成为前提条件；采用柔性司法方式不得违反法律的硬性规定，不得突破法律规定的幅度。我们从来都不否认司法的被动性和中立性，不主张法官在司法活动中拥有绝对的支配权，甚至代替当事人履行举证责任，处分诉讼利益，而是进一步强调必须在诉讼程序启动的意义上谈论司法的被动性问题，司法的中立

---

① 参见习近平《论坚持全面依法治国》，中央文献出版社 2020 年版，第 4、234 页。

② 参见习近平总书记在 2019 年 1 月 15 日至 16 日召开的中央政法工作会议上的重要讲话要点，载《人民法院报》2019 年 6 月 4 日。

性则要受到司法的实质正义的制约。我们从来都不否认司法需要一定程度的专业性和自治性，法官应当具有相应的职业地位、职业素养和职业尊荣，司法活动必须遵循法定程序，而是进一步主张处在变革时代的人民法院和法官必须通过依法有序的司法作为，提升司法的社会认同与公信力。"对司法机构来说，要优化司法职权配置，规范司法行为，加大司法公开力度，回应人民群众对司法公正公开的关注和期待。"① 在当前的司法国情条件下，为了引导能动司法在法治化、规范化的轨道上运行，就必须加强能动司法的制度建设，把人民法院和法官能动司法的经验加以总结提炼，借以形成人民法院和法官共同遵守的司法准则，用于指导和规范司法工作的具体实践。在这里，对于人民法院来说，能动司法制度建设的着力点是：建立健全公共政策转化机制，能动地依法服务大局；建立健全诉讼与非诉讼相衔接的矛盾纠纷解决机制，能动地化解社会矛盾纠纷；建立健全参与社会治理机制，能动地促进社会治理创新；建立健全涉诉民意沟通表达机制，能动地提升司法公信力；建立健全便民涉诉机制，能动地服务涉诉群众；建立健全审判经验总结机制，能动地指导法官办案。对于人民法官来说，能动司法制度建设的基本要求是：建立健全案件事实发现机制，最大限度地发现客观真实；建立健全法律技术运用机制，确保法律的正确适用；建立健全柔性司法机制，实现司法审判效果的最优化；建立健全诉讼程序干预机制，引导当事人顺利进行诉讼。因此，能动司法只有建立在法治化、制度化、规范化的基础上，才能获得蓬勃的生机与活力。

二 社会正义的内涵

我们知道，正义作为一种价值理念和生活形态，反映了人类社会文明进

---

① 参见习近平《论坚持全面依法治国》，中央文献出版社 2020 年版，第 23 页。

步的艰难曲折的历程，在相当程度上构成了衡量和评价社会文明进步程度的基本价值尺度。讨论社会文明的进步和某项制度的合理性，不应当忽略人类关于正义与非正义、真与伪、善与恶的基本标准。这是因为，作为社会主体活动的一种价值目标，正义集中地反映了主体对自身价值、尊严、地位及责任和使命感的执着期待或要求，它同人类意识以及人的"类本质"紧密联系在一起，是社会主体的人类意识的载体形式，是社会主体自由自觉活动的必然表现。

正义的观念源远流长。早在古希腊时代，在荷马的诗篇中，宙斯就是建立在传统习惯基础上的所有正义的起源。在梭伦那里，正义女神戴克（宙斯的女儿）作为正义的捍卫者反对现世的独裁和暴政。柏拉图把正义解释为理想国家的最高美德，认为正义是国家的出发点和归宿，也是国家的最高原则。正义分为两类，一类是国家正义，它是指统治者要为被统治者提供好处，而不是为自己打算；另一类是个人正义，它要求每一个人都要安于自己在国家中所处的地位，对国家尽义务。亚里士多德进一步发展了柏拉图的正义思想，强调正义就是人和人之间在接触过程中产生的美德，理性和正义都是基于人的本性，由于人就其本性来讲是善良的，才会主持正义，讲求公道。由此出发，他把正义区分为分配正义和矫正正义。所谓分配正义，是指按照人们的社会地位对财富和荣誉进行分配；所谓矫正正义，指的是指导法律实施的专门准则和尺度，它以人的等价性为依据，使相互利益等同，适用于契约关系、买卖关系、赔偿关系、司法审判等方面。亚里士多德还探讨了自然正义和法律正义的区别，认为自然正义在任何时代、任何地方都是来源于人类本性的力量，自然法体现了自然正义；法律正义是指法律的制度和实施都要以是否符合正义为标准，法律的实际意义就在于促成全邦人民建立实现正义和善德的永久制度。亚里士多德的正义理论对后世产生了深远的影响。特别是在近代，启蒙思想家把正义同所谓

"人类理性"、权利、自由、平等联系起来,认为正义在于一贯使每个人有法律上应得的权利,而不能借立法之名剥夺人们在法律上应得的权利,法律是人类正义的表现,法律面前人人平等。在现代,西方法学中的正义思想体现了由个人本位主义向社会本位主义转变的时代趋势,思想家们更多地诉诸社会共同体的整体利益,倡导社会正义,从而使正义理论具有明显的社会实证主义的品格。

然而,在看待社会正义方面,思想家们的见解则存在诸多差异。以哈耶克为代表的新自由主义理论家否定社会正义的合理性与正当性,将自由与正义进行内在的联系,主张要从人的行为属性以及个人正当行为的规律上来认识和界定正义的概念,因而更多地诉诸法律领域中的法律正义,强调正义乃是"法律下的自由",亦即法律面前的人人平等,必须在法治之中加以寻找,旨在实现法治原则。① 在哈耶克的理论体系中,自生自发秩序与人造秩序(或者说是内部秩序与外部秩序)是一对具有理想类型性质的基础性的重要分析工具。哈耶克不赞同建构论唯理主义的秩序观念,而是从进化论理性主义的立场出发,把秩序划分为自生自发秩序与人造秩序这两种类型,认为自生自发秩序是从内部确立起来的秩序或源于内部的一种平衡的秩序,"这种自生自发秩序有别于另一种由某人通过把一系列要素各置其位且指导或控制其运动的方式而确立起来的秩序",② 它亦可称为"增长的秩序",即"一种自我生成的或源于内部的秩序"。③ 自生自发秩序是一种抽象的而非具体的秩序,是以那些只能被我们从心智上加以重构的抽象关系为基础的,通常是由那些只能根据抽象特性加以界定的要素之间的抽象关系构成的;由于自生自发秩

---

① 参见何信全《哈耶克自由理论研究》,北京大学出版社 2004 年版,第 172—176 页。

② 参见〔英〕弗里德利希·冯·哈耶克《法律、立法与自由》第一卷,邓正来、张守东、李静冰译,中国大百科全书出版社 2000 年版,第 55 页。

③ 参见〔英〕弗里德利希·冯·哈耶克《法律、立法与自由》第一卷,邓正来、张守东、李静冰译,中国大百科全书出版社 2000 年版,第 55 页。

序并不是由一个外在的能动者所创造的，这种秩序本身也就不可能具有目的。① 在哈耶克看来，与自生自发秩序不同，人造秩序亦称为"建构的秩序"、"人为的秩序"，或"外部秩序"，它是指"一种由某人通过把一系列要素各置其位且指导或控制其运动的方式而确立起来的秩序"，这是一种可以凭借观察而为人们直觉认知的秩序，"只具有该秩序的创造者能够审视且把握的那种较低的复杂程度"，因而往往是具体的；这种秩序"是刻意创造出来的，所以它们始终是（或一度是）服务于该秩序的创造者的目的的"。② 由这两类秩序的区别出发，哈耶克坚决排拒社会正义的概念，指出自生自发秩序本身不具有任何功利性的目的，因而"只要社会秩序还保有自生自发秩序的性质，那么该社会进程中所产生的特定结果就不可能是正义的或不正义的"，③所谓社会正义问题，"在自生自发秩序中确实是毫无意义的"。④ 按照哈耶克的看法，正义观念是一切法律不可或缺的基础和限度，然而"社会正义"的概念则是对正义这个术语的滥用。诚然，"社会正义"的主张在某些情况下会促使或推进法律为所有的人提供更为平等的保障，但是当下社会对"社会正义"的普遍信奉，构成了对自由文明所具有的大多数其他价值的最严重的威胁。"我相信，人们最终会认识到，'社会正义'只是一种诱惑，它已然诱使人们放弃了许多在过去曾激励文明不断发展的价值——对这种诱惑的沉湎，只是为了满足自己从小群体传统中继受下来的某种欲求，然而这种欲求

---

① 参见〔英〕弗里德利希·冯·哈耶克《法律、立法与自由》第一卷，邓正来、张守东、李静冰译，中国大百科全书出版社 2000 年版，第 57—58 页。

② 参见〔英〕弗里德利希·冯·哈耶克《法律、立法与自由》第一卷，邓正来、张守东、李静冰译，中国大百科全书出版社 2000 年版，第 55、57 页。

③ 参见〔英〕弗里德利希·冯·哈耶克《法律、立法与自由》第二卷，邓正来、张守东、李静冰译，中国大百科全书出版社 2000 年版，第 51 页。

④ 参见〔英〕弗里德利希·冯·哈耶克《法律、立法与自由》第二卷，邓正来、张守东、李静冰译，中国大百科全书出版社 2000 年版，第 53 页。

在自由人组成的大社会里却是毫无意义的。"①

　　与哈耶克有所不同的是，美国思想家约翰·罗尔斯在《正义论》及其相关著述中，把社会正义问题又突出地提到了人们的面前。罗尔斯强调："正义是社会制度的首要德性，正像真理是思想体系的首要德性一样。"②罗尔斯把他的正义观念表述为"公平的正义"，以期与近代以来占主导地位的以洛克、康德和 J. S. 密尔为代表的古典自由主义学者的正义观念相区别。在罗尔斯的"公平的正义"观念中，平等是核心要义。在《正义论》中，他通过"原初状态"的"无知之幕"的理想类型分析工具，提出并论证了关于正义的两个原则，指出："两个原则的首次叙述如下：第一个原则：每个人对与其他人所拥有的最广泛的平等基本自由体系相容的类似自由体系都应有一种平等的权利。第二个原则：社会和经济的不平等应有这样安排，使它们（1）被合理地期望适合于每一个人的利益；并且（2）依系于地位和职务向所有人开放。"③　第一个原则是平等的自由原则，而第二个原则包含差别原则和公平的机会平等原则这两个层面。上述两个原则具有一种词典式的逻辑顺序，第一个原则（平等的自由原则）优先于第二个原则，而第二个原则中的公平的机会平等原则又优先于差别原则。"这一次序意味着：对第一个原则所保护的基本平等自由的侵犯不可能因较大的社会经济利益而得到辩护或补偿。这些自由有一个中心的应用范围，在这一范围内，它们只能因与其他的基本自由冲突才受到限制和需做出妥协。既然它们在相互冲突时可能受限，它们的任何一个就都不是绝对的，但无论它们怎样

---

①　参见〔英〕弗里德利希·冯·哈耶克《法律、立法与自由》第二卷，邓正来、张守东、李静冰译，中国大百科全书出版社 2000 年版，第 123—124 页。

②　参见〔美〕约翰·罗尔斯《正义论》（修订版），何怀宏、何包钢、廖申白译，中国社会科学出版社 2009 年版，第 3 页。

③　参见〔美〕约翰·罗尔斯《正义论》（修订版），何怀宏、何包钢、廖申白译，中国社会科学出版社 2009 年版，第 47 页。

调整以形成一个体系，这一体系却要对所有人是同样的。""涉及第二原则的财富和收入的分配，权威和负责的地位，必须符合基本的自由和机会的平等。"① 因此，不仅两个正义原则之间有一个大的词典式次序，而且第二个正义原则的两个部分之间存在着一个小的词典式次序，公平的机会平等原则与差别原则也是以词典式次序排列的，前者相对于后者具有优先性。而"这两个正义原则是一种更一般的正义观的一个具体实例，这一正义观可以表述如下：所有社会价值——自由和机会、收入和财富、自尊的社会基础——都要平等地分配，除非对其中一种价值或所有价值的一种不平等分配合乎每一个人的利益"。② 在后来的《作为公平的正义——正义新论》一书中，罗尔斯重新表述并阐释了两个正义原则，指出《正义论》第11—14节讨论的两个正义原则的最新表述应该是这样的："（1）每一个人对于一种平等的基本自由之完全适当体制都拥有不可剥夺的权利，而这种体制与适于所有人的同样自由体制是相容的；以及（2）社会和经济的不平等应该满足两个条件：第一，它们所从属的公职和职位应该在公平的机会平等条件下对所有人开放；第二，它们应该有利于社会之最不利成员的最大利益（差别原则）。"③ 在这里，罗尔斯不仅从"宪法实质"角度对正义的第一个原则之优先性作出了更为透彻的论证，而且对第二个正义原则的两个方面的表述顺序作了调整，先是表述公平的机会平等原则，然后再表述差别原则。他还以明确清晰的语句阐释了两个正义原则的优先性问题，是谓："第一个原则优先于第二个原则；同样在第二个原则中，公平的机会平等优先

---

① 参见〔美〕约翰·罗尔斯《正义论》（修订版），何怀宏、何包钢、廖申白译，中国社会科学出版社 2009 年版，第 48 页。

② 参见〔美〕约翰·罗尔斯《正义论》（修订版），何怀宏、何包钢、廖申白译，中国社会科学出版社 2009 年版，第 48 页。

③ 参见〔美〕约翰·罗尔斯《作为公平的正义——正义新论》，姚大志译，中国社会科学出版社 2011 年版，第 56 页。

于差别原则。这种优先意味着，在适用一个原则（或者针对试验样本来检验它）的时候，我们假定在先的原则应该被充分地满足。"[1] 对于罗尔斯来说，尤为重要的是，正义原则关涉的是社会的基本结构问题。"社会正义原则的主要对象或首要主题是社会的基本结构，即把主要的社会制度安排成为一种合作体系。我们知道，这些原则要在这些制度中掌管权利和义务的分派，决定社会生活中利益和负担的恰当分配。"[2] 那么，更具体地讲，何谓社会的基本结构？罗尔斯的解释是："社会的基本结构是社会的主要政治制度和社会制度融合成为一种社会合作体系的方式，以及它们分派基本权利和义务，调节划分利益的方式，而这些利益是由持续的社会合作产生出来的。具有独立司法系统的政治体制，为法律所承认的财产形式，经济的结构（例如一种带有生产资料私有制的竞争性市场体系），以及某种形式的家庭，所有这些都属于基本结构。基本结构是社会的背景框架，在这种背景框架内，团体和个人从事各种活动。一种正义的基本结构保证了我们可以称为背景正义的东西。"[3] 很显然，在罗尔斯的正义理论中，社会正义的理念集中地表征为作为公平的正义，而社会的基本结构则是作为公平的正义的首要主题。罗尔斯区别了局部正义（直接应用于机构和团体的正义）、国内正义（应用于社会之基本结构的原则）和全球正义（应用于国际法的原则），并且强调作为公平的正义是应用于国内正义的——社会的基本结构的正义，[4] 正义的两个原则都应用于社会的基本结构，这样就把正义问题

---

[1] 参见〔美〕约翰·罗尔斯《作为公平的正义——正义新论》，姚大志译，中国社会科学出版社 2011 年版，第 56 页。

[2] 参见〔美〕约翰·罗尔斯《作为公平的正义——正义新论》，姚大志译，中国社会科学出版社 2011 年版，第 42 页。

[3] 参见〔美〕约翰·罗尔斯《作为公平的正义——正义新论》，姚大志译，中国社会科学出版社 2011 年版，第 17—18 页。

[4] 参见〔美〕约翰·罗尔斯《作为公平的正义——正义新论》，姚大志译，中国社会科学出版社 2011 年版，第 19 页。

与社会的结构与制度问题紧密地联结在一起。由此，罗尔斯的社会正义理论对当代思想与社会生活产生了广泛的影响。

可以看出，讨论社会正义问题，必须密切联系社会主体赖以生活及发展的社会条件。从本体意义上讲，社会正义集中反映了社会主体的权利要求。而权利是人的价值的体现或载体，是人作为社会主体的价值确证方式，是社会主体资格的权能表现，也是社会主体生存与发展的基本价值需要。一般来说，权利可以分为应有权利和现有权利。应有权利反映了社会主体与生俱来的权利本能和权利需要，主要包括人的生命权、健康权、自由权、平等权等等。而现有权利则是应有权利的法律化，它与一定的法律模式或规范相联系而存在，是法律意义上的权利或者说是有法律根据的权利，离开了现行法律的规定，就不存在现有权利。然而，无论是应有权利抑或现有权利，都应当是作为社会主体的人的自由、平等和价值尊严的确证与表现，意味着社会主体的自主性，意味着主体自由选择行为方式的能力。离开了社会主体的权利要求、自由选择、自主性和价值尊严，就无法把握社会正义的内在底蕴。黑格尔指出："人是意识到这种主体性的主体，因为在人里面我完全意识到我自己，人就是意识到他的纯自为存在的那种自由的单一性。作为这样一个人，我知道自己在我自身中是自由的，而且能从一切中抽象出来的，因为在我的面前除了纯人格以外什么都不存在。"[1] 耶林在其著名的长文《为权利而斗争》中，也强调："主张自己的生存是一切生物的最高法则。它在任何生物都以自我保护的本能形式表现出来。但对人类而言，人不但是肉体的生命，同时其精神的存在至关重要，人类精神的生存条件之一即主张权利。人在权利之中方具有精神的生存条件，并依靠权利保护精

---

[1]　〔德〕黑格尔:《法哲学原理》，范扬、张企泰译，商务印书馆1961年版，第46页。这段引文中有关文字下面的着重号，是引者所加。

神的生存条件。"因之，"为权利而斗争是权利人对自己的义务"。① 这就
是说，人作为社会主体，首先表现在能够在思维中把握住自己的存在，认
识到自身的主体性价值，即具备自我确证的自我意识或人类意识。这种人
类意识在人的理性升华中的表现，充分表明了人的主体性或自主性。它意
味着人的活动是自由的活动，意味着作为主体的人的意志内部潜藏着由主
观向客观转化的可能性。从人的自我意识的角度而言，人的主体性实际上
就是指人的意志由主观向客观的转化。当存留于主体自我意识中的目的表
现出来的时候，意志本身就获得了客观性。在这里，促进这一转化的契机
或中介，乃是人的自由自觉的活动。而人的类特性的重要表现之一，就在
于人的活动是自由自觉的。② 正是这个原因，确证了人是类的存在物。也
正是在人的类意识的活动中，确证了人的内在价值，使人在改善客体的过
程中充分考虑自我的完善和发展。这种关于社会主体自身价值地位的人类
意识，通过实现社会主体价值的社会活动的中介，凝结为社会主体的权利
要求。因之，社会正义实际上是社会主体的权利要求的制度化实现，是人
类意识的载体形式。社会正义通过确证和实现社会主体的权利要求——无
论是作为社会主体的权利需要的应有权利，还是作为应有权利法律化的现
有权利——体现人的类本质，确证人的价值尊严。离开了人的自由自觉的
活动，离开了人类意识、人的类本质与人的价值尊严，来谈论社会正义问
题，那是不可思议的。所以，黑格尔精辟地指出："法的命令是：成为一个

---

① 〔德〕鲁道夫·冯·耶林：《为权利而斗争》，中译本载梁慧星主编《民商法论丛》第 2
卷，法律出版社 1994 年版，第 22 页。

② 马克思指出："有意识的生命活动把人同动物的生命活动直接区别开来。正是由于这一
点，人才是类存在物。或者说，正因为人是类存在物，他才是有意识的存在物……仅仅
由于这一点，他的活动才是自由的活动。"参见《马克思恩格斯全集》第 3 卷，人民出
版社 2002 年版，第 273 页。

人，并尊敬他人为人。"①
· · · · · · · · ·

三 社会正义的类型

人们对社会正义有着不同的分类。这里我们把社会正义划分为制度正义、程序正义和行为正义三种类型。制度正义是指社会基本结构和制度本身所具有的正义性，亦可称为制度正义原则。社会制度的正义性问题，反映了一个社会的基本结构能够得到该社会成员信念认同的程度，同时体现了一种社会制度与机制的合法性。一种社会结构和制度的正义性，既取决于其在社会生活中所产生的实际后果，亦即该制度对社会安全和社会公正的作用；也取决于社会成员对此种社会结构和制度的安全和公正的体认程度。

制度正义原则有三项基本要求。首先，社会的基本结构和制度能够为每个社会成员的自由发展和才能发挥提供公正平等的机会、途径和手段。"机会平等"，这是许多学者在诠释正义概念时反复强调的一个概念要求。②但人们对机会平等的含义往往理解有别。而罗尔斯对机会平等的理解则是

---

① 〔德〕黑格尔：《法哲学原理》，范扬、张企泰译，商务印书馆1961年版，第46页。罗尔斯讨论作为公平的正义问题，特别把"自由和平等的人的理念"作为论证两个正义原则的基本理念之一，强调"自由和平等的人的观念是一种规范的观念：它是由我们的道德思想和政治思想及其实践所确定的，也是由道德哲学、政治哲学和法哲学加以研究的。自古希腊以来，在哲学和法律中，人的观念一直是这样的，即人能够参与社会生活并在其中扮演某种角色，从而能够尊重和履行其各种权利和义务。我们将起组织作用的核心社会理念描述为一种公平的合作体系，与其相对应，我们把自由和平等的人的对应理念视为能够完全扮演合作成员之角色的人。一种政治的正义观念将社会视为一种公平的合作体系，与其相对应，一个公民就是能够终身自由和平等地参与社会生活的人"。参见〔美〕约翰·罗尔斯《作为公平的正义——正义新论》，姚大志译，中国社会科学出版社2011年版，第34页。

② 不过，有的学者认为"机会平等"的概念和要求是大可怀疑的。罗伯特·诺齐克从持有正义的立论出发，认为坚持机会平等，就意味着要从某些已拥有权利的人中取走部分持有，以改善那些机会较差者的状况；但是，对这些人拥有权利的持有是不可随便索取的，即使这是为了实现他人的机会平等。参见〔美〕罗伯特·诺齐克《无政府、国家与乌托邦》，何怀宏等译，中国社会科学出版社1991年版，第238—241页。

别具匠心的。在他看来，向才能开放的前途考虑意义上的机会平等，只是一种形式意义上的机会平等，即所有人都至少有同样的合法权利进入所有有利的社会地位。但是，由于缺乏必要的机制来保证一种平等或相近的社会条件，资源的最初分配总是受到自然的和社会的偶然因素的强烈影响。因之，需要在前途考虑意义上的机会平等之外，再加上对机会的公平平等原则的进一步限定，以便排除社会偶然因素和天赋的自然分配的影响。[①] 实际上，在社会生活领域中，机会平等的概念具有以下三个方面的规定性，即：（1）各种社会资源平等地向社会主体一体开放；（2）社会主体在市场竞争过程中处于一个均等的起跑线上；（3）社会主体平等地拥有达到其目标的现实手段。很显然，机会平等本身也是一种价值。它是社会主体实现自身价值的基本前提条件，它表明社会主体处于同一个起跑线上而平等地实施自己的社会行为。因此，只要一个社会的基本结构和制度满足了机会平等的诸方面要求，那么我们就可以说，这一结构和制度是正义的和合法的。其次，社会的基本结构和制度能够提供一套合理分配利益的程序规范。社会活动的前提是一些现实的个人。以一定的方式进行社会活动的一定的个人，发生一定的利益关系，其中当然包括个人利益关系。处于不同地位的人的利益是不同的。即便是在机会平等条件下所实现的利益，也往往因为主体自然禀赋的差异性而不尽等同。况且，个人利益与社会利益之间常常会发生矛盾。因此，社会主体多种多样的利益要求，必然要形成不同的利益关系和利益分层。这就给社会提出了一个现实的课题：怎样公正合理地分配利益？为此，就需要有一个公正合理的程序设计来保证分配正义的实现。公正合理的程序，目的在于提供一个标准范型，排除利益分配中的随意性、偶然性。再次，社会结构的制度正义性还表现在：当利益分配明显不公平的时候，能够

[①]　参见〔美〕约翰·罗尔斯《正义论》，何怀宏、何包钢、廖申白译，中国社会科学出版社 1988 年版，第 68—69 页。

通过相应的机制制度予以纠正抑或补偿。在复杂的社会生活中，利益分配常常会受到各种因素的影响，从而导致利益分配上的不均衡甚至严重失调状况。在这种情况下，国家必须通过某种机制，消除影响利益不公正分配的消极因素及其所造成的后果，恢复社会主体的应有权利与社会正义。这就是所谓"矫正正义"的问题。如果一个社会的利益分配明显地使一部分社会成员的切身利益受到伤害，那么，矫正的正义就要求国家和社会偿还应属于利益受害者的东西或对他的损失与不幸予以补偿，或对利益分配中的劣势者给予一定的救济。从广泛的意义上讲，矫正的正义"通常是由法院或其他被赋予了司法或准司法权力的机关执行的。它的主要适用范围乃是合同、侵权和刑事犯罪等领域。一种违约行为将通过一个规定支付损害赔偿费的判决而得到矫正，除非规定了某种其他救济手段（诸如强制照约履行方式）。在侵权行为人使他人遭受故意或过失损害的案件中，判以恰当补偿也是法官或陪审团的义务。在刑法领域中，矫正正义问题则表现在下述方面，即确定给予罪犯以何种刑罚的方面"。[①] 就社会生活领域而言，依照矫正正义的理念，国家和社会通过对利益分配不公平的矫正，来补偿经济受害者或弱者的利益，进而体现一定的正义要求。如果社会的基本结构无法提供一个有效的方式来纠正利益分配中的明显失衡和不公正现象，那么这种结构和制度的合法性是大可怀疑的。

　　现在我们来讨论程序正义问题。作为社会正义具体形态之一的程序正义，与制度正义的关系是相当密切的。制度正义的上述三个方面的基本要求，与程序正义都有着程度不同的联系，尤其是制度正义的第二个和第三个基本要求，对实现程序正义设定了指导性的原则。因之，我们可以把程序正义看作制度正义的有机组成部分或基本的构成要素。然而，相对于制度

---

① 参见〔美〕E·博登海默《法理学：法律哲学与法律方法》，邓正来译，中国政法大学出版社 2004 年版，第 281 页。

正义而言，程序正义又有其特殊的价值所在。如果说制度正义体现了实体性正义的内在价值取向，那么程序正义则更多地展现了法律生活领域中的形式性正义的基本价值属性。在当代社会与法律生活中，程序正义问题比以往任何时候都有着更为独特的重要性。所以，这里有必要把程序正义作为社会正义的一种重要类型加以专门的探讨。自从马克斯·韦伯把合理性行动区分为形式合理性与实质合理性以来，一些法律学者试图运用韦伯的概念分析工具认识现代法律的性质及其特征，极力论证作为形式合理性的基本表征的程序正义的重要价值意义。罗尔斯把纯粹的程序正义看作实现公平的正义的基本要求，通过与完善的程序正义、不完善的程序正义的比较，突出纯粹的程序正义的地位和作用。按照罗尔斯的看法，完善的程序正义有两个典型特征：第一，有一个决定什么结果是正义的独立的标准；第二，有一个保证达到这一结果的程序。不完善的程序是指这样一种情形，即：程序并不一定必然地每次都导致正当的结果，即使法律被认真地执行，过程被公正恰当地引导，还是有可能会产生错误的结果。比如，在刑事审判中，一个本应无罪的人可能被判作有罪，而一个本应有罪的人却可能逃脱制裁。与上述两种程序正义相对照，"在纯粹程序正义中，不存在判定正当结果的独立标准，而是存在一种正确的或公平的程序，这种程序若被人们恰当地遵守，其结果也会是正确的或公平的，而无论它们可能会是一些什么样的结果"。纯粹的程序正义的特征是：决定正当结果的程序必须实际地被执行；它的优点是：在满足正义的要求时，不再需要追溯无数的特殊环境和个人在不断改变着的相对地位。① 在上述三种类型的程序正义中，罗尔斯更重视纯粹的程序正义原则，认为它是现代法治国家必须遵循的程序正义准则，是现代市场经济条件下实现公平机会和分配正义的基本程序要求。很显然，

---

① 参见〔美〕约翰·罗尔斯《正义论》（修订版），何怀宏、何包钢、廖申白译，中国社会科学出版社2009年版，第66—68页。

在社会正义体系中，确立正义的形式化或程序正义原则，可以排斥恣意妄为的人治主义，建立起公正的法治秩序，从而为实现社会正义提供可靠的制度机制保障。

程序正义原则的基本要求是：首先，国家权力的运行必须纳入法律设定的轨道之中。在一定的社会政治生活中，权力常常表现为一定的国家机关的职能或功用，诸如立法权力、行政权力、司法权力等等。历史表明，任何一种权力的理性化的运行，都应当建立在合法性的基础之上。法律的重要功能之一就是限制或约束权力。这就是说，现代法治的对立面是使用不确定的绝对的权力，这种权力实际上具有专断的性质，这是一种自我毁灭的权力，一种无目标的转瞬即逝的权力。要约束这种不确定的权力，就必须借助这种法律。① 这种对国家权力的法律限制，正是为了更有效地保护社会主体的自由权利，进而促进社会的进步与发展。只有在法律支配权力、权力在法律设定的范围内行使而不是相反的情况下，才能为建构现代法治国家、实现程序正义进而维护社会正义奠定坚实的制度基础。对于程序正义来说，一个首要的基本要求就是通过制度化的安排把国家权力的运行纳入法律的轨道之中，确保国家权力受到法律规则的有效制约。只有在这样的基础上，社会正义的实现才具有现实的可能性。其次，行政与司法之间必须是彼此分立的。在传统社会，政治与法律生活遵行皇权至上原则，国王或皇帝集立法、行政、司法诸权力于一身。统治者为了巩固社会政治秩序，维护集权统治，一般都抱着垄断司法组织的倾向，并力图使这种垄断理性化。这样集权的官僚体制，甚至这种倾向和行动，往往使司法成为政治斗争的重要领域和工具。官僚行政机构都行使着一定的司法功能，"这些功能总是仅仅构成了司法的一部分；围绕履行这些功能的权利的冲突（例如，确定各种司法

---

① 参见〔英〕T·R·S·阿伦《立法至上与法治：民主与宪政》，英国《剑桥大学法律杂志》1985 年 3 月号，译本载《法学译丛》1986 年第 3 期。

权威的权限，限制君主与行政机构的专断），是这些社会的政治斗争的经常性特征。官僚机构和政治斗争机构的参与者，都对行使司法功能抱有兴趣，因为它们都意识到，这样它们的活动就能得到充分的承认，就能享受到合法性和实际的权力"。^① 随着由传统社会向现代社会的转型，社会政治结构的分化日益加剧，国家权力的分立化成为政治生活的运行准则，法律的自主性调节机制获得了长足的发展，行政权与司法权的彼此分离构成了现代政治与法律发展的必然趋向。在现代法治的社会条件下，"即使对法治的最狭隘的理解，也必须区分立法、行政和司法的不同工作程序"。^② "如果行政者也是法官，他就有可能把他有义务实施的规则的含义加以扭曲以适合自己的目的。不仅如此，他还会最终以混淆行政与司法方法而告结束，它们各自有自己不同的侧重点，而且，对于国家的适当管理而言，它们都是必不可少的要素。"^③ 行政者的职责乃是贯彻立法者通过的法律规则，并且在不是他们制定的法律规则所限定的范围内活动。而法官则以一种完全不同于行政者的方式来从事自己的工作，他们的任务在于通过对法律的解释与适用来解决进入诉讼过程的各种纠纷，从而使个别案件的审理符合法律规定以及立法者的普遍精神。再次，司法活动必须满足司法形式主义的内在要求。司法活动实际上就是通过法律的适用，把法律的抽象规定和普遍要求，转化成对社会成员个体行为的具体规制。司法的目的，就是把一般法律规范运用于特殊的具体的事实，从而使司法结果具有明确的预期性，寻求司法活动的形式正义。韦伯称之为司法形式主义。在他看来，作为"特殊的法的形式主

---

① 参见〔以色列〕S. N. 艾森斯塔得《帝国的政治体系》，阎步克译，贵州人民出版社 1992
　年版，第 106 页。
② 参见〔美〕R. M. 昂格尔《现代社会中的法律》，吴玉章、周汉华译，中国政法大学出
　版社 1994 年版，第 166 页。
③ 参见〔美〕R. M. 昂格尔《现代社会中的法律》，吴玉章、周汉华译，中国政法大学出
　版社 1994 年版，第 165—166 页。

义"，司法形式主义"会使法的机构像一台技术上合理的机器那样运作，它为有关法的利益者提供了相对而言最大的活动自由的回旋空间，特别是合理预计他的目的行为的法律后果和机会的最大的回旋空间。它把法律过程看作和平解决利益斗争的一种特殊形式，它让利益斗争受固定的、信守不渝的'游戏规则'的约束。氏族之间原始的赔罪程序也好，日耳曼人审判大会的合作社式的司法也好，都有一种严格受形式约束的取证权"。[①] 司法形式主义要求适用法律的合法性。这就是说，法官所面对的案件是五花八门、十分复杂的，因而为了使案件有一个公正合理的审判，法官就必须在遵行法定程序的基础上按照法律的规定来适用法律，而绝不能超出法律之外，凭据自己的良心断案。不仅如此，司法形式主义要求司法解释的严格性，只允许进行法律条文本身的解释，不允许超出法律条文之外或对法律规范作价值意义的解释，更不允许进行法律扩张解释。在法律适用的领域中，法官的责任就是"当法律运用到个别场合时，根据他对法律的诚挚的理解来解释法律"。[②] 因此，司法形式主义成为程序正义原则在近代以来司法生活领域中的集中体现。

接下来我们进一步探讨行为正义问题。行为正义是社会正义的一种具体现象形态，主要是指个人行为的社会正当性。在讨论社会正义概念时，之所以要涉及主体行为的社会正当性，是因为人的行为总是由自己的意志所支配并有一定的目的性。在一般情况下，主体在一定条件影响下所形成的各种需要，体现在行为的目的之中，即体现在主体的意志所期望得到的某种后果之中。因此，个人的社会预期对其行为的正当性具有至关重要的作用。而个人的社会预期是相当复杂的。一般来说，在一定的经济社会条件下，人的各

---

① 参见〔德〕马克斯·韦伯《经济与社会》下卷，约翰内斯·温克尔曼整理，林荣远译，商务印书馆1997年版，第140页。

② 参见《马克思恩格斯全集》第1卷，人民出版社1965年版，第76页。

种需求和预期不可能都得到同等或者充分的满足。这就需要对人的需求和预期进行合理性评价，作出轻重主次的权衡。合理的需求和预期能够对人的行为产生积极影响。这一需求和预期基本满足的过程，实际上也是人的积极性、主动性得到充分发挥的过程，是社会主体的行为获得较大的选择自由的过程。反之，一个不合理的社会预期必然会对人的行为形成负面的影响。然而，严格地确定合理的社会预期与不合理的社会预期之间的界限，往往是很困难的。在这里，较为明智的与可行的替代判定方式，是给在社会预期制约下的人的行为设定必要的社会性边界或判定标准，据此判定人的行为的社会正当性之性质与程度，这些社会性边界或判定标准，构成了行为正义的基本原则。

行为正义的基本要求是：第一，社会主体之间的社会经济交往活动，应当遵循公平的原则。从社会经济哲学意义上讲，市场交易活动是一个理性化的过程。交易主体在实施自己的经济行为时，必须受到一定的道德约束，以便使自己的行为具有合理性的特征。经济行为的道德制衡，集中地体现为主体经济交往活动的公平性。在市场运行过程中，主体的行为及其预期是相当复杂的。在同一个具体情况下，主体具有选择自己行为及预期的能力，从而做出反映自己内在精神意愿的行为。由于客观上存在着若干个方案可供人们加以选择，这样就可能产生在主体的行为选择与社会客观需要之间的矛盾或冲突。因之，在这种情况下，主体追逐利益的行为应当建立在公平合理的基础之上。这就是说，主体的经济行为与主体的道德自律是密切相连的。这种道德自律的中心命题是公平和义务，它所要求的乃是主体对一定道德承诺的敬重，它所涉及的乃是主体行为的合理性问题。这种主体行为的道德自律，实际上意味着对社会主体行为的某种规范约束和利益衡平。因之，主体行为的公平合理性乃是满足行为正义原则的必要条件。第二，主体从事经济活动的目的是谋求利益的最大化，但是其实现这一目的的手段应当是正当的、合理的。在市场交换的过程中，交换主体之间形成一种目的与手段的关系。每个人只有对自己来说才是目的，他作为经济人的本性决定了其行为的功利性质；每个人对他人来说只是手段，是他人实现利益追求所凭借的一种对象性工具。因此，在这里，就提出了这样的问题，即每个人追求利益手段的正当性问题。这一正当性意味着社会主体在追求利益过程中必须合道德性。那种"只问目的、不虑手段"的马基雅维利式的信条，是应当受到坚决排拒的。第三，主体在做出一定的社会行为时，必须充分考虑社会的利益，意识到并且能够履行其对社会的责任。为了形成有机的社会生活秩序，实现社会正义，就必须要求社会主体在追求个人利益实现的同时，充分考虑到社会利益的客观要求。社会利益是反映个人利益之中的一般的、相对稳定的、不断重复的东西，是人的最强大的利益基础。社会利益不是简单地存在于个人利益之外，而是借助于个人利益以不同的形式和不同的强度表现出来。在个人利益与社会利益的关系上，"既然人天生就是社会的生物，那他就只有在社会中才能发展自己的真正的天性，而对于他的天性的力量的判断，也不应当以单个人的力量为准绳，而应当以整个社会的力量为准绳"。[1] 由此，必须强化社会主体的社会责任意识。社会体系是一个主体之间相互合作的体系。社会体系中的个人，与他人和社会结成密不可分的联系。个人的每一个行为及其后果，不仅对他本身，而且对他人以及整个社会都具有重要意义。社会体系中的个人与个人、个人与社会之间的连带关系，产生个人的社会责任。这种社会责任意味着个人必须用社会的基本规则和规范来衡量自己的行为及其后果。它的本质意义在于个人对一定义务的认识以及对所认识的义务的完成。只有这样，才能为社会主体的行为确立可靠的道德基础与法理责任。

---

[1]　参见《马克思恩格斯全集》第 2 卷，人民出版社 1965 年版，第 167 页。

以上我们对社会正义的内涵与分类问题作了简要的分析。这一分析将为深入研究社会正义与能动司法之间的关系确立必要的理论尺度，进而把握能动司法对于实现社会正义的价值意义。

四　体现社会正义的能动司法

在本章的第一部分，我们曾简要地提及作为社会正义的能动司法之价值取向问题。在这里，我们在揭示社会正义的基本内涵的基础上，试图更为深入地探讨能动司法的价值准则，分析能动司法的社会正义取向。

从本质意义上讲，司法权是被动性与能动性的有机统一。一方面，司法权的被动性更多的是从诉讼程序启动的意义上述及的，强调司法权只能根据作为原告一方的当事人或者案件控告方的申请行为加以启动，司法权的行使范围一般亦只能依据当事人的申请内容或诉讼请求；强调在诉讼过程中法院或法官不能主动启动司法程序，法官不能擅自变更当事人的诉讼请求内容，一般亦不得审理当事人诉讼请求范围之外的事项。因此，司法权的被动性体现了法治原则对于诉讼活动的基本要求，有助于保证正当程序原则的有效遵行。另一方面，司法权的能动性则意味着在诉讼活动及案件审理过程中，法院和法官要更多地担负起应尽的社会责任，通过积极运用政策考量、利益衡平、漏洞补充、和谐司法等司法方式履行司法审判职责，能动地行使司法权，参与公共政策制定，推进社会治理，有效化解涉诉矛盾纠纷，进而切实维护和实现社会公平正义。因此，能动司法要求法院和法官在遵循司法规律、恪守法治原则的前提下，更加充分地发挥主观能动性，通过正确行使自由裁量权、合理解释法律规定、灵活采取法律措施、加强法官对诉讼过程的适度干预以及促进矛盾纠纷的多元化解，自觉担负起"社会正义的守护者"的法律与社会职责。很显然，司法权的被动性与司法权的能动性二者并行不悖，彼此相容，构成了司法权本质属性的"一体两面"。[①] 更进一步地讲，就司法诉讼活动的最终目标价值而言，司法权的能动性品格或能动司法强调司法活动要通过能动地行使司法审判权对个案进行依法公正的审理，有效地维护社会公平正义，进而更加能够彰显司法权应有的价值意义。

社会正义作为一种价值理念和生活形态，反映了人类社会文明进步的艰难曲折的历程，构成了衡量和评价社会文明进步程度的基本的价值尺度。处于社会转型期的当代中国，必须始终高度关注和重视解决社会正义问题。邓小平在论及社会主义本质问题时深刻指出："社会主义的本质，是解放生产力，发展生产力，消灭剥削，消除两极分化，最终达到共同富裕。"[②] 这一重要论断启示我们，社会主义制度之所以在根本上区别于资本主义制度，不仅是因为它能够促进生产力的解放和发展，不断满足人民群众日益增长的物质文化需要，而且是因为它能够维护社会公平正义，消除两极分化，实现共同富裕。在建设中国特色社会主义的历史进程中，社会正义归属于社会主义价值理想，体现了社会主义制度的本质性特征，构成了社会价值系统的终极依托。应当清醒地看到，随着转型期中国的改革发展进入关键阶段，社会矛盾和问题也日益凸显出来。比如，城乡之间、区域之间经济发展与社会发展之间的矛盾较为突出；社会利益分层化，利益冲突形式多样，社会利益关系格局日趋复杂；收入差距拉大，劳动就业、社会保障、收入分配、教育、医疗、住房等方面的利益需求愈益突出，社会主体的利益诉求与表达方式显现出新特点，社会安全稳定也面临挑战。这些社会矛盾和问题

---

① 有的学者认为，司法谦抑论与能动论并非不可兼容，二者只是对审判权不同层面之属性的描述而已。其中，谦抑论强调审判权本体论意义上的属性，即在本体论上，审判权必须是谦抑的；而能动论则侧重于其方法论意义上的属性，即在方法论上，审判权应当被能动地行使。参见江国华《走向能动的司法——审判权本质再审视》，《当代法学》2012年第3期。上述观点充分肯定了能动司法的价值意义，这无疑是有见地的。

② 《邓小平文选》第三卷，人民出版社1993年版，第373页。

在相当程度上与社会正义问题密切相关，这也更加表明在新世纪新阶段实现社会正义的极端重要性、紧迫性和复杂性。[①]

这些年来，党和国家愈益充分认识到实现社会正义的极端重要性。社会正义问题同公平与效率的关系有着内在的关联。改革开放以来，我们一直强调效率优先、兼顾公平的原则，这在特定历史阶段、特殊国情条件下是完全必要的。当经济社会发展到一定阶段时，如何把握好公平与效率的关系，这又成为一个重大的问题摆在我们面前。中共十六大提出了深化分配制度改革的基本要求，强调要"坚持效率优先、兼顾公平，既要提倡奉献精神，又要落实分配政策，既要反对平均主义，又要防止收入悬殊。初次分配注重效率，发挥市场的作用，鼓励一部分人通过诚实劳动、合法经营先富起来。再分配注重公平，加强政府对收入分配的调节职能，调节差距过大的收入。规范分配秩序，合理调节少数垄断性行业的过高收入，取缔非法收入。以共同富裕为目标，扩大中等收入者比重，提高低收入者收入水平"。[②] 2004 年9 月召开的中共十六届四中全会通过的《中共中央关于加强党的执政能力建设的决定》，不再一般地提效率优先、兼顾公平，而是突出强调分配领域的社会公平或社会正义问题，明确指出要"鼓励一部分地区、一部分人先富起来，注重社会公平，合理调整国民收入分配格局，切实采取有力措施解决地区之间和部分社会成员收入差距过大的问题，逐步实现全体人民共同富裕"。[③] 特别重要的是，这个决定向全党提出构建社会主义和谐社会的重大任务，指出要适应我国社会的深刻变化，加强和谐社会建设，激发社会活

---

① 参见公丕祥《当代中国的自主型司法改革道路——基于中国司法国情的初步分析》，《法律科学》2010 年第 3 期。

② 参见江泽民《全面建设小康社会，开创中国特色社会主义事业新局面——在中国共产党第十六次全国代表大会上的报告》（2002 年 11 月 8 日），载《十六大以来重要文献选编》（上），中央文献出版社 2005 年版，第 21—22 页。

③ 参见《中共中央关于加强党的执政能力建设的决定》（2004 年 9 月 19 日），载《十六大以来重要文献选编》（中），中央文献出版社 2006 年版，第 278 页。

力，维护社会公平正义。在 2005 年 2 月的省部级主要领导干部专题研讨班的讲话中，胡锦涛把公平正义作为社会主义和谐社会的质的规定性之一，并且对公平正义的概念内涵作了具体界定，深刻揭示了公平正义的本质性要求，亦即妥善协调处理社会利益关系。这就必须形成能够全面表达社会利益、有效平衡社会利益、科学调整社会利益的利益协调机制。胡锦涛指出，要"在促进发展的同时，把维护社会公平放到更加突出的位置，综合运用多种手段，依法逐步建立以权利公平、机会公平、规则公平、分配公平为主要内容的社会公平保障体系，使全体人民共享改革发展的成果，使全体人民朝着共同富裕的方向稳步前进"。"要从法律上、制度上、政策上努力营造公平的社会环境，从收入分配、利益调节、社会保障、公民权利保障、政府施政、执法司法等方面采取切实措施，逐步做到保证社会成员都能够接受教育，都能够进行劳动创造，都能够平等地参与市场竞争、参与社会生活，都能够依靠法律和制度来维护自己的正当权益。"① 这个讲话是关于社会公平正义问题的经典文献。讲话的精神充分体现在 2005 年 10 月中共十六届五中全会通过的《中共中央关于制定国民经济和社会发展的第十一个五年规划的建议》和 2006 年 10 月中共十六届六中全会通过的《关于构建社会主义和谐社会若干重大问题的决定》等党和国家的主要文件和政策措施之中。

在中共十六大以来对社会公平正义问题的一系列探索的基础上，中共十七大报告从经济、政治、法制、社会、意识形态等各个方面，全面论述了促进和实现社会公平正义的历史性任务。从经济领域来看，报告指出"合理的收入分配制度是社会公平的重要体现"，并且对分配领域中的公平与效率的关系作出了全新的阐释，强调"初次分配和再分配都要处

① 参见胡锦涛《在省部级主要领导干部提高构建社会主义和谐社会能力专题研讨班上的讲话》（2005 年 2 月 19 日），载《十六大以来重要文献选编》（中），中央文献出版社 2006 年版，第 712 页。

理好效率和公平的关系，再分配更加注重公平"。① 这是中国共产党人关于分配制度中公平与效率关系问题的崭新认识，具有极其重要的理论与实践意义，对国家经济社会政策的制定和实施产生了重要的影响。再从政治领域来看，十七大报告指出，要"扩大社会主义民主，更好保障人民权益和社会公平正义"。② 从法制领域来看，十七大报告指出，要"加强宪法和法律实施，坚持公民在法律面前一律平等，维护社会公平正义，维护社会主义法制的统一、尊严和权威"。③ 从社会领域来看，十七大报告也指出，要"通过发展增加社会物质财富，不断改善人民生活，又要通过发展保障社会公平正义，不断促进社会和谐"。要"更加注重社会建设，着力保障和改善民生，促进社会体制改革，扩大公共服务，完善社会治理，促进社会公平正义"。④ 再从意识形态领域来看，十七大报告强调要"加强公民意识教育，树立社会主义民主法治、自由平等、公平正义理念"。⑤ 中共十八大更加注重维护社会公平正义在中国特色社会主义事业全局中的重要地位，把"必须坚持维护社会公平正义"作为发展中国特色社会主义的"八个基本要求"之一，强调"公平正义是中国特色社会主义的内在要

---

① 参见胡锦涛《高举中国特色社会主义伟大旗帜，为夺取全面建设小康社会新胜利而奋斗——在中国共产党第十七次全国代表大会上的报告》（2007 年 10 月 15 日），载《十七大以来重要文献选编》（上），中央文献出版社 2009 年版，第 30 页。

② 参见胡锦涛《高举中国特色社会主义伟大旗帜，为夺取全面建设小康社会新胜利而奋斗——在中国共产党第十七次全国代表大会上的报告》（2007 年 10 月 15 日），载《十七大以来重要文献选编》（上），中央文献出版社 2009 年版，第 15 页。

③ 参见胡锦涛《高举中国特色社会主义伟大旗帜，为夺取全面建设小康社会新胜利而奋斗——在中国共产党第十七次全国代表大会上的报告》（2007 年 10 月 15 日），载《十七大以来重要文献选编》（上），中央文献出版社 2009 年版，第 24 页。

④ 参见胡锦涛《高举中国特色社会主义伟大旗帜，为夺取全面建设小康社会新胜利而奋斗——在中国共产党第十七次全国代表大会上的报告》（2007 年 10 月 15 日），载《十七大以来重要文献选编》（上），中央文献出版社 2009 年版，第 29 页。

⑤ 参见胡锦涛《高举中国特色社会主义伟大旗帜，为夺取全面建设小康社会新胜利而奋斗——在中国共产党第十七次全国代表大会上的报告》（2007 年 10 月 15 日），载《十七大以来重要文献选编》（上），中央文献出版社 2009 年版，第 23 页。

求"，要"加紧建设对保障社会公平正义具有重大作用的制度，逐步建立以权利公平、机会公平、规则公平为主要内容的社会公平保障体系，努力营造公平的社会环境，保证人民平等参与、平等发展权利"。[①] 在上述基础上，十八大报告从经济、政治、文化、社会诸方面进一步强化维护社会公平正义的重大价值意义。在经济领域，指出要"保证各种所有制经济依法平等使用生产要素、公平参与市场竞争、同等受到法律保护"；要加快改革财税体制，"形成有利于结构优化、社会公平的税收制度"；要推动城乡发展一体化，"加大强农惠农富农政策力度，让广大农民平等参与现代化进程、共同分享现代化成果"，"促进城乡要素平等交换和公共资源均衡配置"。[②] 在政治领域，强调要"更加注重发挥法治在国家治理和社会管理中的重要作用，维护国家法制统一、尊严、权威，保证人民依法享有广泛权利和自由"；要深化行政体制改革，继续简政放权，"推动政府职能向创造良好发展环境、提供优质公共服务、维护社会公平正义转变"。[③] 在文化领域，提出要把"倡导自由、平等、公正、法治"作为积极培育和践行社会主义核心价值观的重要内容之一。[④] 在社会领域，强调要深化收入分配制度改革，"初次分配和再分配都要兼顾效率和公平，再分配更加注

---

① 参见胡锦涛《坚定不移沿着中国特色社会主义道路前进，为全面建成小康社会而奋斗——在中国共产党第十八次全国代表大会上的报告》（2012年11月8日），载《中国共产党第十八次全国代表大会文件汇编》，人民出版社2012年版，第13—14页。

② 参见胡锦涛《坚定不移沿着中国特色社会主义道路前进，为全面建成小康社会而奋斗——在中国共产党第十八次全国代表大会上的报告》（2012年11月8日），载《中国共产党第十八次全国代表大会文件汇编》，人民出版社2012年版，第19—22页。

③ 参见胡锦涛《坚定不移沿着中国特色社会主义道路前进，为全面建成小康社会而奋斗——在中国共产党第十八次全国代表大会上的报告》（2012年11月8日），载《中国共产党第十八次全国代表大会文件汇编》，人民出版社2012年版，第24—26页。

④ 参见胡锦涛《坚定不移沿着中国特色社会主义道路前进，为全面建成小康社会而奋斗——在中国共产党第十八次全国代表大会上的报告》（2012年11月8日），载《中国共产党第十八次全国代表大会文件汇编》，人民出版社2012年版，第29页。

重公平";要"以增强公平性、适应流动性、保证可持续性为重点,全面建成覆盖城乡居民的社会保障体系"。① 中共十八届三中全会通过的《中共中央关于全面深化改革若干重大问题的决定》,把"促进社会公平正义、增进人民福祉"作为全面深化改革的出发点和落脚点。② 中共十八届四中全会通过的《中共中央关于全面推进依法治国若干重大问题的决定》把"维护社会公平正义"确立为全面依法治国指导思想的重要内容,强调"必须坚持法治建设为了人民、依靠人民、造福人民、保护人民,以保障人民根本权益为出发点和落脚点,保证人民依法享有广泛的权利和自由、承担应尽的义务,维护社会公平正义"。③ 中共十九大将"坚持以人民为中心的发展思想,不断促进人的全面发展、全体人民共同富裕"确立为习近平新时代中国特色社会主义思想的重要内容,并且将"促进社会公平正义"纳入新时代坚持和发展中国特色社会主义基本方略之中。④ 中共十九届四中全会通过的《中共中央关于坚持和完善中国特色社会主义制度推进国家治理体系和治理能力现代化若干重大问题的决定》从坚持和完善中国特色社会主义制度、推进国家治理体系和治理能力现代化的战略高度,提出要"健全社会公平正义法治保障制度"。⑤ 中共十九届五中全会通过的《中共中央关于制定国民经济和社会发展第十四个五年规划和二〇三五年

---

① 参见胡锦涛《坚定不移沿着中国特色社会主义道路前进,为全面建成小康社会而奋斗——在中国共产党第十八次全国代表大会上的报告》(2012年11月8日),载《中国共产党第十八次全国代表大会文件汇编》,人民出版社2012年版,第33—34页。
② 参见《中共中央关于全面深化改革若干重大问题的决定》(2013年11月12日),人民出版社2013年版,第3页。
③ 参见《中共中央关于全面推进依法治国若干重大问题的决定》(2014年10月23日),人民出版社2014年版,第4、6页。
④ 参见《中国共产党第十九次全国代表大会文件汇编》,人民出版社2017年版,第15—16、19页。
⑤ 参见《中共中央关于坚持和完善中国特色社会主义制度推进国家治理体系和治理能力现代化若干重大问题的决定》,人民出版社2019年版,第14页。

远景目标的建议》将"社会公平正义进一步彰显"确立为"十四五"时期经济社会发展主要目标的重要内容。① 习近平深刻阐述了在协调推进"四个全面"战略布局的时代进程中维护社会公平正义的极端重要性，指出："全面深化改革必须着眼创造更加公平正义的社会环境，不断克服各种有违公平正义的现象，使改革发展成果更多更公平惠及全体人民。如果不能给老百姓带来实实在在的利益，如果不能创造更加公平的社会环境，甚至导致更多不公平，改革就失去意义，也不可能持续。"② 在全面推进依法治国的时代进程中，"公正是法治的生命线。公平正义是我们党追求的一个非常崇高的价值，全心全意为人民服务的宗旨决定了我们必须追求公平正义，保护人民权益、伸张正义。全面依法治国，必须紧紧围绕保障和促进社会公平正义来进行"。③ 显然，促进和实现社会正义或社会公平正义，贯穿在中国特色社会主义经济建设、政治建设、法制建设、文化建设和社会建设的全过程和各个方面，是推进中国特色社会主义建设的重大战略任务。

维护社会正义或社会公平正义，是建设中国特色社会主义司法制度的基本价值目标。中共十六大报告对司法与社会公平正义之间的关系作了深刻阐述，指出："社会主义司法制度必须保障在全社会实现公平和正义。"④ 这是对社会主义司法制度的本质特征的科学揭示。《中共中央关于加强党的执政能力建设的决定》强调，要"以保证司法公正为目标，逐步推进司法体制改革，形成权责明确、相互配合、相互制约、高效运行的司法体

① 参见《中共中央关于制定国民经济和社会发展第十四个五年规划和二〇三五年远景目标的建议》，人民出版社 2020 年版，第 9 页。
② 参见习近平《切实把思想统一到党的十八届三中全会精神上来》（2013 年 11 月 12 日），载《十八大以来重要文献选编》（上），中央文献出版社 2014 年版，第 38 页。
③ 参见《习近平关于全面依法治国论述摘编》，中央文献出版社 2015 年版，第 38 页。
④ 参见《十六大以来重要文献选编》（上），中央文献出版社 2005 年版，第 27 页。

制，为在全社会实现公平和正义提供法制保障"。① 胡锦涛在关于构建社会主义和谐社会的讲话中指出："要落实司法为民的要求，以解决制约司法公正和人民群众反映强烈的问题为重点推进司法体制改革，充分发挥司法机关维护社会公平和正义的作用，促进在全社会实现公平和正义。"② 在此基础上，中共十七大报告进一步提出，要通过深化司法体制改革，建设公正、高效、权威的社会主义司法制度。中共十八大更加突出司法对于维护社会公平正义的重要职能作用，提出要"进一步深化司法体制改革，坚持和完善中国特色社会主义司法制度，确保审判机关、检察机关依法独立公正行使审判权、检察权"，③ 进而为保障社会公平正义奠定坚实的制度基础。2013 年 2 月 23 日，在十八届中共中央政治局第四次集体学习时的讲话中，习近平指出："我们提出要努力让人民群众在每一个司法案件中都感受到公平正义，所有司法机关都要紧紧围绕这个目标来改进工作，重点解决影响司法公正和制约司法能力的深层次问题。"④ 这一重要论断，深刻揭示了当代中国司法活动的价值取向和基本要求。中共十八届三中全会通过的决定进一步强调，要"深化司法体制改革，加快建设公正高效权威的社会主义司法制度，维护人民权益，让人民群众在每一个司法案件中都感受到公平正义"。⑤ 中共十八届四中全会通过的决定分析了司法公正与社会公正的

① 参见《中共中央关于加强党的执政能力建设的决定》（2004 年 9 月 19 日），载《十六大以来重要文献选编》（中），中央文献出版社 2006 年版，第 281 页。
② 胡锦涛：《在省部级主要领导干部提高构建社会主义和谐社会能力专题研讨班上的讲话》（2005 年 2 月 19 日），载《十六大以来重要文献选编》（中），中央文献出版社 2006 年版，第 710 页。
③ 参见胡锦涛《坚定不移沿着中国特色社会主义道路前进，为全面建成小康社会而奋斗——在中国共产党第十八次全国代表大会上的报告》（2012 年 11 月 8 日），载《中国共产党第十八次全国代表大会文件汇编》，人民出版社 2012 年版，第 25 页。
④ 《习近平谈治国理政》，外文出版社 2014 年版，第 145 页。
⑤ 参见《中共中央关于全面深化改革若干重大问题的决定》（2013 年 11 月 12 日），人民出版社 2013 年版，第 32 页。

内在关联，指出："司法公正对社会公正具有重要引领作用，司法不公对社会公正具有致命破坏作用。必须完善司法管理体制和司法权力运行机制，规范司法行为，加强对司法活动的监督，努力让人民群众在每一个司法案件中感受到公平正义。"① 中共十九大报告进一步强调，要"深化司法体制综合配套改革，全面落实司法责任制，努力让人民群众在每一个司法案件中感受到公平正义"。② 因此，促进和实现社会公平正义，是新世纪新阶段我国社会主义法治实现程度的重要评价标准，也是体现中国特色社会主义司法制度的本质属性的重要标志。

如前所述，能动司法或司法的能动性不仅构成了司法权的本质属性，而且反映了中国特色社会主义司法制度的内在要求。在社会转型与变革时代，维护和实现社会正义或社会公平正义，已经成为能动司法的基本价值取向。③ 在现代司法活动中，必须充分发挥司法机关维护和实现社会正义的能动作用，把促进和实现社会正义放在司法工作的更加突出的位置，深入推进能动司法制度与机制建设，更加有力地维护社会正义。首先，从司法的功能来看，能动司法要求司法机关从我国的司法国情条件出发，在一切可能的条件下，积极主动地回应司法的社会需求，最大限度地维护和实现社会正义。经过中华人民共和国成立以来70多年特别是改革开放以来40多年的发展，当代中国司法领域发生了历史性的深刻变化。但是，我们也应该看到，司法

---

① 参见《中共中央关于全面推进依法治国若干重大问题的决定》（2014 年 10 月 23 日），人民出版社 2014 年版，第 20 页。

② 参见《中国共产党第十九次全国代表大会文件汇编》，人民出版社 2017 年版，第 31 页。

③ 有学者认为，21 世纪以来，当代中国法治建设正在经历一场从依法而治到良法善治的深刻转型。它集中表现在一系列关于法治的新的理念的提炼和概括，如良善法治、人本法治、和谐法治、民生法治等。这些新的理念以公平正义为价值取向。良善法治的因素有诸多方面，根本的要素就是体现社会公平正义。参见赵迅《我国法治转型的公平正义取向》，《光明日报》2012 年 10 月 17 日。这一分析揭示了当代中国法治转型发展的时代趋势，能动司法理念无疑反映了这一时代进程的司法诉求。

领域仍然带有社会主义初级阶段的明显特征，这主要表现在：一是实行司法法治化的社会历史基础还比较薄弱；二是城乡之间、区域之间的司法发展还不平衡；三是法律规范的原则性与现实生活的多样性之间的矛盾还比较突出；四是司法公信力偏低的状况还没有根本改变；等等。我国司法领域的基本矛盾依然表现为人民群众日益增长的司法需求与司法机关司法能力相对不足之间的矛盾。这一基本的司法国情和司法领域的基本矛盾，在相当长的历史时期内都不会发生根本性的改变，从而对司法的功能取向提出了新的挑战和要求。在我国，法律不允许法院和法官创造法律规则，法官只能在法律适用的过程中解释和适用规则。但是，在特定的情况下，严格的形式合理性很容易导致实质合理性的丧失。能动司法强调法官要在法治的轨道上充分发挥主观能动作用，重视利益关系衡平，追求法律与情理互动，以及通过法官释法、漏洞补充、法律拟制等手段，努力消解司法的形式合理性与司法的价值合理性之间的司法悖论，积极致力于维护和实现社会正义。此外，在司法活动中，司法机关应当平等地对待各方当事人，保持客观中立。然而，在当下中国司法实践中，由于文化水平、认知能力和享受法律服务等方面的差异性，当事人之间诉讼能力不均衡的情形是普遍存在的。法官如果一味恪守中立，就有可能会使熟练驾驭程序规则的一方当事人利用这一优势胜诉，即使从实体法上看其本不应该胜诉。能动司法所主张的法官对诉讼构成的能动的适度干预，恰恰正确处理了司法活动中实体公正与程序公正的关系，进而彰显社会正义的价值意义。①

其次，从司法的运行方式上看，能动司法要求法官着眼于维护实质正义而非过于迁就形式正义。当代中国社会正处于一个深刻的转型变革过程之中，大量的社会矛盾纠纷以诉讼形式涌入司法渠道，司法机关审判工作

---

① 参见江国华《常识与理性：走向实践主义的司法哲学》，生活·读书·新知三联书店2017年版，第197—200页。

压力空前加大。如何有效化解涉诉矛盾纠纷,保障社会正义,促进社会和谐,维护社会稳定,这已经成为司法机关面临的重大现实课题。司法机关必须高度关注和重视解决司法领域的社会正义问题,在确保形式正义的基础上,努力实现实质正义。然而,少数司法人员没有能够很好地把握形式正义与实质正义之间的辩证统一关系,导致某些案件特别是一些热点案件的审理虽然在实体与程序上均严格适用了相关法律规定,但是却并没有获得社会公众的普遍认可,甚至引起社会公众的广泛质疑。这是需要我们深入反思的一个司法问题。能动司法强调要坚持司法的适度主动,积极参与社会治理,共同推进社会治理创新,善于从司法审判活动中发现经济社会发展中的问题,根据经济社会发展的司法需求,创造性地适用法律,充分运用规则空间,通过司法技术,寻求规则与审判具体案件要求之间的某种平衡,依法合理地把握司法裁判尺度,以便妥善解决具体案件。能动司法强调要坚持司法的适度弹性,法官要认识到由法律条文构建的逻辑世界永远不可能取代活生生的现实世界,法官机械地依照法律规定所作出的裁判,很可能会出现判非所愿的结果,因之法院和法官在解决纠纷的过程中,不能简单机械地套用法律条文,而是应当正确解读法律原则和政策精神,充分运用弹性司法方式化解矛盾纠纷,避免刚性司法带来的负面影响。① 能动司法强调要坚持和谐司法,主张司法理念、司法过程、司法机制、司法方

---

① 有的学者指出,法律不仅具有规范性,而且具有社会性。注重法律的社会性,对于法官正确解释适用法律、裁判案件有着重要意义。我们经常可以看到对于一些疑难、复杂案件,存在两种裁判方法,两种解释意见,各有其理由。遇到这样的情况,法官应该从法律的社会性出发,以所产生社会效果的好坏为判断标准,采用好的社会效果的裁判方案。特别要注意,法律的社会性和法律的正义性、社会效果与公正裁判是一致的。总结改革开放以来的司法实践经验,一定要纠正和避免两种错误倾向:一种倾向是不顾法律的社会性和裁判可能产生的社会效果,一味死抠法律条文,死抠程序,死抠所谓举证责任分配原则;另一种倾向是以所谓社会效果为借口,不顾裁判效果是否公正,甚至任意曲解法律条文,滥用法律程序。上述分析,确乎是很深刻且颇具见地的。参见梁慧星《怎样进行法律思维》,《法制日报》2013 年 5 月 8 日。

式、司法结果、司法秩序、司法环境都应当以协调、和谐为目标，因而法院和法官在解决纠纷的过程中，要切实尊重当事人的自治地位，引导当事人通过协商与对话，自主解决纠纷，减少冲突和对抗，从而实现社会公平或社会正义。①

再次，从司法活动的法治基础来看，时下，对能动司法理论持有不同看法的一个重要理由，即是认为强调能动司法，就会走向对法治原则的削弱乃至否定。这其实是一种误解。实际上，自能动司法理论提出伊始，就特别强调司法活动的法治要求与法治基础，法院和法官的一切司法活动都必须依法进行，不仅依实体法，也要依程序法。即便行使自由裁量权，也应当严格依法进行，裁量结果必须符合立法宗旨和立法精神，裁量方式必须遵循法律规定的法律方法，裁量幅度必须限定在法律规定的幅度内。然而，更为重要的是，在这里，确乎存在着我们需要什么样的法治的问题。一般来说，关于法治的典型或标准的分类是把法治划分为形式法治和实质法治。有的学者认为，形式法治针对的是法律公布的形式（它是否由获得适当授权的人公布），因而产生规范的明晰性（它是否足以指引人的行为，使人能够计划他或她的生活，等等）以及规范的时间维度（它是否面向未来）。形式法治并不力图对法律本身的实际内容作出判断，不关心法律在哪种意义上讲是良法还是恶法，只要法治的形式规诫得到满足就行。而实质法治则在承认法治具有上述形式属性的基础上，强调法律的内容必须符合正义或道德原则，认为公民的道德和政治权利应当在实在法中得到确认，是实在法不可或缺的组成部分，确证尊重和保护人的尊严是一切国家行为的指导原

---

① 有的学者试图运用法律商谈理论论证和谐司法的价值意义，指出现代司法模式以多元主体间的沟通与对话为基础，一方面弥补了法律文本对社会关系急剧变化的滞后性之不足，另一方面作为法律商谈理论的典型代表，其对话特征为多元主体间的利益协调提供了可能途径。参见侯学勇、赵玉增《法律论证中的融贯论——转型时期和谐理念的司法体现》，《法学论坛》2007年第3期。

则。^① 有的学者进一步强调，形式法治强调依法而治，注重形式合法性，突出法治的形式主义；而实质法治则突出法治的目的性价值，要求超越法律形式正义，注重对实质正义的保障。^② 比之形式法治，实质法治的概念更加突出个人在社会中的自由与权利，更加关注国家所确立的个人合法愿望与尊严可能得以实现的经济的、政治的、社会的与文化的条件，因而更加能够维护法治的核心价值。^③ 这种实质性法治正在成为 20 世纪以来社会与法律生活领域中的处于主导趋势的新型法治样式。中共十八届四中全会的决定鲜明提出了良法善治的崭新法治概念，^④ 指出："法律是治国之重器，良法是善治之前提。"在立法工作中，"要把公正、公平、公开原则贯穿立法全过程"，要"加快完善体现权利公平、机会公平、规则公平的法律制度"，"实现公民权利保障法治化"。在建设法治政府的过程中，"行政机关要坚持法定职责必须为、法无授权不可为"，"行政机关不得法外设定权力，没有法律法规依据不得作出减损公民、法人和其他组织合法权益或者增加其义务的决

① 参见〔美〕布雷恩·Z.塔玛纳哈《论法治——历史、政治和理论》，李桂林译，武汉大学出版社 2010 年版，第 117—160 页。有的学者强调，尽管人们对维护人的自由与权利这一法治的实质性内容尚未取得共识，但是一个基本的立场是："法治要求法律对基本人权给予足够的保护。如果在一个特定国家，那些被认为对一个人而言是基本的权利，法律还不能提供保护，那么，公共机构严格遵守法律的字面规定只是好的开端，但还远远不够。"参见〔英〕汤姆·宾汉姆《法治》，毛国权译，中国政法大学出版社 2012 年版，第 118—119 页。
② 参见赵迅《我国法治转型的公平正义取向》，《光明日报》2012 年 10 月 17 日。
③ 有的学者指出，法治不仅仅意味着法律秩序和相关的操作技术，也不仅仅意味着更多的社会关系的法律调整。对法治价值的实体性理解着眼于法治本身所包含的道德原则和法治所要达成的社会目标，认识法治对于人类尊严和自由的价值意义。参见夏勇《法治是什么——渊源、规诫与价值》，载夏勇、李林、〔瑞士〕丽狄娅·芭斯塔·弗莱纳主编《法治与 21 世纪》，社会科学文献出版社 2004 年版，第 61—66 页。
④ 有的学者认为，中共十八届四中全会通过的决定突出强调了对宪法、良法、人权的重视，力图从"形式法治"迈向"实质法治"，这表明当代中国共产党人法治观的转型发展。参见李树忠《迈向"实质法治"——历史进程中的十八届四中全会〈决定〉》，《当代法学》2015 年第 1 期。

定"。在司法活动中，要"坚持以事实为根据、以法律为准绳，健全事实认
定符合客观真相、办案结果符合实体公正、办案过程符合程序公正的法律
制度"。[①] 这集中体现了保障公民权利、坚持程序公正、强化实体公正的实
质主义法治的价值取向。很显然，我们强调司法活动的法治要求，不仅要把
握形式法治对司法活动的基本要求，而且意味着突出实质法治对于司法活
动的根本性的基础性的价值意义，进而体现法治的核心价值要求。而能动
司法内在地蕴含着实质法治的价值取向，是以实质正义为依归的新型法治在
司法领域中的必然表现。一方面，它恪守形式法治对司法活动的基本要求，
贯彻司法审判活动的法治要求，坚守依法司法的法治底线，确保司法审判活
动在法治的轨道上运行。因此，能动司法是在法律规定的框架内能动地履
行司法职责，发挥司法审判职能作用，绝不是背离法治准则的司法作为。另
一方面，能动司法鲜明地体现了实质法治的基本要求，突出在司法审判活动
中维护与实现社会正义的司法价值目标。[②] 它强调要妥善处理好个案公正
与普遍公正的关系，主张个案公正是普遍公正的前提，没有个案公正就没
有普遍公正，要以个案公正为基础实现普遍公正。它要求司法承担起相应
的社会责任，在不与法律规则、法律规定相冲突的前提下，创造性地适用法
律，能动地回应司法的社会关切，为大局服务，为人民司法，进而推动社会
治理的完善，维护社会公平正义，而不是一味地机械司法，就案办案，回避
司法应当担负的政治与社会责任。它尤其关注司法审判活动的基本效果，强
调法官要在依法司法的前提下，充分发挥主观能动性，努力实现办案的法律

[①] 参见《中共中央关于全面推进依法治国若干重大问题的决定》（2014 年 10 月 23 日），
人民出版社 2014 年版，第 8、15—16、23 页。
[②] 有的学者强调，能动司法的合目的性意蕴，就在于它要求审判权的能动行使必须符合司
法的根本的目的和法治之宗旨，其中最为根本的乃是促进社会正义的实现这一司法的终
极价值。通过致力于具体个案的公正解决、优化社会治理、参与和支持重大制度变革等
途径，走向能动的司法有助于推动社会正义这一终极价值的实现。参见江国华《走向能
动的司法——审判权本质再审视》，《当代法学》2012 年第 3 期。

效果与社会效果的统一、个案公正与普遍公正的统一、依法裁判与案结事了的统一、法律公正观与群众公正观的统一，从而真正成为社会正义的守护者。诚如习近平所强调的，"如果不努力让人民群众在每一个司法案件中都感受到公平正义，人民群众就不会相信政法机关，从而也不会相信党和政府"。[①] 因之，我们说能动司法与现代法治是内在关联的有机统一体，绝不能将二者割裂开来、对立起来。那种认为能动司法是对法治的否定的观点，乃是一种误读或曲解，因而是根本不能成立的。

---

① 参见习近平《论坚持全面依法治国》，中央文献出版社 2020 年版，第 46 页。

第二章

能动司法与制度正义

制度作为一种特定的社会现象，体现在社会生活的方方面面，包括政治制度、经济制度、文化制度、社会制度等等。当今时代，制度已形成一个庞大而复杂的系统，即分领域、有层次、多形式的"制度之网"，不同领域、不同层次、不同形式的制度既相互独立又相互补充，既相互协调又相互制约，共同规制着社会主体的行为。近年来，我国理论界对制度问题十分关注。有的认为，制度可以区分为正式制度和非正式制度。所谓正式制度，是指人们有意识地创造的一系列规则；所谓非正式制度，主要包括价值、伦理、道德、风俗、习惯等等。[①] 本章所称制度，主要是指正式制度。

习近平指出："不论处在什么发展水平上，制度都是社会公平正义的重要保证。我们要通过创新制度安排，努力克服人为因素造成的有违公平正义的现象，保证人民平等参与、平等发展权利。要把促进社会公平正义、增进人民福祉作为一面镜子，审视我们各方面体制机制和政策规定，哪里有不符合促进社会公平正义的问题，哪里就需要改革；哪个领域哪个环节问题突出，哪个领域哪个环节就是改革的重点。对由于制度安排不健全造成的有违公平正义的问题要抓紧解决，使我们的制度安排更好体现社会主义公平正义原则，更加有利于实现好、维护好、发展好最广大人民根本利益。"[②] "实现

---

① 参见卢现祥《西方新制度经济学》，中国发展出版社 1996 年版，第 20—28 页。

② 《习近平关于全面深化改革论述摘编》，中央文献出版社 2014 年版，第 98 页。

中华民族伟大复兴，必须建立符合我国实际的先进社会制度。"① 很显然，制度正义是实现社会正义的首要条件，制度是否正义是其他所有社会规则是否正义的前提。我们认为，制度正义是以权利义务关系为核心的社会主体相互关系的合理状态，表现为社会主体的权利得到切实有效的保障，义务得到切实有效的履行。

维护社会正义，是司法的基本价值追求。而维护社会正义，首要的就是要维护制度正义。制度正义的实现离不开外在强制，它不能自我实现，需要外在强制来实现；同时，制度正义也需要外在强制保护，没有外在强制保护，没有外在强制对不正义行为的制约，制度正义将变得异常脆弱，制度本身也将会成为一纸空文。司法是国家强制力的重要组成部分，是维护制度正义的重要防线。实现制度正义，必须充分发挥司法的能动作用。换言之，坚持能动司法是维护和实现制度正义的坚实有力的司法保障。

一　制度正义的价值意义

"正义"一词的出现及使用由来已久，但自古希腊以来，关于正义概念的表述从未形成一致观点。在古希腊，正义的主题是个人行为正义。柏拉图认为，正义就是城邦中的人们按照各自的等级地位各司其职、各履其责，即按照自己灵魂等级的要求做自己分内的事。② 亚里士多德认为："所谓公正，一切人都认为是一种由之而做出公正的事情来的品质，由于这种品质人们行为公正和想要做公正的事情。"③ 托马斯·阿奎那把正义定义为"某一内在活动与另一内在活动之间按照某种平等关系能有适当的比例"。④

---

① 参见《十九大以来重要文献选编》（上），中央文献出版社 2019 年版，第 10 页。

② 参见北京大学哲学系、外国哲学史教研室编译《古希腊罗马哲学》，生活·读书·新知三联书店 1957 年版，第 37 页。

③ 苗力田主编《亚里士多德全集》第八卷，中国人民大学出版社 1994 年版，第 94 页。

④ 《阿奎那政治著作选》，马清槐译，商务印书馆 1963 年版，第 138 页。

到了近代，正义的主题转变为契约正义。这一理论从假设的自然状态和自然法观念出发，认为正义就是履行契约和保障个人的权利不受侵犯。霍布斯在《利维坦》中提出"自然法的第三条法则——正义是指恪守契约"。①卢梭在《社会契约论》中指出，正义就是根据契约形成的"公意"，"公意永远是公正的，而且永远以公共利益为依归"。②而在康德看来，正义意味着自由，就是"一些条件之总和，在那些条件下，一个人的意志能够按照普遍的自由法则同另一个人的意志结合起来"。③

19世纪以来，契约正义理论逐渐遭到人们的质疑和批判，功利主义大行其道，取代了契约正义理论，成为评价社会制度的一个重要标准和原则。到了20世纪，西方正义理论日益呈现出两个显著特点：一是把传统的社会契约论作为一种理论虚构加以摒弃，而把适合于个人的功利主义原则推广运用到社会制度领域；二是抛弃传统的理性思辨，以实证、分析的态度研究社会正义问题。④

1971年，罗尔斯发表《正义论》，在西方社会引起广泛影响。在这部巨著中，罗尔斯把正义的主题转移到了社会制度层面，强调制度正义的优先性。罗尔斯认为，制度正义与个人正义之间存在先后次序，制度正义应当优先于个人正义。这一优先性主要体现在：一是选择上的优先性。罗尔斯假设了人的原初状态，认为在原初状态中，人们首先会选择制度本身的伦理原则，然后才会选择个人的道德原则。二是评价上的优先性。罗尔斯认为，制度正义比个人正义更为重要，它是一种背景正义，个人正义的确立必须以制

---

① 〔英〕托马斯·霍布斯：《利维坦》，黎思复、黎廷弼译，商务印书馆1985年版，第109页。

② 〔法〕卢梭：《社会契约论》，何兆武译，商务印书馆2003年版，第35页。

③ 转引自〔美〕E·博登海默《法理学：法律哲学与法律方法》，邓正来译，中国政法大学出版社2004年版，第265页。

④ 参见曹玉涛《论罗尔斯制度正义的优先性及其启发意义》，《西南师范大学学报》（人文社会科学版）2005年第2期。

度正义为前提。在对社会是否正义的道德评价中，对制度正义的道德评价优先于对个人正义的道德评价。

罗尔斯认为，社会基本制度在分配公民的基本权利和义务以及划分由社会合作产生的利益和负担时要遵循两个公正原则。第一个原则：每个人对与所有人所拥有的最广泛平等的基本自由体系相容的类似自由体系都应有一种平等的权利。第二个原则：社会和经济的不平等应这样安排，使它们在与正义的储存原则一致的情况下，适合于最少受惠者的最大利益，并且依系于机会公平平等条件下的职务和地位向所有人开放。① 第一个原则，通常被称为自由优先性原则；第二个原则中的前一个原则通常被称为差异原则，后一个原则通常被称为机会平等原则。这两个原则之间也存在着优先性的差异。罗尔斯认为，自由的优先性原则必须处于最优先的地位，即在引出第二个正义原则之前，必须满足第一个原则的要求，只有对自由的种种考虑才可以拿来诠释自由，只有出于自由本身的缘故才可以限制自由。在第二个原则中，机会平等原则是优先于差异原则的。这种平等是一种自由主义的平等。罗尔斯认为，所谓机会平等是指"在社会的所有地方，对于那些拥有相似天赋和动机的人们，应该在修养和成就方面存在着同样的前景"。② 机会平等是现代开放社会的基本要求之一，可以保证社会上下层流通渠道的畅通，尽量提高善的储蓄率，而降低不正义的储蓄率。至于第二个原则中的差异原则，则是在满足自由的优先性原则以及机会平等原则的基础上，保障社会中处于最不利地位的人们的福利，并确保这些人在不危及个人自由的情形下生活得更好。

① 参见〔美〕约翰·罗尔斯《正义论》，何怀宏、何包钢、廖申白译，中国社会科学出版社 1988 年版，第 302 页。
② 参见〔美〕约翰·罗尔斯《作为公平的正义——正义新论》，姚大志译，上海三联书店 2002 年版，第 71 页。

罗尔斯关于制度正义优先性以及正义原则的论述，对于我们研究制度正义问题，具有重要的参考价值。制度不仅决定社会的基本架构和运行模式，而且关系个人权利的保障。没有一定的社会制度保障，个人合理的生活期望、道德人格的发展就可能枯萎，更谈不上延伸和发展了。制度是一柄双刃剑，好的制度能够增进社会福祉，坏的制度必然导致社会罪恶。正如邓小平所指出的，"我们过去发生的各种错误，固然与某些领导人的思想、作风有关，但组织制度、工作制度方面的问题更为重要。这些方面的制度好可以使坏人无法任意横行，制度不好可以使好人无法充分做好事，甚至会走向反面"。① 制度的两面性表明制度在建立和运行过程中必须进行伦理考量，努力做到存善去恶，体现制度的正义性。习近平十分重视制度建设对促进社会公平正义的意义，他指出，"不论处在什么发展水平上，制度都是社会公平正义的重要保证。我们要通过创新制度安排，努力克服人为因素造成的有违公平正义的现象，保证人民平等参与、平等发展权利"，"我国现阶段存在的有违公平正义的现象，许多是发展中的问题，是能够通过不断发展，通过制度安排、法律规范、政策支持加以解决的"。②

（一）权利与义务的合理分配

罗尔斯认为："正义的主要问题是社会的基本结构，或更准确地说，是社会主要制度分配基本权利和义务，决定由社会合作产生的利益之划分的方式。"③ 因此，正义要解决的主要问题就是如何分配权利和义务、划分社会利益和负担。一个正义的制度，首先必须合理分配权利义务。正如罗尔斯所言，"那些抱有不同的正义观的人就可能还是会一致同意：在某些制度中，当

---

① 《邓小平文选》第二卷，人民出版社 1994 年版，第 333 页。
② 参见《十八大以来重要文献选编》（上），中央文献出版社 2014 年版，第 553—554 页。
③ 〔美〕约翰·罗尔斯：《正义论》，何怀宏、何包钢、廖申白译，中国社会科学出版社 1988 年版，第 7 页。

对基本权利和义务的分配没有在个人之间作出任何任意的区分时，当规范使各种对社会生活利益的冲突要求之间有一恰当的平衡时，这些制度就是正义的"。[1] 权利与义务的合理分配，包含三个方面的要求：其一，机会平等。机会平等即机会对一切人开放，任何人不得以任何不正当的理由，剥夺他人应当得到的各种机会。它要求对所有参与竞争与合作的人设定公平的程序，制定共同的"游戏规则"，消除各种特权，使每个人都有可能通过自身的努力，实现预期的目标追求。其二，公平对待。权利与义务要统一，一个人在享有权利的同时，必须承担相应的义务，不能只享有权利不承担义务，也不能只承担义务不享有权利。付出与获得要统一，一个人想要获得利益，就必须付出成本，不付出成本就不能获得利益，付出较少成本只能得到较少利益，付出较多成本才能得到较多利益。其三，合理补偿。不同的人在天赋、智力、能力等方面的差异是显而易见的，即使在机会平等和公平对待的情况下，也必然会产生分配结果的不均衡。我们不能对一部分人生存状况的恶化视而不见，否则必然会导致社会的动荡，而必须从人道主义和社会福利的观点出发，为他们提供有效的生活保障。也就是说，社会财富的增长，不能以弱势群体生存状况的恶化为代价。

（二）公平与效率的有效平衡

权利与义务的分配是制度正义的主题，权利与义务的分配也涉及对公平与效率的把握，因之，制度正义必须解决公平与效率的关系问题。公平与效率的关系在本质上应当是相辅相成、互相促进的。一方面，效率是实现公平的基础。能否提高效率，关系到社会生产力能否得到解放和发展，效率的提高，可以使公平建立在更加雄厚的物质基础之上。公平的最终实现要以效率的相对提高为条件。另一方面，公平是实现效率的保障。社会公平状况的改

---

[1] 〔美〕约翰·罗尔斯：《正义论》，何怀宏、何包钢、廖申白译，中国社会科学出版社1988年版，第5页。

善有助于促进效率的进一步提高，因为它充分调动了人的劳动积极性，进而促进了生产效率的提高。公平分配原则，注重人的内在需求，把社会发展的目标和人的内在需求在符合市场经济要求的前提下很好地结合起来，从而形成了社会发展的动力系统。制度正义应当是公平与效率的统一和谐，离开了效率片面追求所谓的公平，会使社会因此停滞而没有发展；脱离了公平一味追求效率，会导致社会发展的不平衡，最终效率也会被破坏。只有有效率且公平的制度，才能使社会得到全面、持久的发展和进步。

（三）自由与秩序的有机统一

从抽象的人性角度分析，人具有理性和非理性双重特性，理性表现为克制，即要求秩序，非理性表现为任意，即要求自由。从这个角度看，自由与秩序似乎是必然对立的关系。其实不然，自由与秩序固然存在冲突，但理想状态应当是有机统一的。"自由是秩序的目的，秩序是自由的保障。"[1] 绝对的、不受束缚的自由，必然会导致人们为了自己的利益不择手段，其结果是使人的生命、财产、安全等都无法得到应有的保障，反而形成真正的不自由。所以，自由永远是相对的，不是绝对的，不存在不受任何束缚的自由。秩序，必然意味着对自由的限制。适度的限制，能够保障绝大多数人都能够行使自由权利，而不至于侵害他人的自由；过度的限制，则是暴政，其所维护的只是少数强权者的自由，却剥夺了大多数人的自由。因此，正义的制度应当兼顾自由与秩序，有助于实现人类社会必要的秩序与最大限度的自由。

二　制度正义的表现形式

对于制度正义的表现形式，可以从制度正义的内涵和外延两个方面进行分析。

---

① 参见《习近平谈治国理政》第二卷，外文出版社 2017 年版，第 533 页。

（一）从内涵上看，制度正义表现为制度内容的正义、制度形式的正义和制度运行的正义

（1）制度内容的正义。它是指制度内容是否具有正义的根据，是否被赋予了正义的属性。制度的设计和安排不能离开一定的正义价值观，不同的正义价值观要求建立不同的制度，有什么样的正义价值观就会产生什么样的制度设计。如无政府主义"公正即无统治"的正义价值观，主张建立无政府的制度，要求废除任何形式的统治制度。功利主义秉持"最大多数人的最大幸福"的正义价值观，要求建立一种能够带来最大限度的幸福的制度，这种制度即使以牺牲部分人的幸福和自由为代价也是正义的。我们认为，制度赖以建立的合理的正义价值观，应当既合目的性又合规律性，能够妥善解决个人与社会之间的利益关系，维护和促进人的生存发展以及社会的发展进步。

（2）制度形式的正义。所谓制度形式的正义，是指制度程序上的正义性，主要包括制度的公开性和参与性。一种正义的制度必须是公开的、为人所知晓的，而且内容应当清楚明确。如果不公开、不清楚，社会公众就无法遵循，制度就会形同虚设。除此之外，制度还应当让所有有资格的社会成员参与到其论证、制定、执行、监督、评价、修改过程之中。正义的制度应该是公众集思广益、广泛参与的结果。如果制度只是被少数人掌控，公众没有广泛参与，公众在制度面前只是被动的对象，而不是体现自己主张和要求的主体，制度也难以被认为是正义的。

（3）制度运行的正义。制度的外在表现是一套规范体系，其功能在于规范社会主体的行为。制度并不会自然地发挥作用，只有依靠社会主体内在自觉或者外在强制力量，才会有效发挥作用。制度总是基于一定的正义价值观建立起来，但并不是说，制度建立了，就必然实现了这种正义价值观，也不能说制度实际运行了，就必然实现了这种正义价值观。实践中，我们常常

会发现，制度运行往往会偏离制度建立的初衷；而且通过实践的检验，也会发现制度存在不合理、不完善的问题。因此，实现制度原本体现的正义价值观，必然要求制度运行本身体现这种价值观，这就是制度运行的正义的要求。这种要求主要包括三个方面：一是保障制度实施的主体和手段是正义的；二是制度在运行中如果存在偏差，有相应的纠正或救济的渠道和措施；三是制度总是与时俱进的，不断适应变化了的外部环境和社会主体的内在需要。

（二）从外延上看，制度正义主要包括政治制度正义、经济制度正义和法律制度正义

（1）政治制度正义。政治制度是指在特定社会中，统治阶级通过组织政权来实现其政治统治的原则和方式的总和。它包括一个国家的阶级本质、国家政权的组织和管理形式、国家的结构形式以及公民在国家生活中的地位。奴隶制国家政治制度是人类历史上最早的政治制度，它由氏族社会的管理形式演变而来，在某些方面带有原始制度的痕迹，神权学说是奴隶制国家政治制度的理论基础。君主制和等级制是封建制国家的普遍形式，"朕即国家""君权神授"是封建制国家政治制度的理论基础。资本主义政治制度是最后的剥削阶级政治制度，它的显著特点是分权制衡、多党制、代议制等等。社会主义政治制度则是建立在生产资料公有制的基础之上的，它与人类历史发展过程中存在过的其他类型的政治制度有本质的区别，是人类社会正义准则的集中体现。习近平指出："世界上不存在完全相同的政治制度，也不存在适用于一切国家的政治制度模式。""各国国情不同，每个国家的政治制度都是独特的，都是由这个国家的人民决定的，都是在这个国家历史传承、文化传统、经济社会发展的基础上长期发展、渐进改进、内生性演化的结果。中国特色社会主义政治制度之所以行得通、有生命力、有效率，就是因为它是从中国的社会土壤中生长起来的。中国特色社会主义政治制度过去和现在一直生长在中国的社会土壤之中，未来要继续茁壮成长，也必须深深

扎根于中国的社会土壤。""中国特色社会主义最本质的特征是中国共产党领导,中国特色社会主义制度的最大优势是中国共产党领导。"① 政治制度正义是人类孜孜不懈追求的政治理想。亚里士多德认为:"不要忘记,我们要探讨的既是公正本身,也是政治公正。"② 孔子曰:"政者,正也。"③ 不同立场的人往往持有不同的政治制度正义观念,其中包含着理想的公正社会图景,并据此对现存政治制度作出评价。综合来看,其讨论无外乎两个范畴,即权利和权力。"考察政治公正的问题主要是就权利和权力两大问题而展开。对个人来讲,就是社会制度如何保障个人权利得到实现;对社会来讲,就是公共权力资源如何合理分配。"④ 一方面,从人类社会发展来看,政治权力一直是社会控制的主导力量。对政治权力的占有、分配和行使以及它所提供的政治秩序是否正义的根本性追问就是政治制度正义问题。另一方面,政治制度应该关心什么人的权利,是关心大多数人的权利还是少数人的权利,在构成社会的各个阶级阶层中,把哪个阶级阶层的权利置于优先的地位,也是政治制度正义研究解决的问题。在当代中国,人民是国家和社会的主人。坚持人民主体地位,依法保障人民权益,是社会主义政治制度正义的根本标志。习近平指出:"我国是工人阶级领导的、以工农联盟为基础的人民民主专政的社会主义国家,国家一切权力属于人民。我国社会主义民主是维护人民根本利益的最广泛、最真实、最管用的民主。发展社会主义民主政治就是要体现人民意志、保障人民权益、激发人民创造活力,用制度体系保证人民当家作主。"⑤

---

① 参见《习近平关于社会主义政治建设论述摘编》,中央文献出版社 2017 年版,第 12、34 页。

② 〔古希腊〕亚里士多德:《尼各马可伦理学》,廖申白译注,商务印书馆 2003 年版,第 147 页。

③ 参见《论语·颜渊》。

④ 参见霍秀媚《制度公正与民主政治》,《探求》2003 年第 2 期。

⑤ 参见《中国共产党第十九次全国代表大会文件汇编》,人民出版社 2017 年版,第 28—29 页。

因此，将国家权力的设定和运行纳入法治轨道，坚持和完善人民当家作主制度体系，乃是社会主义政治制度正义的内在要求。

（2）经济制度正义。经济制度是指国家的统治阶级为了反映在社会中占统治地位的生产关系的发展要求，建立、维护和发展有利于其政治统治的经济秩序，而确认或创设的各种有关经济问题的规则和措施的总称。按照马克思主义唯物史观的基本原理，人类社会发展经历了五个阶段，即原始共产主义社会、奴隶社会、封建社会、资本主义社会、共产主义社会（社会主义社会是共产主义社会的初级阶段）。由此，人类历史上相应经历了五种依次更替的经济制度。人类的经济活动是人类赖以生存和发展的基础，而人类经济活动的有序展开则有赖于合理的经济制度的设计和安排，经济制度对于经济活动而言具有基础性的意义。经济制度正义是从价值层面上对经济制度是否具有正义性的哲学反思，是对社会成员有关经济权利与义务在制度安排上是否合乎正义的价值审视。有的学者认为，社会公正有四个原则：第一，基本权利的保证亦即保证的原则；第二，机会平等，亦即事前的原则；第三，按照贡献进行分配，亦即事后的原则；第四，进行必要的一次分配后的再调剂，亦即社会调剂的原则。[1] 这四项原则主要适用于经济制度正义问题。我们认为，经济制度正义贯穿于经济活动的各个环节，涵摄生产制度、交换制度、分配制度、消费制度等范畴。在当代中国社会主义市场经济条件下，强调生产制度正义，就是要体现生产力标准与正义尺度的统一，强化生产目的的人民性，凸显可持续发展。强调交换制度正义，就是要弘扬等价交换的公正性，强化交易原则的公正表征，注重权利意识与法律保障。强调分配制度正义，就是要使分配尺度与人的发展尺度统一，效率优先，兼顾公平，不断完善社会保障制度，加大对不公正分配的矫治。强调消费制度正义，就是要

---

[1] 参见李君如主编《社会主义和谐社会论》，人民出版社 2005 年版，第 162 页。

确立正确的生活质量观，倡导健康文明的生活方式。当代中国正处在一个完善和发展社会主义市场经济体制的历史过程之中。现代市场经济是一个不断发展的价值体系。从法权意义上讲，它是一种法理型经济，体现了市场主体的自主性要求，反映了社会经济生活中的平权型的契约关系，构成了一种与市场主体利益相联系的权利系统，因而是以市场主体的平等地位及平权要求为特征的、注重责任和秩序内在统一的新型经济法权秩序，彰显了社会主义市场经济制度的正义价值。①

（3）法律制度正义。法律制度是指一个国家或地区的所有法律原则和规则的总称。其内涵大致包括两个方面：一是指一国的立法制度、执法制度与司法制度的总称，即通常所称的"法制"；二是指运用法律规范来调整各种社会关系时所形成的各种制度。它调整了多少社会关系就包含多少种具体的法律制度。关于法律制度正义的讨论，古往今来众说纷纭。时至今日，对此问题的认识仍是仁者见仁、智者见智。我国有学者对西方多种多样的法律制度正义理论作了如下归纳：传统的主要有客观正义论、主观正义论、理性正义论、神学正义论、法规正义论五大类，现代的主要有相对正义论、社会正义论、形式正义论、程序正义论四大类。② 我们至少可以从中看出，不同的法律制度正义理论，其差别的根源在于对法律制度正义考察的视角。③ 从不同的视角考察法律制度正义，就必然会产生不同的制度正义理论，如，有的从"价值"的视角论证，有的从"理性"的视角论证，有的从法律规范本身论证。通过观察种种法律制度正义观不难发现，较多经典作家采取了"价值"论证理路。换言之，他们的法律制度正义标

---

① 参见公丕祥《社会主义市场经济与法律调整》，《法律科学》1993 年第 1 期。
② 参见卓泽渊《法的价值论》，法律出版社 2006 年版，第 423—433 页。
③ 我国有的学者归纳为八种：客观正义论、主观正义论、理性正义论、神学正义论、法规正义论、相对正义论、社会正义论、形式正义论。参见张文显主编《法理学》，法律出版社 2007 年版，第 366 页。

准就是价值标准。但是，其价值标准具有取向上的偏好，因此没有统一的价值标准，也就没有统一的法律制度正义标准。归纳起来，其基本类型包括：用平等价值解释正义、用自由价值解释正义、用公平价值解释正义、用效率价值解释正义、用安全价值解释正义等等。无论采用何种价值标准进行解释，一个共同归宿就是，法律制度必须合于正义，才具有存在和实施的合理性基础。

三　当代中国制度正义考察

新中国成立 70 多年来，特别是改革开放 40 多年来，当代中国的经济社会发生了翻天覆地的变化，国家综合实力明显提升，社会总体和谐稳定，人民生活水平显著改善，政治、经济、文化、社会等各方面制度日益健全完善。习近平在中共十九大报告中指出，"经过长期努力，中国特色社会主义进入了新时代，这是我国发展新的历史方位"，[①] "必须认识到，我国社会主要矛盾的变化，没有改变我们对我国社会主义所处历史阶段的判断，我国仍处于并将长期处于社会主义初级阶段的基本国情没有变"。[②] 应当看到，我国仍处在社会急剧变革与转型时期，制度正义方面存在诸多不足和薄弱环节。

（一）经济发展的挑战

经过改革开放 40 多年持续高速增长，"我国经济已由高速增长阶段转向高质量发展阶段，正处在转变发展方式、优化经济结构、转换增长动力的攻关期，建设现代化经济体系是跨越关口的迫切要求和我国发展的战略目标。必须坚持质量第一、效益优先，以供给侧结构性改革为主线，推动经济发展质量变革、效率变革、动力变革，提高全要素生产率，着力加快建设实体经济、科技创新、现代金融、人力资源协同发展的产业体系，着力构建市场

---

① 参见《十九大以来重要文献选编》（上），中央文献出版社 2019 年版，第 7 页。
② 参见《十九大以来重要文献选编》（上），中央文献出版社 2019 年版，第 9 页。

机制有效、微观主体有活力、宏观调控有度的经济体制，不断增强我国经济
创新力和竞争力"。① 2019 年 12 月 10 日，习近平在中央经济工作会议上强
调："我国正处在转变发展方式、优化经济结构、转换增长动力的攻关期，结
构性、体制性、周期性问题相互交织，'三期叠加'影响持续深化，经济下行
压力加大。"② 当前，供给侧结构性改革持续深化，经过 40 多年高强度大规
模开发建设后，传统产业、房地产投资相对饱和，但基础设施互联互通和一
些新技术、新产品、新业态、新商业模式的投资机会大量涌现，对创新投融
资方式提出了新要求；模仿型排浪式消费阶段基本结束，消费拉开档次，个
性化、多样化消费渐成主流，保证产品质量安全、通过创新供给激活需求的
重要性显著上升；全球总需求不振，以往低成本比较优势发生转化，高水平
引进来、大规模走出去正在同步发生，人民币国际化程度明显提高，国际收
支双顺差局面正在向收支基本平衡方向发展；传统产业供给能力大幅超出需
求，产业结构必须优化升级，企业兼并重组、生产相对集中不可避免；互联
网技术加快发展，创新方式层出不穷，新兴产业、服务业、小微企业作用更
加凸显，生产小型化、智能化、专业化将成为产业组织新特征；低成本劳动
力优势逐渐削弱，经济增长转向依靠人才智力优势；市场竞争正逐步转向以
质量型、差异化为主的竞争，消费者更加注重品质和个性化，竞争必须把握
市场潜在需求，通过供给创新满足需求；企业依赖税收和土地等优惠政策形
成竞争优势、外资超国民待遇的方式已经难以为继，统一全国市场、提高资
源配置效率是经济发展的内生性要求；环境承载能力已经达到或接近上限，
难以承载高消耗、粗放型的发展，必须推动形成绿色低碳循环发展方式，并
从中创造新的增长点；随着经济增速下调，各类隐性风险逐步显性化，地方

---

① 参见《十九大以来重要文献选编》（上），中央文献出版社 2019 年版，第 21 页。
② 习近平 2019 年 12 月 10 日在中央经济工作会议上的讲话要点，载《人民日报》2019 年
12 月 14 日。

政府性债务、影子银行、房地产等领域风险正在显露，就业也存在结构性风险；等等。持续深化供给侧结构性改革对国家的经济政策、制度、规则等形成了新的挑战，在制度引领、规范和保障方面，需要通过深化改革破除发展面临的体制机制障碍，通过扩大开放拓展发展空间，不断激活发展潜能，让各类市场主体在科技创新和国内国际市场竞争的第一线搏击弄潮，为我国经济发展增强底气、增添动力；要坚持以提高经济发展质量和效益为中心，注重满足人民群众需要，注重市场和消费心理分析，注重引导社会预期，注重加强产权（尤其是知识产权）保护，注重发挥企业家才能，注重加强教育和提升人力资本素质，注重建设生态文明，注重科技进步和全面创新。随着当代中国进入新发展阶段，我国发展面临的国内外环境正在发生深刻复杂变化。习近平指出："新时代新阶段的发展必须贯彻新发展理念，必须是高质量发展。当前，我国社会主要矛盾已经转化为人民日益增长的美好生活需要和不平衡不充分的发展之间的矛盾，发展中的矛盾和问题集中体现在发展质量上。这就要求我们必须把发展质量问题摆在更为突出的位置，着力提升发展质量和效益。"[1] 因此，法治与司法工作必须体现高质量发展的要求，以推动司法高质量发展为主题，以深化司法体制改革为主线，以不断满足人民群众对民主法治、公平正义的司法新需要为出发点和落脚点，牢固树立以人民为中心的司法理念，着力提高司法产品的优质供给，"积极回应人民群众新要求新期待，系统研究谋划和解决法治领域人民群众反映强烈的突出问题，不断增强人民群众获得感、幸福感、安全感"，[2] 切实维护和实现社会公平正义。

（二）新旧体制的摩擦

中国经济要实现高质量发展，必须有先进的体制机制保障，着力构建市

---

① 参见《中共中央关于制定国民经济和社会发展第十四个五年规划和二〇三五年远景目标的建议》，人民出版社 2020 年版，第 51—52 页。

② 参见习近平《论坚持全面依法治国》，中央文献出版社 2020 年版，第 2 页。

场机制有效、微观主体有活力、宏观调控有度的经济体制。从计划经济体制向市场经济体制转型，这是生产关系的重大调整，绝非一朝一夕能够完成，必须经历一个长期的、艰巨的过程。在新旧体制长期并存的时期，价格、收入分配和经济规则等方面都存在着双轨运行的现象，从而使经济生活呈现出一种错综复杂的局面，新体制的一些因素在经济生活中没有完全取代旧体制，旧体制的相当部分因素还在一定范围内起作用，再加上法律法规和规章制度尚不健全完善，这不仅给宏观调控带来难度，也使微观经济生活难以有效规范。在这种情况下，一些人受利益的驱动，钻法律和制度的空子，甚至不顾规范的约束，不择手段地谋取利益。此外，在建立社会主义市场经济体制的过程中，非公有制经济的发展以及竞争性机制被引入公有制经济，势必造成一些公有制企业关停并转，造成大批职工下岗；随着农村生产力的解放，一大批富余劳动力转入城市，不仅与城市居民就业形成竞争关系，而且造成城市人口剧增，给社会治理增加了难度；随着城市化、城镇化进程的推进，城乡区域发展差距愈益扩大，发展不平衡问题亦更加突出，社会群体民生保障面临的压力增大。因此，必须全面深化改革，加快新旧体制的历史性转换，"站在人民立场上把握和处理好涉及改革的重大问题"，"从人民利益出发谋划改革思路、制定改革举措"，"以促进社会公平正义、增进人民福祉为出发点和落脚点"，[①] 通过改革为促进社会公平正义提供有力的制度保障。

（三）利益格局的调整

随着我国所有制结构和分配方式的多样化以及社会主义市场经济的发展，社会利益主体日趋多元化，不同地区、企业、群体和个人都成为相对独立的利益主体。各利益主体在占有资源、生产技术和工具上存在差异，再加上国家政策倾斜和市场竞争等因素的影响，过去计划经济时代那种以平均主

---

① 　参见习近平《论坚持全面深化改革》，中央文献出版社 2018 年版，第 54、51 页。

义为基础的低水平均衡状态被打破，各利益主体的利益差距不断扩大，社会财富出现向少数人集中的趋势。利益格局的深刻调整变化，导致不同利益主体之间的利益失衡、碰撞和冲突越来越突出。特别是当一部分人的高收入是凭借禀赋与能力以外的原因获取的，如依靠政策保护、行业垄断、身份优势等等，这无疑会引起其他人的不满。而且，有的人还通过侵犯他人利益来满足自身利益，这直接导致了一些社会矛盾的发生。如在城市房屋拆迁和农村土地征用过程中，开发商对被拆迁人或被征用人补偿标准过低，补偿价格与市场交易价格差距甚大；一些企业片面追求经济效益，克扣、拖欠劳动者工资，劳动保障、劳动保险不到位；一些国有企业改制后，违背先前承诺裁减职工以降低经营成本，不履行支付原企业拖欠的职工社保等费用的义务；等等。这势必涉及改革和转型，涉及更深刻的制度结构和利益结构的调整。因此，习近平强调，"市场经济应该是法治经济，和谐社会应该是法治社会。解决制约持续健康发展的种种问题，克服部门保护主义和地方保护主义、维护市场秩序、保护知识产权、化解产能过剩、打击假冒伪劣产品、保护生态环境"，"解决人民最关心的教育、就业、收入分配、社会保障、医药卫生、住房等方面的突出问题"，"都需要密织法律之网、强化法治之力"，[1] 从而维护和促进社会公平正义，维护社会主义法治的权威和尊严。

（四）社会结构的分化

改革开放使中国社会结构产生了巨大变迁。关于当前我国社会阶层的划分，学界有不同的观点，具有代表性的是"十个阶层五种社会地位"说。这是由中国社会科学院社会学研究所"当代中国社会结构变迁研究"课题组提出的。它以职业分类为基础，以组织资源、经济资源和文化资源占有情况为标准，划分了十个社会阶层和五种社会地位。十个社会阶层：一是国家及社

---

[1]　参见习近平《论坚持全面依法治国》，中央文献出版社 2020 年版，第 103—104 页。

会管理者阶层，二是经理阶层，三是私营企业主阶层，四是专业技术人员阶层，五是办事人员阶层，六是个体工商户阶层，七是商业服务业员工阶层，八是产业工人阶层，九是农业劳动者阶层，十是城乡无业、失业、半失业人员阶层。五种社会地位：一是上层，包括最高层领导干部、大企业经理人员、大私营企业主及最高等级的学者专家；二是中上层，包括中低层领导干部、大企业中层管理人员、中小企业经理人员、中高级专业技术人员及中等企业主；三是中中层，包括初级专业技术人员、小企业主、办事人员、个体工商户；四是中下层，包括个体体力劳动者、一般商业服务业人员、工人、农民；五是底层，包括生活处于贫困状态并且就业缺乏保障的工人、农民和无业、失业、半失业人员。在这五种社会地位中，处于中下层和底层的人占大多数。① 借用这一社会阶层分层学说，可以分析出当代中国社会阶层之间利益关系的差异性。首先，在政策的制定、制度的安排上，不同社会阶层的话语权是不一样的。机会的平等难以很好地体现。其次，不同阶层的人有不同层次的需求，而需求的不同，往往会导致阶层之间的隔阂，甚至歧视和偏见。再次，社会资源总是相对有限的，不可能满足每个成员的利益需求，而不同阶层的人在具体利益竞争过程中往往存在不平等性。因此，运用制度与法律调整不同社会阶层之间的利益关系，就成为实现制度正义的一个至关重要的问题。在当代中国，全面深化改革的重要任务，就在于推动制度创新发展，"往有利于维护社会公平正义方向前进，注重从体制机制创新上推进供给侧结构性改革，着力解决制约经济社会发展的体制机制问题；把以人民为中心的发展思想体现在经济社会发展各个环节，做到老百姓关心什么、期盼什么，改革就要抓住什么、推进什么，通过改革给人民群众带来更多获得感"。其中，一个重大的战略性任务，就是"不断扩大中等收入群体"，这

---

① 参见陆学艺主编《当代中国社会阶层研究报告》，社会科学文献出版社 2002 年版，第 8—9 页。

"是维护社会和谐稳定、国家长治久安的必然要求"。① 在这一过程中，要"坚持在法治轨道上统筹社会力量、平衡社会利益、调节社会关系、规范社会行为，依靠法治解决各种社会矛盾和问题，确保我国社会在深刻变革中既生机勃勃又井然有序"。②

（五）思想观念的激荡

随着我国社会主义市场经济的深入发展和社会主义民主法治进程的稳步推进，人们的思想观念受到了巨大冲击。市场经济的开放性、竞争性、平等性，削弱了传统的地域封闭、因循守旧、等级特权观念，人们的进取、创新、平等意识明显增强，经济交往日益频繁，所涉领域不断拓展。民主法治尊重个人尊严、尊重个人权利，改变了过去的一味重集体轻个人、重义务轻权利的观念，人们的自主意识、权利意识逐步确立，人们更加敢于表达诉求，维护权益。但是，在思想观念进步更新的同时，也产生了社会价值失范的问题。一是一些人受利益的驱动，在处理自己与他人、索取与奉献、盈利与诚信、竞争与协作等关系上，越来越多地倾向前者而忽视后者；二是经济领域遵循的等价交换原则向非经济领域渗透，权力也以商品的面目进行交换，"权钱交易""权色交易"引发的贪污贿赂、渎职犯罪率居高不下；三是一些人权利意识很强，但义务意识相对薄弱，他们对自身利益的诉求表达方式往往比较激烈，而涉及承担义务，则常常逃避甚至抗拒。因此，通过厉行法治来凝聚起社会共识，就显得尤为重要。诚如习近平所强调的，"只有全面依法治国才能有效保障国家治理体系的系统性、规范性、协调性，才能最大限度凝聚社会共识"。③

---

① 参见习近平《论坚持全面深化改革》，中央文献出版社 2018 年版，第 155、266 页。
② 参见习近平《论坚持全面依法治国》，中央文献出版社 2020 年版，第 104 页。
③ 参见习近平《论坚持全面依法治国》，中央文献出版社 2020 年版，第 3 页。

（六）社会治理的薄弱

中共十九届五中全会深入分析了我国发展环境面临的深刻复杂变化，指出我国"社会治理还有弱项"。[①] 当前，我国社会发展仍然滞后于经济发展，社会治理面临诸多新课题。一是传统的社会治理手段难以适应新的任务，对新经济组织、新社会组织、虚拟社会等的管理，还处在探索过程之中，社会安全隐患比较多。特别是随着高铁等新型交通工具的发展，社会的开放性、流动性增强，给社会治理带来新课题。社会自组织发展很快，对社会治理提出新的挑战。比如，现在流行的微信群实际上就是一种具有很强传播和动员功能的自组织。一个人可以同时参加多个微信群，信息传播可能瞬间达到几何级、动员成千上万人；一个小问题可以在微信群推波助澜下升级为网上群体性事件，甚至形成社会事件。像微信群这样的自组织，传播、动员没有规范约束，诉求表达不受限制，非理性言论大量充斥其中。二是一些地方重视行政机关在经济调节和市场监管等方面的职能，对于提供公共服务、管理社会事务等方面的职能重视还不够。三是基层自治组织和社会组织的社会治理功能没有充分发挥，社会自我调节、自我管理的能力不足。如，行业协会对市场主体的约束力有限，在规范市场主体竞争行为方面力不从心；社会中介组织的公信力不够高；社会团体在对其成员的教育引导、权益保障等方面力度还不够；社区居民委员会和农村村民委员会等基层自治组织在维护组织内部人际关系和谐、引导成员合法表达诉求等方面，其作用和优势没有充分显现出来；等等。因此，必须把加强和创新社会治理摆在重要位置，"从我国实际出发，遵循治理规律，把握时代特征，加强和创新社会治理，更好解决我国社会出现的各种问题，确保社会既充满活力又和谐有序"。"要着力推进社会治理系统化、科学化、智能化、法治化，深化对社会运行规律和治理规

---

① 参见《中国共产党第十九届中央委员会第五次全体会议公报》，《人民日报》2020年10月30日。

律的认识，善于运用先进的理念、科学的态度、专业的方法、精细的标准提升社会治理效能，增强社会治理整体性和协同性"，走中国特色社会主义治理之路。①

四　制度正义的司法需求

中共十八届三中全会高举中国特色社会主义伟大旗帜，作出了全面深化改革的战略部署，强调坚持社会主义市场经济改革方向，以促进社会公平正义、增进人民福祉为出发点和落脚点，进一步解放思想、解放和发展社会生产力、解放和增强社会活力，坚决破除各方面体制机制弊端，努力开拓中国特色社会主义事业更加广阔的前景，并将全面深化改革的总目标确立为"完善和发展中国特色社会主义制度，推进国家治理体系和治理能力现代化"。② 中共十八届四中全会描绘了全面推进依法治国的宏伟蓝图，强调坚持党的领导、人民当家作主、依法治国有机统一，坚定不移走中国特色社会主义法治道路，坚决维护宪法法律权威，依法维护人民权益、维护社会公平正义、维护国家安全稳定，为实现"两个一百年"奋斗目标、实现中华民族伟大复兴的中国梦提供有力法治保障，并且将"建设中国特色社会主义法治体系，建设社会主义法治国家"确立为全面依法治国的总目标。③ 中共十九大报告明确提出，全面深化改革总目标是完善和发展中国特色社会主义制度、推进国家治理体系和治理能力现代化。④ 中共十九届四中全会审议通过了《中共中央关于坚持和完善中国特色社会主义制度推进国家

---

① 参见习近平《论坚持全面深化改革》，中央文献出版社 2018 年版，第 346、344 页。

② 参见《中共中央关于全面深化改革若干重大问题的决定》，人民出版社 2013 年版，第 2—3 页。

③ 参见《中共中央关于全面推进依法治国若干重大问题的决定》，人民出版社 2014 年版，第 4 页。

④ 参见《习近平谈治国理政》第三卷，外文出版社 2020 年版，第 15 页。

治理体系和治理能力现代化若干重大问题的决定》，对坚持和完善中国特色社会主义制度、推进国家治理体系和治理能力现代化作出了全面部署，提出了明确要求。① 中共十九届五中全会公报指出，要"坚持和完善中国特色社会主义制度，不断提高贯彻新发展理念、构建新发展格局能力和水平，为实现高质量发展提供根本保证"。② 人民法院作为国家政权的重要组成部分，作为法治建设和国家治理的重要力量，在经济社会发展中担负着重要使命。当代中国制度正义的内在本质，要求人民法院必须正确认识面临的形势和任务，坚持能动司法，为推进国家治理体系和治理能力现代化提供更加有力的司法保障。

（一）注重服务经济社会发展

中共十九大报告强调："发展是解决我国一切问题的基础和关键，发展必须是科学发展，必须坚定不移贯彻创新、协调、绿色、开放、共享的发展理念。"③ "实现'两个一百年'奋斗目标、实现中华民族伟大复兴的中国梦，不断提高人民生活水平，必须坚定不移把发展作为党执政兴国的第一要务，坚持解放和发展社会生产力，坚持社会主义市场经济改革方向，推动经济持续健康发展。"④ "我们要在继续推动发展的基础上，着力解决好发展不平衡不充分问题，大力提升发展质量和效益，更好满足人民在经济、政治、文化、社会、生态等方面日益增长的需要，更好推动人的全面发展、社会全面进步。"⑤ 人民法院是党领导下的人民民主专政的国家机关，人民法院的政治性决定了人民法院必须紧紧围绕党和国家工作大局，为经济社会发展提供

---

① 参见《习近平谈治国理政》第三卷，外文出版社 2020 年版，第 125 页。
② 参见《中国共产党第十九届中央委员会第五次全体会议文件汇编》，人民出版社 2020 年版，第 9 页。
③ 参见《习近平谈治国理政》第三卷，外文出版社 2020 年版，第 17 页。
④ 参见《习近平谈治国理政》第三卷，外文出版社 2020 年版，第 23 页。
⑤ 参见《习近平谈治国理政》第三卷，外文出版社 2020 年版，第 9 页。

有力司法保障。要不断增强能动司法、服务大局意识，始终坚持"为大局服务，为人民司法"工作主题，紧紧围绕建设中国特色社会主义"五位一体"的总布局和"四个全面"战略布局，依法妥善处理在推进社会主义经济、政治、文化、社会和生态文明建设过程中出现的矛盾纠纷。要密切关注经济社会发展形势在司法审判领域的具体表现，及时制定司法措施，完善司法政策，强化司法导向，通过全面充分有效地发挥司法职能作用，依法惩治违法犯罪活动，平息和化解社会矛盾纠纷，调节和平衡各种利益关系，切实履行好中国特色社会主义事业建设者和捍卫者的神圣职责。

（二）注重维护社会公平正义

中共十九大报告提出："深化司法体制综合配套改革，全面落实司法责任制，努力让人民群众在每一个司法案件中感受到公平正义。"[1] 中共十九届四中全会通过的决定强调，"健全社会公平正义法治保障制度"，"坚持有法必依、执法必严、违法必究，严格规范公正文明执法，规范执法自由裁量权，加大关系群众切身利益的重点领域执法力度。深化司法体制综合配套改革，完善审判制度、检察制度，全面落实司法责任制，完善律师制度，加强对司法活动的监督，确保司法公正高效权威，努力让人民群众在每一个司法案件中感受到公平正义"[2]。习近平指出："我们要通过创新制度安排，努力克服人为因素造成的有违公平正义的现象，保证人民平等参与、平等发展权利。要把促进社会公平正义、增进人民福祉作为一面镜子，审视我们各方面体制机制和政策规定，哪里有不符合促进社会公平正义的问题，哪里就需要改革；哪个领域哪个环节问题突出，哪个领域哪个环节就是改革的重点。对于由于制度安排不健全造成的有违公平正义的问题要抓紧解决，

---

① 参见《习近平谈治国理政》第三卷，外文出版社 2020 年版，第 30 页。
② 《中共中央关于坚持和完善中国特色社会主义制度推进国家治理体系和治理能力现代化若干重大问题的决定》，人民出版社 2019 年版，第 14—15 页。

使我们的制度安排更好体现社会主义公平正义原则，更加有利于实现好、维护好、发展好最广大人民根本利益。"① "全面依法治国，必须紧紧围绕保障和促进社会公平正义来进行。"② 因此，人民法院作为国家的司法审判机关，保障社会公平正义是重大责任，要"完善司法管理体制和司法权力运行机制，规范司法行为，加强对司法活动的监督，努力让人民群众在每一个司法案件中感受到公平正义"。③ 要深化司法体制综合配套改革，全面落实司法责任制，完善审判权力运行监督制约机制，不断提高司法质量、效率和公信力。要大力完善多元化纠纷解决机制，坚持把非诉讼纠纷解决机制挺在前面，实现矛盾纠纷及时、高效、源头化解。要全面推进诉讼服务中心现代化建设，加快推进跨域立案诉讼服务改革，推进案件繁简分流、轻重分离、快慢分道，优化网上诉讼服务功能，让人民群众有更多获得感。要坚持法律面前人人平等，切实做到有法必依、执法必严、违法必究，充分体现法律的尊严和权威。要严格依法司法，不仅严格遵守实体法，还严格遵守程序法，确保一切司法活动都在法律的轨道上进行。要切实维护法制统一，坚决避免相同或类似的案件得不到相同或类似的处理，坚决克服量刑不均衡、以罚代刑等现象的发生，确保司法尺度的统一，体现司法活动的严肃性。要更加注重发挥司法的功能作用，打击犯罪、保护人权，厘清责任、明辨是非，化解矛盾、定分止争，引导群众增强法律意识和规则意识，使社会生活的方方面面都能井然有序、公平公正。

（三）注重保障人民权益

中共十九大报告强调："中国共产党人的初心和使命，就是为中国人民

---

① 参见《十八大以来重要文献选编》（上），中央文献出版社 2014 年版，第 553—554 页。

② 参见《习近平关于全面依法治国论述摘编》，中央文献出版社 2015 年版，第 38 页。

③ 参见《中共中央关于全面推进依法治国若干重大问题的决定》，人民出版社 2014 年版，第 20 页。

谋幸福，为中华民族谋复兴。"① "坚持以人民为中心。人民是历史的创造者，
是决定党和国家前途命运的根本力量。必须坚持人民主体地位，坚持立党
为公、执政为民，践行全心全意为人民服务的根本宗旨，把党的群众路线
贯彻到治国理政全部活动之中，把人民对美好生活的向往作为奋斗目标，依
靠人民创造历史伟业。"② "推进全面依法治国，根本目的是依法保障人民权
益。"③ 人民法院的司法权是人民赋予的，必须为人民掌好权、用好权。要紧
紧围绕努力让人民群众在每一个司法案件中感受到公平正义的目标，牢牢坚
持司法为民、公正司法工作主线，始终以保障人民群众合法权益为出发点和
落脚点，忠实履行宪法法律赋予的职责，切实履行维护社会大局稳定、促
进社会公平正义、保障人民安居乐业的职责使命。人民法院审理的案件，很
多涉及教育、医疗、住房、劳动保障等领域，与人民群众生产生活密切相
关，与人民群众切身利益密切相关。人民法院要始终坚持司法为民宗旨，牢
固树立深入群众观念，把坚持群众观点、站稳群众立场、增进群众感情、接
受群众监督作为人民法院参与国家和社会治理的重要基础性工作，虚心听取
人民群众的意见和建议，准确把握人民群众的司法需求，最大限度满足群众
多层次多样化司法需求，积极回应人民群众的司法关切；牢固树立服务群众
观念，本着对人民群众高度负责的精神，认真履行宪法和法律赋予的审判职
责，坚持严格公正文明司法，依法妥善审理好涉及人民群众切身利益的各类
案件，为人民群众提供更加有效的司法服务；牢固树立依靠群众观念，充分
调动人民群众的积极性主动性创造性，使人民法院参与国家和社会治理获得
最广泛最深厚最可靠的群众基础。要坚持多年来形成的好经验、好做法，完
善诉讼指导、风险提示、诉前调解、判后答疑、巡回审判等制度，努力在各

① 参见《习近平谈治国理政》第三卷，外文出版社 2020 年版，第 1 页。
② 参见《习近平谈治国理政》第三卷，外文出版社 2020 年版，第 16—17 页。
③ 参见习近平《论坚持全面依法治国》，中央文献出版社 2020 年版，第 2 页。

个方面为群众诉讼提供更多便利，让群众更加深切地感受到社会主义司法制度的温暖。诚如习近平所指出的，"涉及群众的问题，要准确把握社会心态和群众情绪，充分考虑执法对象的切身感受，规范执法言行，推行人性化执法、柔性执法、阳光执法，不要搞粗暴执法、'委托暴力'那一套"。①

（四）注重促进社会治理

中共十八届五中全会通过的建议提出要加强和创新社会治理，构建全民共建共享的社会治理格局。中共十九大在此基础上，增加了"共治"，提出"打造共建共治共享的社会治理格局"，更加充分地体现了治理的核心思想。中共十九大报告指出："坚持人人尽责、人人享有，坚守底线、突出重点、完善制度、引导预期，完善公共服务体系，保障群众基本生活，不断满足人民日益增长的美好生活需要，不断促进社会公平正义，形成有效的社会治理、良好的社会秩序，使人民获得感、幸福感、安全感更加充实、更有保障、更可持续。"② 当前，我国既处于发展的重要战略机遇期，又处于社会矛盾凸显期，各种利益诉求不断，各种社会矛盾凸显，这给社会治理带来较大压力。人民法院要围绕坚持和完善支撑中国特色社会主义制度的根本制度、基本制度、重要制度，切实履行好维护国家政治安全、确保社会大局稳定、促进社会公平正义、保障人民安居乐业的职责任务。人民法院要加快建设公正高效权威的社会主义司法制度，促进审判体系和审判能力现代化，不断提高司法质量、效率和公信力，推动国家治理体系和治理能力现代化。人民法院参与国家和社会治理，要找准工作结合点、切入点、着力点，充分发挥人民法院在国家治理体系和治理能力现代化中的职能作用。深化行政审判体制机制改革，支持和监督政府依法行政。全面贯彻新发展理念，加大产权司法保护力度，加强知识产权司法保护，防范化解金融风险，营造法治化营商环境，依

---

① 参见《十八大以来重要文献选编》（上），中央文献出版社 2014 年版，第 722 页。

② 参见《习近平谈治国理政》第三卷，外文出版社 2020 年版，第 35 页。

法服务深化供给侧结构性改革，服务更高水平开放型经济新体制建设，为经济高质量发展营造良好法治环境。健全完善人民文化权益司法保障制度，大力弘扬社会主义核心价值观。加强民生司法保障，积极服务打赢脱贫攻坚战。"要贯彻好党的群众路线，坚持社会治理为了人民"，"加大关系群众切身利益的重点领域执法司法力度，让天更蓝、水更清、空气更清新、食品更安全、交通更顺畅、社会更和谐有序"。① 要全面推进矛盾纠纷多元化解，加强诉讼调解工作，畅通和规范群众诉求表达、利益协调、权益保障渠道，有效预防化解各类矛盾纠纷，大力加强人民法庭建设，积极参与构建基层社会治理新格局。深入开展扫黑除恶专项斗争，促进建设更高水平的平安中国。认真贯彻习近平生态文明思想，加强环境资源案件审判，服务美丽中国建设。要依法严惩腐败犯罪，推动构建一体推进不敢腐、不能腐、不想腐体制机制。

五　能动司法促进制度正义

习近平强调，要"紧紧围绕全面建成小康社会目标任务，牢牢把握坚持和完善中国特色社会主义政法工作体系总要求，发扬斗争精神，把维护国家政治安全放在第一位，以统筹推进全局性、战略性、基础性工作为立足点，以防控化解各类风险源为着力点，以扫黑除恶专项斗争、市域社会治理现代化试点、政法领域全面深化改革、政法队伍教育整顿为切入点，着力提高政法工作现代化水平，努力建设更高水平的平安中国、法治中国，为实现'两个一百年'奋斗目标创造安全的政治环境、稳定的社会环境、公正的法治环境、优质的服务环境"。② 因此，依法服务党和国家工作大局，这是能动司法的本质属性，也是人民法院从根本上维护和促进制度正义的重要途径。人

---

① 参见习近平《论坚持全面依法治国》，中央文献出版社 2020 年版，第 247 页。
② 参见《习近平对政法工作作出重要指示强调着力提高政法工作现代化水平建设更高水平的平安中国法治中国》，《人民日报》2020 年 1 月 18 日。

民法院司法审判工作的每一个领域都与国家和社会治理密切相关，都是参与国家和社会治理的重要实践。人民法院要结合时代发展要求，结合自身工作实际，充分发挥能动司法职能作用。

（一）依法惩治刑事犯罪，维护社会稳定和秩序

要针对当前社会治安形势，依法惩治严重破坏社会治安的犯罪行为。依法严厉打击杀人、抢劫、绑架、爆炸等严重暴力犯罪，严惩黑恶势力犯罪及其背后的"保护伞"，严厉打击盗抢骗、黄赌毒等犯罪，坚决打击拐卖妇女、儿童和性侵儿童等严重侵犯妇女、儿童权益的犯罪，增强人民群众安全感。依法惩治非法集资、金融诈骗、传销等涉众型经济犯罪以及危害食品药品安全、环境污染、电信诈骗、跨国跨境犯罪等新类型犯罪，维护正常生产生活秩序。要纵深推进扫黑除恶专项斗争，依法惩治各类违法犯罪活动，严厉打击各种渗透颠覆破坏、暴力恐怖等犯罪，积极参与反邪教斗争，加大对危害食药安全、公共交通安全、暴力伤医等犯罪的惩处力度，深入推进禁毒、净网、扫黄打非等专项行动，重拳惩治民生领域"微腐败"犯罪，努力创造安全的政治环境、稳定的社会环境。坚持依法从严惩处腐败犯罪，该重判的坚决重判，该判处财产刑的坚决判处，对腐败分子形成有力震慑。同时要贯彻宽严相济的刑事政策，对于有从轻、减轻、免除处罚情节的，依法从轻、减轻或免除处罚。坚持"老虎""苍蝇"一起打，既要依法惩治领导干部犯罪，又要依法惩治发生在群众身边的腐败犯罪，严厉打击国家工作人员贪污贿赂、滥用职权、失职渎职等犯罪，特别是要严惩发生在食品药品安全、安全生产、工程建设、土地出让、国有资产管理等领域严重损害群众利益、社会影响恶劣的国家工作人员职务犯罪和商业贿赂犯罪。在严惩受贿犯罪的同时，要加大对行贿犯罪的惩治力度，特别是要从严惩治主动行贿的犯罪行为。要对腐败犯罪案件进行认真梳理、深入研究，总结其特点、规律，分析机制制度和工作环节中存在的缺陷和漏洞，及时向发案单位和有关部门提出预防、遏制腐败的建议。充分发挥公开审判和典型案例的警示教育作用，广泛开展以案说法，加强法治宣传，震慑腐败犯罪，教育干部群众，促进形成全社会共同反对腐败的良好氛围。

（二）助力供给侧结构性改革，推动完善化解社会风险体制机制

我国经济已由高速增长阶段转向高质量发展阶段，正处在转变发展方式、优化经济结构、转换增长动力的攻关期，社会各领域的风险愈益显露，以往从未遇到过的风险渐次出现。人民法院要针对经济发展新常态中出现的新情况新问题，依法采取有效司法应对措施，维护社会公平正义。依法审理在保持经济稳定增长、发现培育新增长点、转变农业发展方式、优化经济发展空间格局、加强保障和改善民生过程中发生的各类案件，平等保护市场主体利益，惩治扰乱市场秩序行为，保障公平竞争。妥善审理借款合同纠纷、民间借贷、商业保险等案件，防范和化解金融风险，促进金融改革创新和安全稳定。加强商事、海事海商和涉外民商事审判，平等保护各方当事人合法权益，充分发挥司法职能，营造法治化营商环境。依法审理股权转让、公司诉讼、企业破产重整、互联网金融创新等案件，妥善处理淘汰落后产能、压缩过剩产能过程中产生的隐性失业显性化导致的矛盾纠纷。充分发挥司法在保护知识产权方面的主导作用，激发创新动力、创造潜力和创业活力，为加快建设创新型国家、推动实施国家创新驱动发展战略提供司法服务。加强涉民生案件审判工作，着力解决好人民群众最关心最直接最现实的利益问题，高度关注教育、就业、分配、医疗、社会保障等领域的群众诉求，妥善化解相关矛盾纠纷，推进社会公平保障体系建设。依法保障城镇化和农业现代化顺利推进，妥善审理涉及农村土地改革、农业人口转移、城镇棚户区改造、房地产开发与建设等方面的民事、行政案件，加强对农民权益的保护，保障农民对承包地的占有、使用、受益、流转等权利。加强环境资源审判，稳妥有序推进环境资源审判机构建设，依法审理环境资源刑事、行政、民事案

件，严厉惩处乱垦滥伐、浪费资源、破坏耕地、污染环境等犯罪，保障国家自然资源和环境保护制度的落实。加大执行工作力度，深入推进涉民生案件执行工作，继续清理久拖未执案件，充分发挥执行指挥系统作用，加强统一协调指挥，进一步解决执行难问题，维护胜诉当事人的合法权益。

（三）支持监督依法行政，促进法治政府建设

建设法治政府是制度正义的重要内容，也是实现制度正义的重要保障。法治政府要求行政权要依法取得，这就从根本上防止和杜绝了行政专横；要求行政权要依法行使，这就在执法过程中有效防止了行政权侵害公民权；要求违法行政必须承担法律责任，这就从强化行政机关的事后责任上保护了公民的合法权益。中共十八届四中全会通过的决定指出："各级政府必须坚持在党的领导下、在法治轨道上开展工作，创新执法体制，完善执法程序，推进综合执法，严格执法责任，建立权责统一、权威高效的依法行政体制，加快建设职能科学、权责法定、执法严明、公开公正、廉洁高效、守法诚信的法治政府。"[1] 中共十九大报告提出："建设法治政府，推进依法行政，严格规范公正文明执法。"[2] 中共十九届四中全会通过的决定强调："各级党和国家机关以及领导干部要带头尊法学法守法用法，提高运用法治思维和法治方式深化改革、推动发展、化解矛盾、维护稳定、应对风险的能力。"[3] 因此，在新的历史条件下，深入推进法治政府建设对于实现制度正义具有不可替代的作用。监督和支持依法行政，是人民法院的重要职责。人民法院要通过审理、执行行政案件，妥善化解行政纠纷，协调各种利益关系，支持监督行政机关依法履职。要准确理解、严格执行修改后的行政诉讼法，依法受理各类行

---

① 参见《中共中央关于全面推进依法治国若干重大问题的决定》，人民出版社 2014 年版，第 15 页。

② 参见《习近平谈治国理政》第三卷，外文出版社 2020 年版，第 30 页。

③ 《中共中央关于坚持和完善中国特色社会主义制度推进国家治理体系和治理能力现代化若干重大问题的决定》，人民出版社 2019 年版，第 15 页。

政案件，解决好行政诉讼立案难问题，为人民群众维护自身合法权益敞开大门。要继续探索、总结和完善集中管辖、交叉管辖、提级管辖等措施，切实解决行政案件立案难、审理难和执行难问题。要坚持实质性化解纠纷，增强裁判的可执行性，既有效维护行政相对人合法权益，又依法支持行政机关发挥经济调控、市场监管、公共服务、社会治理等职能。

（四）加强协调联动，合力化解社会矛盾纠纷

充分整合社会资源，加强协调联动，形成工作合力，既是人民法院有效解决纠纷的必由之路，也是人民法院参与国家和社会治理的重要内容。要健全完善社会矛盾纠纷源头预防机制，重点针对多发案件类型、案件多发区域以及带有普遍性、敏感性、苗头性的问题，加强与基层组织的协调配合，完善社会矛盾纠纷的预防、排查、化解机制。加强诉前调解和诉调对接工作，积极争取党委、政府及有关方面的支持，完善人民调解、行政调解、司法调解联动的工作体系，整合纠纷化解资源，促进纠纷有效解决。① 紧紧依靠党委领导，主动融入社会治理体系，更好发挥司法在社会治理中的参与、推动、规范、保障作用，坚持把非诉讼纠纷解决机制挺在前面，健全"分流、调解、速裁、快审"机制，全面推进一站式多元解纷和诉讼服务体系建设，为人民群众提供分层次、多途径、高效率、低成本的纠纷解决方案。推动社会保障机制建设，积极争取政府及有关部门的支持配合，建立刑事被害人救助、特困申请执行人救助等社会救助机制，使困难涉诉当事人及时得到社会的关怀。健全完善司法宣传管理机制，按照及时准确、公开透明、有序开放的原则，完善新闻发布制度，为人民法院参与国家和社会治理营造良好环境。

（五）延伸审判职能，推动实现规则之治

规则之治是制度正义的表现形式。人民法院在具体案件审理过程中，要

---

① 参见《中共中央关于全面推进依法治国若干重大问题的决定》，人民出版社 2014 年版，第 29 页。

针对法律规范与社会治理中存在的制度空缺，合理运用法律解释、漏洞补充、法律拟制、法律推理等法律技术，弥合法律和现实之间的脱节，实现社会的规则之治。要注重对民意的考量，作出正确的鉴别、取舍与平衡，并通过改进审判方式加强与民意的沟通，让社会理解和支持人民法院司法审判工作。要坚持法律与情理的兼容并用，在不与现行法律冲突的前提下，将普遍的道德标准、善良的民俗习惯有机引入司法审判之中，使司法审判的过程与结果更加符合人民群众的期待，更加符合司法公正的实质要求。要积极参与道德领域突出问题专项教育和治理，充分利用司法审判资源，促进政务诚信、商务诚信、社会诚信建设。通过建立健全行政审判与行政执法的良性互动机制，推进行政诉讼中行政机关负责人出庭应诉工作，建立行政审判情况定期报告制度以及人民法院与行政机关定期交流例会制度，促使行政机关提高依法行政水平；通过完善典型案例公开发布制度，定期向社会发布人民法院依法制裁违约失信行为的典型案例，引导全社会进一步增强诚信意识；通过建设执行威慑联动机制，实现人民法院与公安、工商、金融等部门的信息共享，对诚信缺失人员在经营、融资、消费、出境等方面予以限制，促进社会诚信体系建设。要积极开展法制讲座、法律咨询、法官进乡镇社区企业学校等工作，加强对人民群众的法制宣传教育，弘扬社会主义法治精神，树立社会主义法治理念，增强全社会尊法学法守法用法意识。要加强司法建议工作，密切关注司法审判领域所反映的有关社会稳定、社会治理、公共政策等方面的问题，找出症结，分析原因，提出对策，促进有关方面加强和改进工作。

第三章

能动司法与程序正义

程序正义，是指确认或分配权利义务的过程与方式所体现的正义。程序正义往往是与实体正义相对而言的，如果说实体正义关注的是结果的正义，那么程序正义关注的则是过程的正义。在西方，程序正义思想发端于古老的自然法思想，最早可追溯至亚里士多德时期。亚里士多德指出："以正当方式制定的法律应当具有终极性的最高权威。"① 在这里，亚氏第一次提出了"以正当方式"这样一个限定语，强调了手段的正当性。到了古罗马和中世纪时期，源于自然法的自然正义观念，进一步关注程序正义问题，强调"同等情况同等对待"、"不同情况不同对待"，并据此在审判程序上确定了两项基本要求：一是任何人不得做自己案件的法官；二是应当听取双方当事人的意见。②

　　真正意义上的程序正义观念，是以产生和发展于英国法并为美国法所继承的"正当程序"理论为背景而逐步形成的。③ 1215 年，英国国王签署《自由大宪章》，对正当程序作了初步规定。《自由大宪章》第 39 条规定："凡自由民，如未经其同级贵族之依法裁判，或经国法判决，皆不得被逮捕、监禁、没收财产、剥夺法律保护权、流放，或加以任何其他损害。"1354 年，英国国会通过《自由令》，明确规定："未经法律的正当程序进行答辩，对任何财

---

① 转引自〔美〕E·博登海默《法理学：法律哲学与法律方法》，邓正来译，中国政法大学出版社 2004 年版，第 12 页。
② 参见陈瑞华《刑事审判原理论》，北京大学出版社 1997 年版，第 55 页。
③ 参见〔日〕谷口安平《程序的正义与诉讼》，王亚新、刘荣军译，中国政法大学出版社 2002 年版，第 4 页。

产或身份的拥有者一律不得剥夺其土地或住所，不得逮捕或监禁，不得剥夺其继承权，或剥夺其生存之权利。"这条规定首次以法令形式表述了正当程序原则，并扩大了正当程序的适用范围。1679 年，议会中反对国王的辉格党人为了保障自己不受国王任意逮捕，提出并通过了《人身保护法》。这一重要的宪法性文件共有 20 条，其中大部分内容为程序性规定。

英国普通法的正当程序理论在美国得到了发扬光大，并得以全面系统的制度化构建。美国联邦宪法第五条规定："无论何人，除非根据大陪审团的报告或起诉，不受死罪或其他重罪的审判，但发生在陆、海军中或发生在战时或出现公共危险时服役的民兵中的案件除外。任何人不得因同一犯罪行为而两次遭受生命或身体的危害；不得在任何刑事案件中被迫自证其罪；不经正当法律程序，不得被剥夺生命、自由或财产。不给予公平赔偿，私有财产不得充作公用。"第六条规定："在一切刑事诉讼中，被告有权由犯罪行为发生地的州和地区的公正陪审团予以迅速和公开的审判，该地区应事先已由法律确定；得知控告的性质和理由；同原告证人对质；以强制程序取得对其有利的证人；并取得律师帮助为其辩护。"第十四条规定："任何一州，都不得制定或实施限制合众国公民的特权或豁免权的法律；不经正当法律程序，不得剥夺任何人的生命、自由或财产；在州管辖范围内，也不得拒绝给予任何人以平等法律保护。"

大陆法系国家对正当程序同样予以关注。1789 年的法国大革命，发布了《人权和公民权宣言》，其中就规定了大量关于正当程序的条款。如其第五条规定："法律仅有权禁止有害于社会的行为。凡未经法律禁止的行为即不得受到妨碍，而且任何人都不得被迫从事法律所未规定的行为。"第六条规定："法律是公共意识的表现。全国公民都有权亲身或经由其代表去参与法律的制定。法律对于所有的人，无论是施行保护或处罚都是一样的。在法律面前，所有的公民都是平等的，故他们都能平等地按其能力担任一切官职、公共职位和职务，除德行和才能上的差别外不得有其他差别。"第七条规定：
"除非在法律所规定的情况下并按照法律所指示的手续，不得控告、逮捕或
拘留任何人。"第八条规定："法律只应规定确实需要和显然不可少的刑罚，
而且除非根据在犯法前已经制定和公布的且系依法施行的法律以外，不得处
罚任何人。"第九条规定："任何人在其未被宣告为犯罪以前应被推定为无罪，
即使认为必须予以逮捕，但为扣留其人身所不需要的各种残酷行为都应受到
法律的严厉制裁。"此外，1919 年德国宪法、1947 年意大利宪法、1947 年日
本宪法也都对正当程序作了明确而详尽的规定。

通过简要回顾程序正义理论与实践的发展历程，我们应当看到，最初的
程序正义主要适用于司法领域，之后则扩展到行政领域和其他所有公权力领
域，其目的主要在于防止公权力滥用和保障人权。在西方国家，注重程序的
传统，不限于法律问题，而且也作为政治的基础原理得到确立。民主主义的
政治是以程序正义为基础的。[①]　如美国宪法修正案第一条规定："国会不得制
定有关下列事项的法律：确立一种宗教或禁止信仰自由；剥夺言论自由或出
版自由；或剥夺人民和平集会及向政府要求申冤的权利。"第九条规定："本
宪法对于某些权利的列举，不得被解释为否定或轻视由人民保留的其他权
利。"1789 年法国《人权和公民权宣言》第一条规定："在权利方面，人人与
生俱来而且始终自由与平等，非基于公共福祉不得建立社会差异。"第三条
规定："整个主权的本原根本乃存在于国民。任何团体或任何个人皆不得行使
国民所未明白授予的权力。"第四条规定："自由是指能从事一切无害于他人
的行为；因此，每一个人行使其自然权利，只以保证社会上其他成员能享有
相同的权利为限制。此等限制只能以法律决定之。"第十七条规定："财产是
不可侵犯与神圣的权利，除非合法认定的公共需要对它明白地提出要求，同

---

① 参见〔日〕谷口安平《程序的正义与诉讼》，王亚新、刘荣军译，中国政法大学出版社
2002 年版，第 5 页。

时基于公正和预先补偿的条件，任何人的财产皆不可受到剥夺。"

程序正义理论滥觞于西方并得到普遍的重视，与西方法治文化传统是密不可分的。在西方，正义与法是紧密联系的概念，法的发展和进步离不开正义观念的发展和进步。正如罗尔斯所说的那样，"某些法律和制度，不管它们如何有效率和有条理，只要它们不正义，就必须加以改造或废除。每个人都拥有一种基于正义的不可侵犯性，这种不可侵犯性即使以社会整体利益之名也不能逾越。……作为人类活动的首要价值，真理和正义是决不妥协的"。① 对于正义的讨论，几乎贯穿于西方政治和法律思想史的全过程。早期的探索大多侧重在实体正义方面，重视的是结果的正当性，而不是过程的正当性。换言之，只要权利义务分配行为的最终结果符合当时人们所认同的正当性标准，这种行为就是可以接受的，而不论产生最终结果前经历了何种过程。随着社会的发展，人们逐渐认识到程序正义的重要价值。由于程序的不同，结果发生了重大变化的情况，也是人们生活的常识。于是，就有了可能考虑程序自身的存在理由以及区分合乎正义与不合乎正义的程序。②

在传统中国社会，法律虽然存在大量的程序性规定，但程序法一直没有独立于实体法之外，程序正义的价值湮没于对实体结果的追求上。中国古代社会独特的法文化导致法律观念和制度的内在特质，重实体、轻程序的特点明显。马克斯·韦伯曾将中国古代的法律制度视为"反形式主义"的制度，并认为中国人往往愿意寻求实际的公道，而非形式的法律。他甚至指出，形式上受到保证的法律的缺失是中国难以产生理性资本主义的原因。③ 在当下

---

① 〔美〕约翰·罗尔斯：《正义论》，何怀宏、何包钢、廖申白译，中国社会科学出版社1988年版，第3—4页。

② 参见〔日〕谷口安平《程序的正义与诉讼》，王亚新、刘荣军译，中国政法大学出版社2002年版，第1—2页。

③ 参见〔德〕马克斯·韦伯《儒教与道教》，王容芬译，商务印书馆1995年版，第154—158页。

建设中国特色社会主义法治体系、建设社会主义法治国家的进程中，程序正义愈益引起人们的高度重视。程序正义对于实体正义乃至社会正义的实现具有独特价值。全面系统地研究程序正义的价值、内涵及其与能动司法的关系，对于我们深入推进全面依法治国无疑具有十分重要的意义。

一　程序正义的价值意义

程序正义的价值可分为外在价值和内在价值，外在价值也称工具价值、功利价值，内在价值即程序本身的品质或者内在的善。长期以来，我们对程序正义的认识大多持工具主义立场，认为程序正义不过是为了保障实体正义而设计的，是依赖于实体正义的。实体正义与程序正义之间是内容与形式的关系，是决定与被决定的关系。这种观点只看到了程序正义的外在价值，却忽略了程序正义本身所具有的独立价值。我们认为，程序正义所彰显的是"过程的正义"，它在更深层次上决定着实体法律和制度所涉权利义务设定与实现的合法性、正当性。程序正义确有其工具性的价值，但如果我们的认识仅仅停留在这一点上是远远不够的，必须充分认识程序正义的独立价值。

权力的特征决定了其有被滥用的可能，如果不能得到有效的控制，则会造成权力的失控，给人民带来极大的危害。"一个拥有绝对权力的人试图将其意志毫无拘束地强加于那些为他所控制的人。这种统治形式具有一个显著特征，即它往往是统治者出于一时好恶或为了应急而发布高压命令，而不是根据被统治者的长远需要而产生的原则性行动。"[1] 如何有效制约权力，是人类政治和法律发展历史进程中关注和研究的一个重要课题。习近平指出："国家之权乃是'神器'，是个神圣的东西。公权力姓公，也必须为公。只要公

---

[1]　参见〔美〕E·博登海默《法理学：法律哲学与法律方法》，邓正来译，中国政法大学出版社 2004 年版，第 370—371 页。

权力存在，就必须有制约和监督。不关进笼子，公权力就会被滥用。"① "纵观人类政治文明史，权力是一把双刃剑，在法治轨道上行使可以造福人民，在法律之外行使则必然祸害国家和人民。"② 从人类社会实践来看，对权力的制约，长期以来，主要采取四种模式：一是实体制约，即通过制定详细的实体规则来制约权力，主要包括明确界定权力的范围和明确界定权力的限度；二是分权制约，即实行分权制度，构建以"权力制约权力"的模式；三是权利制约，即明确划分公法和私法，限定市民社会与政治国家的边界，倡导私法自治，私权既要受到权力的保护，又能抵制权力的恣肆；四是监督制约，即通过健全完善各种监督体系，如立法监督、司法监督、行政监督、舆论监督、党纪监督、群众监督等，实现对权力的制约。

应当承认，以上四种模式对于防范权力的滥用确实起到了积极作用。但是，我们也应当看到，实体制约模式主要是事前预防机制。随着经济社会的发展，权力越来越广泛深入地介入经济社会事务。在这种情况下，我们不可能对权力要处理的各种事务和在处理过程中可能发生的各种情况事前都设想到，从而对其要实施的每一种行为都确定具体的规范。分权制约模式的侧重点在于防范专制，而不是对权力的规范。在权力者利益一致的情况下，分权制约往往会成为愚弄人民的政治把戏，其在对权力进行制约的同时，没有给人民留有足够的空间，没有考虑到公众参与的问题。权利制约模式的缺陷在于，权利缺乏自我救济能力，一旦发生侵害权利的现象，权利不能直接转化为有效的抵御力量，实现对权利的保护，还必须依靠权力的保障。监督制约尽管强调对权力行使全过程的监督，但对于权力主体来讲，它仍是一种来自外部的力量，大多表现为事后的惩治而不是事前的控制和约束，事实上监督

---

① 参见习近平 2018 年 12 月 13 日在十九届中央政治局第十一次集体学习时的讲话要点，载《人民日报》2018 年 12 月 14 日。

② 《习近平关于全面依法治国论述摘编》，中央文献出版社 2015 年版，第 37—38 页。

对权力的制约往往是比较滞后的。

面对权力的日益膨胀和传统权力制约模式存在的缺陷，程序制约权力的理念愈益引起广泛重视。它的主要特点是：从权力行使的过程着眼，侧重于程序的合理设计，从而实现对权力的有效制约。程序对权力的制约作用主要体现在以下几个方面：首先，程序为权力的行使设定了具体的方式、步骤、次序和时限，在一定程度上克服了由不循法定方式和步骤、不守法定次序和时限所引发的腐败行为；其次，科学合理的程序可以使权力资源根据事务的轻重缓急得到合理的分配和利用，从而防止了权力资源的浪费和低效率，提高了权力行使的效率；最后，程序制约模式的一个重要特点就是公众广泛参与权力的行使过程（如在重要行政决策作出前召开听证会、通过网络征求意见等），这种参与既非代议式的间接参与，亦非司法监督中的有限参与（必须是利益受损的当事人），而是公众直接作用于权力的行使过程。

进入 20 世纪以来，随着社会国家、福利国家理念的勃兴，西方国家政府一改"守夜人"的身份，开始大量干预经济社会事务，行政权力广泛渗透到经济社会生活的各个领域。与此同时，传统权力制约模式的局限性也日益显现出来，行政权力滥用、权力异化的问题愈益突出。面对这种情况，西方一些国家开始调整权力制约模式，逐步健全完善行政程序法律制度。以美国为例，1946 年，美国国会通过了《联邦行政程序法》，这部法律充分体现了美国宪法规定的正当程序精神，对联邦政府制定法规、作出裁决以及行政公开和司法审查等，都规定了必须遵守的程序。该法的制定，就是为了约束权力，保护私权。1947 年，在《联邦行政程序法》开始实施之际，美国发表了《司法部长〈行政程序法〉手册》，明确指出行政程序法的立法目的是：要求行政机关使公众能及时地了解行政机关的组织、程序和规则；使公众能够参与法规制定工作；对正式法规制定和裁决活动规定统一的标准；重申关于司法审查的法律。《联邦行政程序法》颁布之后，美国又相继颁布了一系列关

于行政程序的法律。如 1967 年《情报自由法》，主要规定了政府情报公开和
公众向政府机构获取公共情报以及在政府拒绝依法提供情报时请求司法救济
的规则和程序；1974 年《私人秘密法》，主要规定了行政机构获取、制作、
保存、管理有关私人情报的档案资料的规则、程序及其他机构、个人查阅、
获得有关私人情报的档案资料的规则、程序等；1976 年《政府公开法》，主
要规定了行政机关会议公开（包括会前通知、允许公众查阅会议记录材料）
的规则和程序，以及在行政机关不依法公开举行会议时，公众请求司法救济
的规则。

　　近些年来，随着当代中国全面依法治国进程的扎实推进，程序制约权
力的理念日益深入人心，行政执法程序建设提上了重要议事日程。中共十八
届三中全会通过的决定强调："完善中国特色社会主义法律体系，健全立法
起草、论证、协调、审议机制，提高立法质量，防止地方保护和部门利益法
制化。"① "完善行政执法程序，规范执法自由裁量权，加强对行政执法的监
督"，"做到严格规范公正文明执法"。② "推行地方各级政府及其工作部门
权力清单制度，依法公开权力运行流程。完善党务、政务和各领域办事公开
制度，推进决策公开、管理公开、服务公开、结果公开。"③ 中共十八届四中
全会通过的决定进一步强调："明确立法权力边界，从体制机制和工作程序上
有效防止部门利益和地方保护法律化。"④ "完善行政组织和行政程序法律制
度，推进机构、职能、权限、程序、责任法定化。""行政机关不得法外设定

---

① 参见《中共中央关于全面深化改革若干重大问题的决定》，人民出版社 2013 年版，第
　29 页。

② 参见《中共中央关于全面深化改革若干重大问题的决定》，人民出版社 2013 年版，第
　33 页。

③ 参见《中共中央关于全面深化改革若干重大问题的决定》，人民出版社 2013 年版，第
　36 页。

④ 参见《中共中央关于全面推进依法治国若干重大问题的决定》，人民出版社 2014 年版，
　第 10 页。

权力，没有法律法规依据不得作出减损公民、法人和其他组织合法权益或者增加其义务的决定。""把公众参与、专家论证、风险评估、合法性审查、集体讨论决定确定为重大行政决策法定程序，确保决策制度科学、程序正当、过程公开、责任明确。"[①] "坚持以事实为根据、以法律为准绳，健全事实认定符合客观真相、办案结果符合实体公正、办案过程符合程序公正的法律制度。"[②] 中共十九大报告指出："建设法治政府，推进依法行政，严格规范公正文明执法。"[③] 中共十九届四中全会通过的决定明确："优化政府组织结构。推进机构、职能、权限、程序、责任法定化，使政府机构设置更加科学、职能更加优化、权责更加协同。"[④] 这些重要的制度设定要求，必将对当代中国法治发展进程中程序正义的实现产生重要的促进作用。

二　程序正义的表现形式

在《正义论》中，罗尔斯把程序正义作为一个独立范畴来加以分析，将程序正义区分为三种类型，即纯粹的程序正义、完善的程序正义、不完善的程序正义。纯粹的程序正义，就是指一切取决于程序要件的满足，不存在关于结果正当与否的任何标准。比如赌博，罗尔斯认为只要正当的程序被严格遵守，那么无论结果如何都应认为是正当的。罗尔斯指出："在纯粹程序正义中，不存在对正当结果的独立标准，而是存在一种正确的或公平的程序，这种程序若被人们恰当地遵守，其结果也将是正确的或公平的，无论它们可能

---

① 参见《中共中央关于全面推进依法治国若干重大问题的决定》，人民出版社 2014 年版，第 15—16 页。

② 参见《中共中央关于全面推进依法治国若干重大问题的决定》，人民出版社 2014 年版，第 23 页。

③ 参见《习近平谈治国理政》第三卷，外文出版社 2020 年版，第 30 页。

④ 《中共中央关于坚持和完善中国特色社会主义制度推进国家治理体系和治理能力现代化若干重大问题的决定》，人民出版社 2019 年版，第 17 页。

会是什么样的结果。"① 纯粹的程序正义的本质在于程序必须被实际地执行，而不论执行这样的程序会产生什么样的结果，不存在结果是否正义的独立标准。完善的程序正义，则是在程序被实际地执行之外，还存在着衡量结果是否正义的独立标准。罗尔斯认为，完善的程序正义有两个特征，即："首先，对什么是公平的分配有一个独立的标准，脱离后要进行的程序来确定并先于它的标准。其次，设计一种保证达到预期结果的程序是有可能的。"② 由此可见，完善的程序正义既包括程序自身的正义，也包括遵循该程序所达致的结果的正义。不完善的程序正义是指虽然存在衡量结果是否正义的独立标准，但是并没有保证达到结果正义的程序。罗尔斯指出："虽然程序之外存在着衡量什么是正义的客观标准，但是百分之百地使满足这标准的结果得以实现的程序却不存在。"③

　　美国学者贝勒斯认为，程序正义应当确立七项原则：一是和平原则，即程序应当是和平的；二是自愿原则，即人们能自愿地把争议交由法院处理；三是参与原则，即当事人应当能够参与法院解决争议的活动，并产生积极的影响；四是公平原则，即程序应当公平，平等对待各方当事人；五是可理解原则，即程序应能被当事人所理解；六是及时原则，即程序应当确保争议得到及时判决；七是止争原则，即法院应当作出解决争议的最终决定。④ 戈尔丁认为，程序正义的结构要素应有九项原则：一是与自身有关的人不可担任法官；二是纠纷解决者不牵涉诉争利益；三是纠纷解决者不应存在偏见；四

① 〔美〕约翰·罗尔斯：《正义论》，何怀宏、何包钢、廖申白译，中国社会科学出版社1988年版，第82页。

② 〔美〕约翰·罗尔斯：《正义论》，何怀宏、何包钢、廖申白译，中国社会科学出版社1988年版，第81页。

③ 〔美〕约翰·罗尔斯：《正义论》，何怀宏、何包钢、廖申白译，中国社会科学出版社1988年版，第82页。

④ 参见〔美〕迈克尔·D·贝勒斯《法律的原则：一个规范的分析》，张文显、宋金娜、朱卫国、黄文艺译，中国大百科全书出版社1996年版，第34—37页。

是公平关注各方当事人的诉讼；五是纠纷解决者要充分听取各方当事人的论据和证据；六是纠纷解决者应在另一方当事人在场的情况下听取对方的意见；七是一方当事人应有公平机会对另一方当事人提出的论据和证据作出回应；八是冲突解决的诸项条件应以理性推演为依据；九是推理应论及各方所提出的论据和证据。①

我国法学界和司法实务界对程序正义的表现形式也进行了深入讨论，众说纷纭，归纳起来，主要包括以下几个方面：

（一）程序的合法性

合法性是程序正义的基础和前提，具体包括程序内容的法定性以及程序运行的合法性。程序内容的法定性，是指程序的内容必须通过法律规则予以明确，亦即程序必须通过法律规则予以载明。未经法律规则载明的程序，当事人既无从知晓，也没有遵守的法定义务，并且难以限制权力的恣意。程序如何选择、程序如何逐次推进、程序参与者的权利和义务等等，都应当通过法律予以具体化、明确化。程序运行的合法性是指，任何程序只要经过法律规则明确，就具有法律拘束力，程序参与者必须严格依照法律规定的步骤、方法、时限等有序推进程序，增减程序、颠倒程序、未充分展开程序等行为都是违反程序正义的，并最终影响结果的正义。

（二）主体的平等性

任何程序都是通过程序参与者的行为而实现的，确保程序正义的实现，必须确保程序参与者主体之间的平等，包括主体地位的平等和主体参与的平等。主体地位的平等，是主体平等的先决条件，参与程序的任何一方都没有凌驾于他方之上的特权，唯有如此，才能确保程序公平公正地分配权利义务。如果主体地位不平等，必然影响到主体参与程序的平等性，进而影响整

---

① 参见〔美〕马丁·P·戈尔丁《法律哲学》，齐海滨译，生活·读书·新知三联书店1987年版，第240—243页。

个程序正义的实现。当然，即使主体地位平等，也并不意味着就实现了主体参与的平等。由于不同主体在禀赋、能力等方面的差异，他们在程序展开过程中，必然会出现参与能力和参与效果的不同。在这种情况下，就需要程序组织者对处于弱势的一方主体予以指导和帮助，以达到实质上的平等参与的效果。

（三）过程的公开性

"没有公开就没有正义"，"公开是正义的灵魂。它是对努力工作的最有力的鞭策，是对不当最有效的抵制"。[①] 让权力在"阳光"下运行，可以使正义以公众看得见的方式彰显，可以强化对权力的监督，进而增进公众的信任。公开内容应涵盖权力运行的全过程和各个方面，摒弃"选择性公开"的做法，堵塞公众猜测"暗箱操作"、挖掘"内部信息"甚至传播"小道消息"的渠道。公开的信息应当是符合法律规定、公众真正希望了解的事项，而不能只是"能够公开"的事项。公开的时限必须严格遵循法律规定，法律没有规定的，应当在合理期间内尽快公开。

（四）决策的自治性

决策自治源于私法中的意思自治原则。私法中的意思自治原则的基本含义是参加民事活动的当事人在法律允许的范围内享有完全的自由，按照自己的意志为自己设定权利或对他人承担义务，其他任何人都不得加以干涉。程序正义中的决策自治的含义主要是，社会成员依据自己的理性判断，对自己的事务自主选择、自主参与、自主行为、自主负责。它始于当事人对程序的选择，终于当事人对结果的确定，也即决策自治贯穿于程序运作的全过程。

（五）结果的合理性

结果合理性是根据程序正义逻辑推断出来的结论。也就是说，只要程

---

① 〔美〕万斯庭：《美国法官的工作》，载宋冰编《程序、正义与现代化——外国法学家在华演讲录》，中国政法大学出版社 1998 年版，第 288 页。

序被严格地遵守，结果必定是合理的。首先，从合理性自身的构成来看，合理性取决于社会成员的共同认可。在现代民主国家中，国家的权力来自人民的授予，国家权力运行的合理性当然也取决于人民的认可。而人民认可的前提条件是：程序的合法性、主体的平等性、过程的公开性、决策的自治性。只要上述程序要件满足了，由此作出的决定是能够得到认可的。程序正义确保程序的运行，进而带来及时性和终结性，使程序运行结果能够快速实现。其次，从正义的确定性来看，由于社会变革迅速，实体法的规定越来越模糊不清、模棱两可。如公法中关于国家机关的概括性授权的规定和法官造法等，给予国家机关及其工作人员以广泛的自由裁量空间。这就意味着实体标准的不确定性，影响结果的合理性；同时也意味着国家公职人员可能利用广泛的自由裁量权谋取私利，损害当事人的合法权益，同样影响结果的合理性。实体正义标准的不确定性，造成了实体结果的不可预见性。而程序正义正是通过"看得见的方式"最大限度地保证实体正义的实现。

三　当代中国程序正义考察

立足于国家治理层面的程序正义需要我们深刻把握程序正义的内涵，程序正义的内涵体现为"去工具，显价值，予工具于价值"，即不是把程序本身当作实现实体目标的一种工具，而是要体现出程序本身所具有的价值，充分认识到程序本身所具有的深刻的优秀品质、内在价值和重要意义，将工具性寓于价值之中。[1] 长期以来，程序的地位和作用在我国未得到充分重视，程序的独立价值被忽视。传统观点一直把程序与实体的关系界定为形式与内容、手段与目的的关系，重实体、轻程序的观念影响着立法进程、执法司法实践和人们的法律意识，其结果不仅抑制了程序法学的繁荣，阻碍了程序立

---

[1]　彭语良：《程序正义的理念、源流及现实意义》，《中国党政干部论坛》2014 年第 7 期。

法,而且最终妨碍了实体公正的实现。近些年来,经济社会发展对法律制度不断提出新的要求,程序正义问题开始受到重视,但重实体、轻程序的状况在总体上并未得到根本改变。

首先,从我国立法实践来看,我国的《立法法》对立法程序作了专门规定,确定了一系列的制度,立法程序的内在价值是程序正义对立法程序的最低限度的要求,包括民主、平等、理性及效率,[①] 但是,立法程序中仍然存在一些不容忽视的问题,这直接影响和制约了我国程序法治的进程。目前,我国立法程序大体包括立项、起草、征求意见、审查、通过和公布等几个阶段,但这些程序主要涉及立法机关内部的工作协调,大多属于内部程序,这显然与程序正义的要求不相符合。比如,在立项阶段,立法机关掌握立法建议权和启动权,系统外的作用发挥不够;在起草阶段,参与立法起草小组的人员构成不够广泛;在征求意见阶段,在什么样的范围内征求意见、对意见是否予以采纳、不采纳的话是否需要说明理由等等,都缺乏刚性的规定;其后的审查、通过和发布,都是立法机关内部的事情,外部参与不够。

其次,从我国行政执法实践来看,不符合程序正义的现象还比较突出。一是程序法制不完备。一些行政行为尚没有程序法的规制,相当一部分行政法律法规缺少行政处罚程序;在涉及审批职权的行政管理法律规范中,有的仅规定审批的机关、审批的权限、审批的条件等事项,而对审批的方式与步骤、审批的时间等程序方面缺少规定。二是自由裁量幅度过大,不作为、乱作为的现象时有发生。三是行政程序参与性、公开性欠缺。行政程序的参与性和公开性,是行政程序正义的重要体现。在我国,相当一部分行政程序缺乏公开性和参与性,行政相对人的参与权、知情权没有得到有效落实,在一定程度上导致了行政违法、行政行为不合理现象的发生。一般来说,行政程

---

① 练崇潮、易有禄:《立法程序的价值分析》,《浙江学刊》2014 年第 4 期。

序的参与性和公开性与行政机关接受监督的程度，是成正比的。公开性、参与性强，行政机关接受监督的程度也就比较深，行政机关及其工作人员就不敢随意违反已经公开的程序，也不敢随意增加或减少已有的程序性规定。四是重行政效率、轻权力制约和权利保护。

再次，从我国司法实践来看，程序正义的不足主要表现在三方面。一是司法人权保障有待加强。刑罚作为国家制裁违法犯罪行为的最严厉手段，其适用必须在程序上受到严格的控制。但在司法实践中，不少程序规范没有得到有效贯彻执行。如我国法律虽然已经规定了非法证据排除制度。但是，现实中，仍然存在通过刑讯逼供取得的证据被作为合法证据使用的现象。二是损害当事人诉讼权利的现象时有发生。三大诉讼法对人民法院受理案件的条件和范围做了明确规定，但在实践中，受利益驱动或其他因素影响，存在着该受理的案件不予受理，不应受理的案件却违反规定受理的情况。有的案件未经答辩，也未经被告同意，就在答辩期限内开庭。有的变更合议庭成员，不告知当事人，也不开庭，径行判决。有的案件不查或未详查当事人地址，案件受理后即公告送达开庭通知，届时即开庭作缺席审判。有的审判人员依照有关规定应予回避却不回避，甚至故意隐瞒。有的法官违反平等自愿的调解原则，强迫当事人调解。有的法官庭审先入为主，对一方当事人的态度有倾向性。有的法官庭审和合议流于形式，没有充分发挥庭审和合议的功能。有的法官违法对财产采取查封、扣押、冻结、追缴以及其他强制、保全措施，争作为、乱作为、重复作为等现象时有发生。有的案件无故长期超审限，损害当事人的合法权益。三是司法管理制度不健全。审判管理流程中的内部请示制度，导致审与判分离，"判而不审、审而不判"，"先定后审"。审判监督机制落实不到位，特别是忽略对程序的监督，认为实体处理没有错，明知程序违法也不予纠正的现象还在一定程度上存在。另外，司法责任制相关配套制度（如法官遴选、培训制度）不健全、不完善，在一定程度上导致少数法官素质不高，时常发生程序违法的低级错误。

此外，从我国守法实践来看，在不少老百姓心里，所谓遵守法律就是指遵守实体法。程序法意识普遍比较淡薄，不认为违反程序法是违法，因而在诉讼中出现了不少违反程序法的情况。

四　程序正义的司法需求

"感受到公平正义"的重心在于"感受到程序正义"，程序获得感是本土语境中人民群众评价法律程序的一项重要标准，让人民群众拥有获得感应是正当法律程序本应具备的主观能力。"感受到的程序正义"能够直接反映人民对司法程序的内心需求，深刻体现"公平、廉洁、为民"的司法核心价值观，充分彰显人民的法治主体地位，高度契合"以人民为中心"的法治发展准则。① 针对当前我国程序正义的现状，人民法院一方面要认真履行司法审查职责，加大对行政行为程序合法性与合理性的审查力度，促进行政机关依法行政，同时要强化审判规则的社会引导功能，增强社会主体的程序意识。另一方面，要健全完善司法程序，让司法程序最大限度地体现公平正义。程序正义对司法程序的具体要求主要体现在以下几个方面：

（一）法官独立和中立

所谓法官独立，是指法官只服从于法律，在司法活动中不受任何外来因素的干预。法官独立是司法权运行所要求的一种理性自治状态，其核心是司法权的依法行使过程完全自主，不受外部因素的干扰。法官中立是指裁判者应在冲突各方当事人之间保持一种超然或无偏袒的态度，不得对任何一方有偏见。可见，法官中立是相对于当事人而言的，它表明在诉讼结构中，法官与双方当事人保持同等的司法距离。中立是对法官最基本的要求，不中立便

---

① 参见刘立明《"感受到公平正义"的法治意蕴》，《江苏社会科学》2020年第5期。

是偏私。中立性原则是程序正义的核心内容和支柱性原则，它要求法官同争议的事实和利益没有关联性，不得对任何一方当事人存在歧视或者偏见。因为法官的不中立尤其是歧视和偏见，必然会妨碍对当事人的公平对待，从而影响纠纷的公正解决。

（二）当事人平等

当事人平等包括两层含义：一是当事人享有平等的诉讼权利，这是"静态的平等"；二是法院平等地保护当事人的诉讼权利，这是"动态的平等"。当事人在诉讼中能够平等地参与，这是诉讼活动的基本要求。任何一方不得因年龄、性别、社会地位等受到歧视和不公平的对待。在刑事案件中，控辩双方的诉讼地位是平等的，不得以任何理由剥夺被告人程序权利。在行政诉讼中，即使政府部门作为被告参与诉讼，他们也不应享有任何优越于普通公民的地位和权利。在程序的设计过程中必须给双方平等地攻击和防御的权利。因为程序权利与当事人的实体利益是密切联系在一起的。只有程序权利得以充分体现，当事人才能相信诉讼的公正，并能通过诉讼充分维护其权益。

（三）程序的充分参与

在司法领域，程序的充分参与，是指那些利益可能受到司法裁判影响的人应当有机会充分地参与诉讼活动，并对裁判结果的形成发挥有效的作用。也就是说，作为诉讼当事人在诉讼活动中，能够充分地阐明自己的主张，提出有利于己方的证据，反驳对方的证据，以此促使法院作出于己有利的裁判，与此同时，也更易于接受法院的裁判，即使裁判的结果对自己是不利的。反之，如果当事人没有得到足够的机会阐明自己的主张和意见，与对方展开充分的辩论和交涉，他就容易产生强烈的不公正感，如果裁判结果对他不利，他的不公正感就会更加强烈。

（四）程序公开

程序公开的主旨就在于让民众目睹正义的实现过程。程序公开可以消除当事人对司法过程和审判结果的不安定感和不信任感，同时还提供了对诉讼过程实施社会监督的可能。程序公开，应当体现公开对象的广泛性、公开范围的全面性、公开时间的即时性。从对象来看，程序公开既包括向当事人公开，也包括向其他利害关系人公开，还包括向社会公众公开。从范围来看，应当坚持"公开为原则、不公开为例外"的要求，除法律规定不得公开的事项外，其他都应当公开。从时间来看，程序公开应当即时，特别是在一些重大涉法事件发生后，要在第一时间公布事件真相和进展情况，掌握主动权，防止由信息不对称造成社会公众的误解。

（五）追求诉讼效率

在现代社会中，诉讼周期过长成为各国司法实践之痼疾。公正在法律中的第二意义就是效率。[1] 效率意味着公正在最短的时间内得以实现。"提高司法效率，不仅可以使被害人的权利及时得到救济，还可以使受到损害的法律秩序及时得到恢复，同时也有助于增强公众对司法机关的信任。"[2] 这清楚地指明了司法效率对于司法公正和司法公信的重要价值。实践中，如果当事人诉讼成本和精力耗费过多，往往会对司法机关的工作效率产生怀疑，进而影响对司法的信任。但是，司法失去公正，高效就没有意义，公信也难以树立。这就要求司法机关不能一味追求效率而忽视甚至不讲公正，应当坚持公正与效率的辩证统一，以公正统领效率，以效率保障公正。

---

[1]　参见〔美〕理查德·A·波斯纳《法律的经济分析》（上），蒋兆康译，中国大百科全书出版社 1997 年版，第 16 页。

[2]　张文显：《人民法院司法改革的基本理论与实践进程》，《法制与社会发展》2009 年第 3 期。

五　能动司法促进程序正义

实现社会正义，是能动司法的基本目标。人民法院坚持能动司法，不仅要实现实体正义，也要实现程序正义，二者不可偏废。人民法院坚持能动司法，促进程序正义，主要应从以下几个方面着手：

（一）加强司法人权保障

所谓人权，是指人依其自然本性和社会本质所享有或者应当享有的基本权利。尊重和保障人权，这是一个国家法治文明的重要体现。2004 年 3 月 14 日，我国第十届全国人民代表大会第二次会议通过的宪法修正案，首次将"人权"概念写入宪法，明确规定"国家尊重和保障人权"。这在我国法治发展历程中具有重要的里程碑意义。我国宪法不具有直接司法性，宪法原则和制度的落实，需要其他部门法的制度设计和贯彻实施。对宪法规定的人权的保障，主要是通过两个方面来实现的。一方面是实体层面，通过立法机关制定民法、刑法等实体法，确定财产与自由、权利与义务的范围，划清罪与非罪、可为与不可为的界限，从实体上保障公民的基本人权。另一方面是程序层面，任何一种法律制度都必须通过法律程序的具体运作才能得到实施。没有法律程序的规定，一切实体性法律规范只能停留在法条上，而不可能转化为对社会生活具有影响力的"活法"。程序的正当与否直接关系到实体结果的公正与否。人民法院要深入推进刑事案件庭审实质化，严格依法举证、质证和审查、运用证据，完善证人、鉴定人出庭制度，贯彻证据裁判规则。法官认定事实必须依据证据，没有证据不得认定事实，保证庭审在查明事实、认定证据、保护诉权、公正裁判中发挥决定性作用。推进以审判为中心的刑事诉讼制度改革，贯彻以审判为中心的理念，把法律面前人人平等、尊重和保障人权、罪刑法定、罪责刑相适应、控辩平等、程序正义等理念和原则不折不扣地落实到每一个案件中。严格把握证明标准，认定被告人有罪必须做到案件事实清楚、证据确实充分，排除合理怀疑，严格实行非法证据排除规则。坚持科学认证，做到重客观证据、不轻信口供，重证据分析、不主观臆断，重调查研究、不轻信经验，重证明标准、不心存侥幸，努力得出客观真实的结论。提高庭审驾驭能力和水平，正确发挥法官在庭审程序运行中的指挥、控制职能，尊重和保障律师依法履职，依法保护各方当事人诉讼权利，维护庭审秩序，保证庭审顺利进行。深化量刑规范化改革，逐步扩大规范化量刑的罪名和刑种，把量刑规范化与刑罚个别化有机结合起来，做到具体案件具体分析，不能简单地做加减法，防止机械量刑，导致量刑不当甚至畸轻畸重。

（二）强化司法审查职责

程序正义的基本价值在于制约权力。在我国行政权与司法权的关系上，司法权发挥着对行政权的监督功能。人民法院要切实履行司法审查职责，加大对行政行为的司法审查力度，促进行政机关依法行政。一是拓宽对行政相对人的救济渠道。在行政案件审判范畴中，由于行政机关和行政相对人的地位、诉讼能力等方面的不对等性，保障人民权益应当是行政诉讼制度的重中之重。新修订的行政诉讼法以列举加概括规定的方式扩大了行政诉讼受案范围，但从有效保护行政相对人合法权益不受侵害的出发点来考量，现行行政诉讼制度对行政相对人的救济渠道仍偏窄，对公民权益的保护仍有欠缺，受案范围有待扩大，管辖法院范围有待拓宽。二是进一步改革行政案件管辖制度。便于法院公正、有效审理行政争议纠纷，应当是行政诉讼制度的题中之义。当前司法实践中或多或少地存在行政审判受到地方政府、人大、党委干预的情况，影响了行政案件的公正审理和裁判，但新修订的行政诉讼法仅将以县级政府为被告的一审管辖法院的级别提高为中级人民法院。要改变这种现状，首先应当提高行政案件级别管辖，统一由中级人民法院作为行政案件一审法院。其次应当赋予原告择地起诉的权利，新修订的行政诉讼法依然将"原告就被告"作为行政诉讼的一般地域管辖规则，未能扩大行政相对人的管辖选择权和异议权。有必要改革行政案件的一般地域管辖为由被告或者原告所在地人民法院管辖，而不仅限于不服限制人身自由的行政强制措施案件。如果原、被告在同一个法院辖区的，原告还可以申请其所在地人民法院的上级人民法院指定临近区域的法院管辖。三是完善司法审查标准。新修订的行政诉讼法仍规定，行政诉讼的审查对象仅限于合法性审查，合理性审查不属于行政诉讼的审查范围。行政诉讼法第七十条直接将行政行为"明显不当"作为撤销违法行政行为的标准之一，可以说这大大增强了对行政自由裁量权的司法审查力度。对行政自由裁量权的司法审查，本身属于合理性审查的问题。尽管新法和旧法均在"总则"部分即规定了行政诉讼合法性审查的原则，但目前看来，范围还非常狭窄，制约了行政审判作用的发挥。行政诉讼的审查对象不应排斥合理性审查，行政自由裁量行为也应接受司法监督。四是完善行政诉讼协调制度。现行行政诉讼法不允许行政诉讼适用调解，但在司法实践中，出于解决矛盾纠纷、实现案结事了、促进社会和谐稳定的要求，全国各地法院一直采用调解手段来解决部分行政争议纠纷。只不过为避免与法律规定相冲突，此时的调解被称为协调，调解成功的案件都是以原告或上诉人申请撤诉，法院裁定准予撤诉的方式结案。新修订的行政诉讼法第六十条第一款规定："人民法院审理行政案件，不适用调解。但是，行政赔偿、补偿以及行政机关行使法律、法规规定的自由裁量权的案件可以调解。"新法虽然继续坚持了行政诉讼不适用调解的原则，但增加了但书情形，为行政调解的适用进一步拓展了空间。随着我国法治的不断推进和依法行政的实行，行政调解制度缺失产生的问题在司法实践中日渐显现。例如，行政撤诉率多年来居高不下，而这些撤诉的案件中，大多数案件实际上是协调成功、当事人达成和解协议后申请撤诉而结案的。在这样撤诉结案的行政案件中，由于没有进行开庭程序，行政相对人失去了庭审这样一个可以与行政机关平等对话的机会，实际利益损失往往得不到公正合理的补偿。而且，根据原告撤诉后不得以同一事实理由再起诉的规定，行政相对人撤诉后，如果行政机关反悔，不履行之前达成的"和解"协议，行政相对人很难再次使用司法救济途径来保障自身权益。事实上，允许调解未必损害原告利益或者公共利益，不允许调解也不见得能够保护原告利益和公共利益。行政诉讼协调制度是在法院的居中调解下，行政争议的双方当事人通过协商，就权利义务分配达成合意，从而终结诉讼的制度。行政诉讼协调制度设计应当围绕着如何有利于鼓励法官尽力多做调解工作，如何有利于法院职权作用的充分发挥，如何让法官在调解中起到积极的、主导的、必不可少的作用展开。

（三）完善审判权力运行体系

深化司法责任制综合配套改革，健全和落实独任庭、合议庭办案责任制，健全审判委员会制度，完善审判权力监督制约机制，严格落实违法审判责任追究制度，健全法官惩戒机制，全面落实司法责任制。[①] 完善审判权力和责任清单。深刻把握全面落实司法责任制和严格执行民主集中制的关系，细化完善审判权力和责任清单，区分院长、副院长、审判委员会专职委员、其他审判委员会委员、庭长、副庭长、独任法官、合议庭审判长、承办法官及其他成员等人员类型，逐项列明各类审判人员的权责内容和履职要求，重点就确保规范有序行权、强化审判监督管理等事项作出细化规定。强化院庭长监督管理，提高审判监督管理的信息化、专业化、规范化水平，院庭长履行审判监督管理职责时，应当在卷宗或办案平台标注，全程留痕。优化审判团队组建，进一步完善内部组织架构，理顺审判团队、审判组织与审判机构之间的关系，确保审判团队负责人、团队成员之间工作权责明晰合理、事务

---

① 参见《最高人民法院关于人民法院贯彻落实党的十九届四中全会精神推进审判体系和审判能力现代化的意见》（2020年3月16日）。

分配衔接有序。完善案件分配机制，尽可能在不同审判组织之间随机分案，避免一类案件长期由固定审判组织办理。完善统一法律适用机制。进一步完善关联案件和类案检索机制、专业法官会议机制和审判委员会制度，确保各项机制有机衔接、形成合力。严格违法审判责任追究。健全法官惩戒工作程序，完善调查发现、提请审查、审议决议、权利救济等程序规则，坚持严肃追责与依法保障有机统一，严格区分办案质量瑕疵责任与违法审判责任，细化法官和审判辅助人员的责任划分标准，提高法官惩戒工作的专业性、透明度和公信力。[①]

（四）深化司法公开和司法民主

法院通过司法公开制度，将与法官和案件相关的全部活动置于民众监督之下，充分发挥了公众的民主参与意识，增强了诉讼的透明度，保证了诉讼的公正性。随着网络时代的到来，人类存在方式和生活样态悄然改变，特别是随着智能手机和可携带上网设备的出现，网络对现实生活的影响越来越深刻，人们更加倾向于通过网络关注社会。互联网突破了传统司法公开手段的时空和容量限制，给司法公开带来了更多机遇和挑战。法院不应再仅仅局限于传统的开庭审理及其他的公开渠道，而应将现实中的法院及其司法活动搬上虚拟的网络世界。为此，就需要树立在网络环境中"复制法院"的全新理念，抛弃"碎片化"信息传播的传统做法，强化司法公开的范围和内涵，注重借助信息网络技术增强司法公开的科技含量和人性化发展。在这种理念的指引下，法院通过网络平台公布裁判文书、直播庭审实况、公开非涉密的统计数据以及为当事人提供诉讼服务等司法公开举措，依法有序地将现实中的法院及其司法活动全景展现于网络世界，也就变得理所当然了。实行司法公开，是人民群众接近和知悉司法的需要，也是人民群众对

---

① 参见《最高人民法院关于深化司法责任制综合配套改革的实施意见》（2020年7月31日）。

司法权力进行监督的前提。要完善深化司法公开制度机制，深入推进裁判文书、庭审、审判流程、执行信息公开工作，进一步提升司法公开信息化、规范化、常态化水平。[①] 统筹推进立案公开、庭审公开、执行公开、听证公开、文书公开、审务公开，形成全面公开、全程公开、实质公开的工作态势。要着力抓好案件信息查询工作，让当事人更加全面、及时、快捷地了解案件信息；着力抓好庭审同步录音录像、同步记录、同步显示工作，切实增强庭审的透明度；着力抓好生效裁判文书互联网发布工作，稳妥有序地提高生效裁判文书公开的比例；着力抓好群众旁听庭审工作，确保公民持有效证件即可旁听开庭；着力抓好庭审直播工作，加强与新闻媒体的沟通协调，适时选择一些社会关注度高、具有法律适用指导意义、有利于法制宣传教育的案件进行庭审直播。

司法权来源于人民，人民理所当然地有权参与司法活动，这也是实现程序正义的题中应有之义。要完善人民陪审员制度，增加人民陪审员数量，优化人民陪审员结构，扩大参审案件范围，保障参审权利实现。贯彻落实人民陪审员法及其配套司法解释和规范性文件，切实做好人民陪审员选任、参审、培训、管理、宣传等工作，保障人民群众有序参与司法，促进司法公正。[②] 要避免单纯的"坐堂问案"，而要深入实际了解案件情况，悉心听取人民群众的意见和建议。对于案件处理的各方面意见要认真进行汇总梳理，从社会主流价值观、人民群众朴素正义观和法律正义观等方面，分析这些意见对裁判息诉的价值以及是否可以吸纳。要构建基层司法服务网络，聘请乡镇、社区一些德高望重、热心服务、能力较强的人员担任司法协理员，协助人民法院化解矛盾纠纷，开展执行工作。凡是涉及党和国家工作大局、

---

① 参见《最高人民法院关于深化司法责任制综合配套改革的实施意见》（2020年7月31日）。
② 参见《最高人民法院关于人民法院贯彻落实党的十九届四中全会精神推进审判体系和审判能力现代化的意见》（2020年3月16日）。

人民群众切身利益和法院工作全局的重要司法政策、司法文件和司法改革举措，在出台前要通过多种形式，广泛听取人民群众和社会各界的意见和建议。

（五）落实司法便民利民措施

在程序正义的语境下，民众接近法院的成本不应是高昂的，否则他们不敢诉诸法院。这种成本不仅指金钱成本，而且包括时间成本和精力成本。人民法院要多从群众的角度考虑问题，切实帮助群众解决诉讼过程中遇到的实际困难。要深化立案制度改革，大力推广跨域立案、网上立案、上门立案、12368电话预约立案等多种服务方式，通过开通诉讼服务网、微信公众号、手机APP、12368诉讼服务热线和律师服务平台等多种便民利民措施，降低群众立案成本。加强法院诉讼服务中心建设，推行一站式诉讼服务，减轻群众的讼累。坚持把非诉讼纠纷解决机制挺在前面，健全"分流、调解、速裁、快审"机制，全面推进一站式多元解纷和诉讼服务体系建设，为人民群众提供分层次、多途径、高效率、低成本的纠纷解决方案。健全多元化纠纷解决机制，积极完善诉讼与非诉讼解纷方式分流对接机制，加强在线诉非分流和诉调对接工作，加快人民法院调解平台与仲裁机构、公证机构、人民调解平台、行政调解平台、行业调解平台等非诉讼解纷平台对接，充分运用线上平台，统筹集成法学会、行业协会、行业组织、商会、律师等解纷力量，实现大量纠纷在诉前多元化解。针对婚姻家庭、道路交通、物业纠纷、消费争议、劳动争议、医疗纠纷、银行保险、证券期货等类型化纠纷，加强与有关部门对接，建立健全线上线下诉前联动调解机制，明确程序衔接细则，促进诉前高效化解纠纷。[①] 进一步加大诉讼指导力度，引导当事人理性表达利益诉求，充分行使诉讼权利，切实承担诉讼义务。

---

① 参见《最高人民法院关于深化司法责任制综合配套改革的实施意见》（2020年7月31日）。

完善巡回审判制度，让法庭走向田间地头，方便群众就近参加诉讼，发挥好司法审判的法制宣传功能。推行案件繁简分流改革，加强多元纠纷解决机制与繁简分流机制的有效衔接，实现简案快审、难案精审。加强司法救助工作，确保经济困难的当事人打得起官司。

第四章

能动司法与行为正义

正义作为政治学、法学或伦理学的一个重要概念或范畴，具有很强的主体性，任何一种正义，无论其施动者还是受动者都是"现实的人"，其都要落实到人的行为正义上来。可以说，离开了"现实的人"，任何正义就立即丧失了赖以存在的前提与基础而成为无源之水、无本之木。马克思、恩格斯认为，以一定的方式进行生产活动的一定的个人，会发生一定的社会关系和政治关系。这里所说的个人，是现实中的个人。[1] 考察一定社会的政治与法律生活现象，不是没有前提的。"它从现实的前提出发，它一刻也不离开这种前提。它的前提是人，但不是处在某种虚幻的离群索居和固定不变状态中的人，而是处在现实的、可以通过经验观察到的、在一定条件下进行的发展过程中的人。"[2] 因之，"现实的人"成了我们思考历史问题、社会问题以及正义问题的出发点。行为正义是社会正义的重要支撑，离开了行为正义去谈论社会正义，社会正义就是空中楼阁。本章旨在讨论行为正义的价值意义、表现形式，进而在考察当代中国行为正义现状的基础上，分析行为正义与能动司法的相互关系。

一 行为正义的价值意义

自1971年罗尔斯的《正义论》发表以来，对社会正义的讨论在很大程度上支配了此后西方政治学、法学和伦理学关于正义的研究。然而，哈耶

---

[1] 参见《马克思恩格斯选集》第1卷，人民出版社2012年版，第151页。
[2] 参见《马克思恩格斯选集》第1卷，人民出版社2012年版，第153页。

克却对罗尔斯的社会正义理论提出了挑战。"我急于想证明的主要是这样一个论点,即人们永远不可能就'社会正义'所要求的东西达成共识,而且任何试图根据被认为是正义所要求的东西来确定报酬的做法都会使市场失灵。"① "社会正义这个说法本身就是毫无意义的,而且使用这种说法的人,如果不是愚昧,那就肯定是在欺骗。"② 在哈耶克看来,正义只能用于形容人的行为,"惟有人之行为才能被称为是正义的或是不正义的"。③ 哈耶克认为,社会正义与自由市场秩序是严格对立的,对社会正义的追求与自由市场秩序的维系之间不存在相容的可能。在市场秩序下谋求社会正义,就相当于要求分散的竞争者就竞争结果达成共识,而这显然是无法做到的。如果坚持对社会正义的追求,则不可避免会造成对自由市场秩序的破坏,进而侵犯个人自由。基于对社会正义的批判,尽管哈耶克从新自由主义法哲学视角不赞同社会正义的基本理念,但是他亦并不否认社会正义对社会主体的行为正义的深刻影响。由此,哈耶克系统地提出了他的行为正义理论,即以正当行为规则为核心内容的行为正义理论。哈耶克认为,正当行为规则意义上的正义是"自由人进行交往所不可或缺的一项条件",而"如果要使自由人之间的和平共处成为可能,那么就必须使人们的行为受到这种意义上的正义的支配"。④ 有的学者将哈耶克提出的正当行为规则的特点归结为三个方面:一是正当行为一般都是否定性规则;二是这一规则通过界定行动范围来保护选择自由;

---

① 参见〔英〕弗里德利希·冯·哈耶克《法律、立法与自由》第二、三卷,邓正来、张守东、李静冰译,中国大百科全书出版社 2000 年版,第 1 页。
② 参见〔英〕弗里德利希·冯·哈耶克《法律、立法与自由》第二、三卷,邓正来、张守东、李静冰译,中国大百科全书出版社 2000 年版,第 2 页。
③ 参见〔英〕弗里德利希·冯·哈耶克《法律、立法与自由》第二、三卷,邓正来、张守东、李静冰译,中国大百科全书出版社 2000 年版,第 50 页。
④ 参见〔英〕弗里德利希·冯·哈耶克《法律、立法与自由》第二、三卷,邓正来、张守东、李静冰译,中国大百科全书出版社 2000 年版,第 165 页。

三是正当行为规则应接受普遍化检验。[①] 因此，一般来说，行为正义的价值意义在于：

（一）维护个体自由

在哈耶克看来，正义和自由一样，都是人类应当追求的理想。正当行为规则在界定个人行为边界的同时，也确立了每个人自由行动的范围。正如哈耶克所说，正当行为规则"并不是从肯定的角度出发直接决定什么是个人必须或应当做的，而只是从否定性的角度出发决定什么是个人绝不能做的"。[②] 这种对个人行为边界的限定看似一种约束，但恰恰也是对个人自由的保障。哈耶克同时指出，正当行为规则仅仅告诉人们，"在什么样的条件下，某一行动属于被许可的行动；但是这些规则却会把创建个人确获保障的领域的事情交由个人依照这些规则去完成"。[③] 这也就是说，正当行为规则并不承诺具体的个人自由，而只是为个人自由的实现创造机会和条件。

（二）维护社会公平

哈耶克认为，行为正义并不指向特定的群体，也不为任何特殊利益服务，它是普遍适用的。相比较而言，社会正义的诉求则是针对社会不平等的现象，社会正义理论一般都倾向于对在不平等关系中处于不利地位的群体予以特别的关怀和照顾。哈耶克反对这么做，他认为，如果这样做，个人或群体将会变得越来越依赖政府，而政府也就越来越会把不同的人和群体置于自己的掌控之下。[④] 哈耶克指出："正义决不是对那些在某个具体场合中遭遇的利害攸关的特定利益所做的一种平衡，更不是对那些可以确认的阶层的利

[①] 参见徐大同主编《现代西方政治思想》，人民出版社 2003 年版，第 175 页。
[②] 参见邓正来《哈耶克法律哲学》，复旦大学出版社 2009 年版。
[③] 参见〔英〕弗里德利希·冯·哈耶克《法律、立法与自由》第二、三卷，邓正来、张守东、李静冰译，中国大百科全书出版社 2000 年版，第 58 页。
[④] 参见〔英〕弗里德利希·冯·哈耶克《法律、立法与自由》第二、三卷，邓正来、张守东、李静冰译，中国大百科全书出版社 2000 年版，第 124—125 页。

益所做的一种平衡。"① 行为正义的普遍性包含如下三个层次的要求：第一，一致性，即类似情况类似对待，也就是形式上的非歧视原则；第二，无偏私，对于行为正义的判断并不偏向任何人；第三，道德中立，即在道德上奉行中立原则，不倾向于任何一种道德观念。由此可见，行为正义除了要求平等、普遍适用之外，还要求与特定的群体、利益、道德脱钩。同时，这也在一定意义上表明，行为正义寻求的是具有客观性的正义标准。

（三）维护社会秩序

在哈耶克看来，对于社会秩序，行为正义并不预设整体性目的，它所关心的仅仅是行动本身，而非行动结果。行为正义只对人们的自我行为以及相互交往进行必要的规制，但对于由各个分立行为所造成的总体局面则不作任何限定或干预。行为正义的功能在于，通过对个体行动的规范，来协调人们相互之间的行为，减少其在追求各自目的的过程中所可能产生的矛盾与冲突，进而保障自生自发秩序的存续。哈耶克认为，作为个体，我们对于所有其他人的目的、偏好及其所面临的具体环境无可避免地会处于一种必然无知的状态，因此，要对由这些分立个体组成的社会进行整体的目标设计无疑是任何人的理性所不及的。② 哈耶克强调："尽管我们可以想象，如果为型构那种被我们称为社会的自生自发秩序所必需的最少量的规则在没有一个组织机构强制实施的情况下仍能够得到人们的遵循，那么这种秩序便可以在没有政府的情况下存在，但是，在大多数场合，为了确使那些规则得到遵守，我们称之为政府的那种组织却是不可或缺的。"③ 实际上，哈耶克的行为正义观念背后

① 〔英〕弗里德利希·冯·哈耶克：《法律、立法与自由》第二、三卷，邓正来、张守东、李静冰译，中国大百科全书出版社 2000 年版，第 60 页。
② 参见杨博《社会正义还是行为正义？——哈耶克正义观评析》，《天津行政学院学报》2013 年第 4 期。
③ 〔英〕弗里德利希·冯·哈耶克：《法律、立法与自由》第一卷，邓正来、张守东、李静冰译，中国大百科全书出版社 2000 年版，第 69 页。

潜藏着更为深刻的意蕴，即在于对建构一定社会秩序的追求，这就同社会正义问题不可分割地联结在一起。

二　行为正义的表现形式

行为正义贯穿社会生活各个领域，覆盖各个利益群体，具体表现形式丰富多样，归纳起来，大体包括三个方面：

（一）社会交换的公平性

交换是指市场主体相互之间自愿转让以物品、劳务、智力成果等为载体的权利的法律行为。交换公平是市场经济的必然要求，也是行为正义的重要表现形式。交换公平主要体现在以下几个方面：

（1）以平等为前提。在市场经济中，市场主体相互之间是平等的。市场主体是生产、生活资料和商品的独立所有者，追求利润是市场主体从事生产经营活动的主要目的。为了达到这一目的，唯一的办法就是进行交换。而在交换中，交换各方必须承认对方与自己地位平等。倘使交换各方地位不平等，存在上下级关系或行政隶属关系，则势必会使交换一方将追求己方利益最大化的动机异化为命令手段强加于交换对方，致使己方获利，而他方受损。

（2）以公平为内容。马克思主义价值规律的基本内容是：商品的价值是由生产商品的社会必要劳动时间所决定的，商品交换以价值为基础，实行等价交换。因此，在交换关系中，买卖双方以商品的价值为基准进行交易，从理论上看，应当是真正的公平交换。但是，实际生活中，商品的价值总是要借助于价格形式来表现，而价格作为商品价值的货币表现，不仅反映价值，也反映供求关系，价格总是围绕着价值上下波动，但不会偏离价值太远。故此，从政治经济学的视角来看，在自由竞争市场上，价格围绕价值波动范围内的交换应当属于公平交换。相反，如果价格不是价值规律自发调整的结果，而是人为扭曲价值规律的结果，则交换就是不公平的。

（3）以可接受为形式。价值规律所决定的商品交换以价值为基础进行等价交换是一种公平交换，这种交换是在自由竞争的市场下进行的，市场主体是否接受某项交换完全取决于他自己，如果其接受的是完全由价值规律决定的交换，则该交换就是公平的。我们说交换公平以交换的可接受为形式，并不是说任何市场主体自愿接受的交换都是公平交换。假使交换是在欺诈、胁迫、乘人之危或一方利用自己的优势或者利用对方没有经验的情况下达成的，虽然交换当时双方都是"自愿"接受的，但该交换违背了诚实信用原则，极可能导致交换结果的不公平，此种交换尽管被当事人"自愿"接受，但不是公平的交换。

（二）实现利益的合理性

利益体现的是主体与客体的需要关系。需要是利益形成的基础和条件，利益是在对各种需要的不断寻求中产生的。但需要本身并不是利益，只有当需要与需要对象之间存在矛盾时，需要才转化为利益。在一定意义上说，正是为了某种利益关系，人们才进行各种社会活动，尤其是经济活动。在纷繁复杂的社会利益关系中，各种不同主体之间的利益冲突在所难免。如何处理好各种利益关系，关系到社会主体之间的关系以及社会主体自身的存在和发展，因而是行为正义关注的重要方面。我们认为，解决利益冲突最有效的途径就是引入对利益本身的"合理性"评价机制，通过这一机制分析复杂的利益关系，决定各类利益的归属，平衡各类利益的冲突。判断利益合理性的标准主要是：

（1）符合目的性。利益在本质上是人的需要，因此，利益是否符合目的性取决于人的需要合理与否。人的需要有两个方面的特性。一是主观性。人的需要首先表现为人的欲求，它作为主观目的或动机而出现。二是客观性。人们往往通过有意识的实践活动，努力把欲求转化为现实结果。因此，判断人的需要合理与否不能仅仅从主观方面来判断，也不能仅仅从客观方面来判断，而必须坚持主观与客观相统一的原则。一方面，人的需要不是由其主观意志决定的，而是历史地、客观地决定着的，只有符合客观性、必然性的需要才是合理的需要。另一方面，人的需要并不总是会得到满足的，它受制于客观条件。在客观条件未成熟的情况下，人的需要是无法得到满足的。因之，只有从主观性、客观性两个方面加以分析，才能正确判断人的需要是否合理，进而正确判断利益是否符合目的性。

（2）实现手段的正当性。利益的合理性不仅表现在利益本身的"有益无害性"上，即"利己不损人"和"利己又利人"，而且表现在获得利益所运用的手段和工具是否正当上。由于人们在追求自身利益的时候采取不同的手段和工具，不同的主体有性质和结果截然不同的利益追求。追求利益不能不择手段，否则整个社会就会陷入无序的状态，每个主体的利益都无法获得保障。因此，判断利益的合理性还必须从利益获取手段的正当性上加以考量。一般来说，利益获取手段是否正当，评判的主要标准是法律以及人们的道德观念。

（3）分配的公平性。有利益必然有利益的分配，利益的合理性当然也表现为利益分配的公平性。利益分配的公平主要包括机会公平和条件公平。机会公平是指提供给所有社会成员平等的竞争机会。在现实社会中，一些人基于特殊的地位和身份占有大量的社会资源，而另一些人则丧失了这样的机会，这显然谈不上分配的公平。条件公平是指竞争规则的公平，即参加社会活动或社会竞争的各群体或成员能在同一规则下，被平等地看待。而在现实生活中，一些地方和部门则为了各自的切身利益，不惜采取地方保护主义和部门特权等手段，制定一些不合理的甚至是违法的规定。在不公平竞争的环境下，特别是人为制造的不公平竞争的条件下所获得的利益通常被认为是不合理的。

（三）主体的社会责任感

人是无法孤立地存在于社会之中的，总是会与他人产生各种各样的关系。在这个意义上，社会性是人的重要属性。社会责任感是基于人的社会属性而产生的，正是有了种种社会关系，人与人之间才需要责任感来维系。人不能无止境地获取利益，这样必然损害他人的利益；人不能恣意妄为，这样必定侵犯他人的自由。社会责任感要求人们在追求个体利益和个人自由的同时，必须兼顾他人的利益和自由，不得妨碍他人的利益和自由。只有将人的自然属性和社会属性有机统一协调起来，一个社会才会充满活力而又有秩序。人的社会责任大致包括以下几类：

（1）政治责任。国家是一定范围内的人群所结成的共同体形式。国家对公民承担一定的责任和义务，相应地，每个公民也应对国家负起政治责任。比如，根据我国宪法，公民的政治责任主要包括：维护国家统一和全国各民族团结，遵守宪法和法律，保守国家秘密，维护祖国的安全、荣誉和利益，保卫祖国、抵抗侵略，依照法律服兵役和参加民兵组织，依照法律纳税，等等。

（2）经济责任。我国是社会主义市场经济国家，市场经济的发展为人们追求幸福生活提供了经济条件。与此同时，公民作为市场经济主体之一，在从事各种经济活动时，应当尊重市场规律，维护市场秩序，不得损害国家的、社会的、集体的利益和其他公民的自由和权利，通过诚实劳动、合法经营，谋取自身经济利益。

（3）法律责任。公民的法律责任主要在于守法。守法应当是全面的，不能够对自己有利的就遵守，对自己不利的就不遵守。既要善于依法维护自身权益，又要依法尊重他人权益。既要全面履行义务，勇于承担责任；又要充分利用法律赋予的权利，创造社会价值。

（4）道德责任。一个社会文明程度的高低，取决于这个社会公民的道德水准。每个公民都应当养成良好的道德品质，从自我做起，从小事做起，提高自身的道德素质，为整个社会的和谐稳定尽到应有的责任。

（5）生态责任。人与自然的关系是人类社会最基本的关系。当前，不仅在我国，在全球范围内，两者之间的紧张和对立都日益凸显。作为良好生态环境的受益者、恶化生态环境的受害者，公民应当自觉增强环保意识、履行环保义务，积极采取低碳、节约的生活方式，使用环保产品和再生产品，为治理污染、节约资源贡献力量。

三　当代中国行为正义考察

当代中国正处于急剧的社会变革与转型时期，处在改革攻坚期、发展机遇期、社会风险期"三期叠加"阶段，存在着诸多矛盾和问题，行为正义问题日益引起广泛关注。

首先，从交换公平来看，交换公平要求全社会有一个共同的标准和维护该标准的规则与程序，其中最核心的内容就是等价交换。市场交易规则的制定和实施过程就是维护等价交换这一标准和原则的过程。当前，交换不公的现象大量存在，主要体现为对等价交换标准的背离和维护该标准的规则、程序与制度的不健全。就前者而言，在现实经济生活中具体表现为：以权钱交易为实质内容的各种形式的腐败；凭借行业垄断地位哄抬价格；工农产品的价格剪刀差和初级产品与加工产品价格的剪刀差；各种类型的贱买贵卖现象；等等。就后者而言，主要体现为各种不正当的竞争手段和行为，如行贿、回扣、欺诈乃至暴力，交易程序的紊乱，部门封锁与地区分割，等等。对等价交换标准的背离和交易规则的不健全，使得不同的经济主体在交易过程中处于不公平的地位，从而进一步导致分配不公和心理感受不公。

其次，从实现利益的合理性来看，在利益格局调整过程中，还存在不少问题。一是各利益主体的利益边界模糊，混淆了各种利益关系。在传统利益格局下，由于各种特殊利益往往被统合到某一利益关系中去，各行为主体的利益边界必然是模糊的。然而，在利益分解的利益格局调整中，由于没有明确界定各利益主体的利益所具有的内涵和外延，利益边界仍然是模糊的。如果说在利益统合的格局下，利益边界模糊只是产生特殊利益与一般利益之间的矛盾，那么在利益分解过程中，利益边界模糊势必会出现利益争议和利益互侵现象。因为利益分解本身就意味着利益本位的强化，在利益边界不明确的情况下，利益本位强化就有一种内在的利益扩张冲动，各利益主体的利益扩张冲动的交织就形成利益争议和利益互侵。二是利益实现的行为方式混乱和扭曲。由于缺乏明确的利益边界，利益主体往往追求多重利益目标，从而导致利益实现的行为方式的混乱和扭曲。此外，在社会主体权利意识高涨的情况下，一些人的利益诉求表达方式呈现出非理性化的倾向。特别是在信访维权过程中，有的当事人在"信访不信法""大闹大解决"等错误观念的影响下，采取缠访、闹访、越级访等方式表达诉求，甚至采取打砸抢烧以及自杀、自残等极端方式。有的当事人在国家重要节日、重大政治活动期间上访滋事，形成了上访滋事与国家重要节日、重大政治活动的节律保持非良性对应的现象。有的当事人则认为"上访不如上网"，矛盾发生后，不是通过正常渠道表达诉求，而是进行网络炒作，造成舆论热点，形成于己有利的舆论氛围，向党和政府施加压力。三是利益实现的机会不均等，形成垄断利益分配局面。现阶段的利益格局调整并没有创造利益实现的机会均等的条件，这就使利益扩张冲动面临着不同的实现条件。由于机会不均等，一些利益主体的利益扩张得以实现，而另一些则受到限制，更有一些利益主体的应有利益也难以得到实现。这种利益实现机会不均等实质上就是一种垄断利益分配，正是这种垄断利益分配造成了利益分布倾斜和错位，扩大了利益实现程度的差异。

最后，从主体的社会责任感来看，当前，社会主体社会责任感欠缺的现象日益严重。一是社会主义市场经济在发展中的不规范导致信任危机。道德是一定生产方式的产物，是对经济基础比较直接的反映。从客观条件看，我国社会主义市场经济发展还不充分，发展也不均衡。此外，我国以公有制为主体的多种所有制共同发展的基本经济制度中，包含着个体经济、私营经济、混合所有制经济中的非公有制成分等，存在着少数人凭借违法经营发家致富的现象。这些对广大民众产生了一系列不良的心理影响。二是社会转型期间产生的各种负面影响。个人主义、功利主义使得人们的道德价值观变得脆弱。一些人政治信仰模糊，功利意识严重；一些人价值取向扭曲，重物质利益轻无私奉献，重等价交换轻爱心付出；更有不少人把注意力转向自我，忽视社会发展需要。在社会转型过程中，社会结构的耦合度不高、脆性较大，社会运行机制不稳定，处于不断转换的过程中，难免存在种种复杂的、政府一时之间难以解决的社会问题，导致一些人对现实失望，从而漠视自己的社会责任。三是公民社会道德教育不足。家庭传统教育模式存在误区，家长们只讲奉献、不图回报的传统家庭教育方式，使许多人从小就淡化了责任意识，养成以自我为中心、唯我独尊的意识，不顾及他人的感受。学校教育方式简单，重灌输、轻引导，忽视学生的主体地位，把学生当作被动接受的受众，使学生丧失了主体性；课程体系设置不合理，教学内容脱离现实，难以提高学生的综合素质。

四　行为正义的司法需求

法律是评价行为正义的重要标准。法律的作用对象有行为和社会两部分。因之，法律的作用就包括法律对人的行为的作用和法律对社会关系的作用，前者称为法律的规范作用，后者称为法律的社会作用。毫无疑问，法律对于促进社会主体行为正义具有重要意义。应当看到，在法律与社会主体行为正义之间，司法发挥了连接作用。司法活动包含着对社会主体行为的法律评价和价值判断。司法机关审理具体案件，不仅是解决当事人之间的纷争，还发挥着对社会主导价值和行为模式的引导功能。司法通过对某种行为的肯定或否定评价，引导社会主体对行为合法性和正当性的认识，促进形成正确的行为模式和行为方式。在当代中国社会治理体系中，法院担负着重要的责任。以司法裁判的方式依法妥善化解矛盾纠纷，同时以裁判结果发挥法的指引、评价、预测、教育、强制功能，彰显行为正义的要求，这是司法参与社会治理的主要方式之一。在当代中国转型与变革时期，社会关系复杂流变，亟待法律规则予以调整；利益失衡、冲突愈益显现，迫切需要司法机关运用司法手段予以规制、引导。但是，受制于法律体系和法律规范的不完善，司法活动经常会遇到法律规则不完备、不明确等问题。因之，人民法院必须充分发挥司法能动作用，通过法律技术的运用，弥补现有法律的不足，既妥善解决进入司法渠道的社会矛盾纠纷，又促进社会主体行为正义的实现。

五　能动司法促进行为正义

能动司法的一个重要方面，就是要强化司法的社会责任，通过法官准确适用法律，彰显正确的价值导向，进而促进行为正义的实现。法律是一种抽象、普遍的行为规范。人类语言的先天缺陷以及法律规范的抽象性与稳定性，使得以词语为表现形式的成文法具有不周延性、模糊性与滞后性。[1] 因此，如何准确适用法律，是司法必须认真研究和解决的课题。在司法实践中，法官对于法律解释这一司法技术的运用，在弥补成文法的局限性、实现行为正义方面具有重要意义。目前，我国尚不允许法官造法，法官办案只能以事实为依据、以法律为准绳。因而，法官只能通过法律解释去解决法条规定与实际需求不相适应的问题。在法律规则体系尚不完备和发达的情况

---

① 参见公丕祥主编《法理学》，复旦大学出版社 2006 年版，第 409 页。

下，法官有责任通过能动司法在维护法律秩序与实现社会正义之间维持一种有益的平衡。司法能动性要求以灵活的法律方法追求法律的真理性知识。它反对概念主义、形式主义、教条主义等僵化思想的束缚，以遵行理性精神为条件，选择科学的法律方法，回应转型社会的价值诉求，维护法治下秩序的和谐。①

司法能动性乃是一种司法哲学观，是法官在司法过程中采取的一种灵活方法，秉承一定的法律价值，遵循一定的法律原则，创造性地适用法律，理性地作出判断，从而不断地推动社会政治、经济、法律、文化等的变革和发展。② 法官要密切关注经济社会发展形势，根据现实需要，在严格依法的前提下，创造性地适用法律，以弥补成文法的不足与缺陷，妥善处理具体案件，而不能"拒绝裁判"。法律技术运用是一个复杂的过程，必须建立完备的司法工作机制，为法官正确适用法律提供制度依据和科学指引，从而为促进行为正义确立合理性的准则。

（一）法律解释方法

古典自然法学在法律解释问题上持审慎态度，认为人类可以依据理性制定内容详尽的法典，法官的任务就是对法条进行字面解释，并严格依照字面含义加以适用。对此，孟德斯鸠曾经说道："国家的法官不过是法律的代言人，不过是一些呆板的人物，既不能缓和法律的威力，也不能缓和法律的严峻。"③ 但是，历史和经验告诉我们，无论立法者多么睿智和周到，都不可能使法律涵盖所有应当调整的社会关系，并顺应经济社会发展的现实需要。随着经济社会的发展，原先制定的法律必然会存在不相适应的地方，而且法律

---

① 参见陈朝阳《司法哲学基石范畴：司法能动性之法哲理追问》，《西南政法大学学报》2006 年第 3 期。

② 参见陈朝阳《法律方法之基础：司法能动性》，《华东政法学院学报》2004 年第 5 期。

③ 〔法〕孟德斯鸠：《论法的精神》上册，张雁深译，商务印书馆 1963 年版，第 163 页。

与个案之间也存在着天然的缝隙。法官进行法律解释，在法律的一般普遍与个案的个别具体之间建立起了沟通的桥梁，确保了法律的有效实施。在这个意义上，法律解释不仅是法官的权力，更是法官的义务，法官正是通过法律解释赋予了法律生命，这也正是法律解释的价值所在。[1]

　　当法律存在模糊之处，产生法律漏洞时，我们可以选择通过立法或者司法的方式来解决。众所周知，为维护法律的权威，立法程序的启动是慎重的，立法成本也是高昂的。而且，过于频繁的立法必然会对法律的稳定性造成危害，这是有违厉行法治的初衷的。因此，依靠法官通过法律解释来填补法律漏洞似乎更为可取。能动司法要求法官在司法过程中灵活地运用法律解释来解决法律在适用过程中出现的问题。但是在创造性的法律解释中，价值因素会占有比较大的比重，有时法官自身的观点与社会整体的价值评价也很难区分，这样，法官就拥有很大程度的自由裁量权，容易出现法官造法的现象。这是与法律确定性要求的背离，也是对法治所要求的法律的至上权威的挑战。因此，法官的法律解释权之行使必须是在坚持对法律服从的前提下进行的，并且受到一定的规制。首先，法官的创造性法律解释只能运用于实体法的缺口之处。法律解释本是一种以"法律"为依托而进行的一项活动，它所有的活动都不应脱离"法律"这一大前提。[2] 法官应尊重立法者所立法律的优先地位，只有在现行法律本该覆盖却未能覆盖的领域，法官才能发挥其创造力。其次，法官对法律适用的解释必须有合理的依据。这不仅仅要建立在成文法律和裁判先例的基础之上，也要与法律原则、法律价值保持一致，还要考虑到所处时代的风俗及相关的社会影响。[3] 最后，法官也要承认，不

---

① 参见武飞《法律解释的难题：服从还是创造——法律方法视角的探讨》，《法学论坛》2005 年第 6 期。

② 参见房文翠主编《法理学》，厦门大学出版社 2012 年版，第 242 页。

③ 参见〔德〕卡尔·拉伦茨《法学方法论》，陈爱娥译，商务印书馆 2003 年版，第 248 页。

是所有法律适用中的问题都可以用法律解释的方法去弥补，对于超出法官权限范围的情况，应当选择其他方式来进行处理。例如，"对于将广泛深远地影响多种不同生活领域的法律问题，只有能获致必要的宏观认识之立法者才适宜答复"。①

关于法律解释的方法，学者们的概括不尽相同。主要包括以下类型：

文义解释。也称文法解释、文理解释、字面解释，即按照法律条文所使用的文字词句、语法结构，对法律条文进行解释的方法。文义解释是最为常见的解释方法，从理论上来说，任何一个法律条文都存在文义解释的问题。一般情况下，法官应当以一般人的理解为限度来解释规范条文。如我国刑法第 263 条规定的持枪抢劫的加重犯情形，此处的"枪"即应以生活中的普通用语为基础进行理解，所指为"真枪"，而非"玩具枪"。对于法律专业术语，则应当按法律专门意义进行解释。如法律上的"善意"，并非指慈善心肠，而是指"不知情"，即不知或非因重大过失而不知，致使某个事件发生。

论理解释。指不拘泥于法律条文的文字，而是斟酌立法者制定此规定时所希望达到的目的，然后以这一或这些目的为指导性原则，依照一定的标准来确定和阐明法律条文的含义。这里"一定的标准"，指的是存在于法律条文之外又与法律条文相关联的一切事实与观念，如法律整体，依据法律条文在法律整体中的地位进行解释，称为"体系解释"；法律效力，依据法律效力位阶较高的法律规范来解释效力位阶较低的法律规范，称为"效力解释"；立法史料，根据法律出台、沿革的背景资料，探求立法者立法时所根据的事实、情势、取向等，来推知立法者的意思，称为"历史解释"；当然公理，法律虽无明文规定，但衡量规范目的，其事实比法律规定更有适用理

---

① 参见〔德〕卡尔·拉伦茨《法学方法论》，陈爱娥译，商务印书馆 2003 年版，第 114、115 页。

由，称为"当然解释"；社会效果，以社会情势变迁、多元利益平衡、社会正义情感追求等为标准进行解释，称为"社会学解释"；法例比较，参照国外立法例或判例学说以辅助对本国法律的解释，称为"比较法解释"。[①] 当然，论理解释还包含其他的解释方法，比如限缩解释、扩大解释等。需要指出的是，前述法律解释的方法有时是综合使用的，在一些有争议、疑难复杂的法律问题上，法官往往需要运用多种解释方法。

（二）漏洞补充方法

法律漏洞，就是没有将法变为法律的现象。[②] 将法变为法律，是人们对法认识或者发现的结果，没有将法变为法律，是人们没有认识或者最终认识法，没有通过立法加以确认。法律漏洞的补充，是对现行法律欠缺的法律规则加以发现、确认的工作，以使法律体系比社会现实更加完善；并且这种完善是相对的，是一个随着社会的发展永续不断的过程。关于法律漏洞的补充方法，有的学者分为制定法内法律补充与制定法外法律补充。制定法内法律补充是在制定法范围内依据规范意旨所为，包括类推适用、目的性限缩、目的性扩张、反对解释等。制定法外法律补充，是因为出现法律漏洞后，无法依制定法内法律补充解决，又不能期待立法及时补救，而由法院根据法律生活的需要、事理、优位之法律伦理性原则进行的造法活动。[③] 在现实生活中，法律漏洞的存在是难免的，甚至是必然的。能动司法要求法官发挥司法能动作用，不是消极地等待立法机关去解决法律漏洞问题，而是积极地运用法律方法去填补法律漏洞，化解法律与现实生活不相适应的问题，进而促进行为正义的实现。

---

① 参见孙笑侠《法的现象与观念——中国法的两仪相对关系》，光明日报出版社2018年版，第198—202页。

② 参见刘士国《法律漏洞及其补充方法》，《人大法律评论》2010年卷，法律出版社2011年版。

③ 参见黄建辉《法律漏洞·类推适用》，蔚理法律出版社1988年版，第77页。

结合相关理论和实践案例，法官可以通过以下几种具体方法弥补法律漏洞。

1. 制定法内的法律补充

（1）类推适用。是指针对某一案件，法律没有直接加以规定，但根据该案的主要特征，其与某一法律规定的情况类似，因而适用规定类似情况的法律。运用类推方法，关键是把握主要特征是否相同，这是一个实质判断问题。鉴于类推适用有违罪刑法定原则和依法行政原则，且在实践中难以准确把握，在刑事司法和行政执法领域，一般是不允许类推的。但也有学者提出，在有利于刑事被告的情形下，可以进行类推。[①]而在民事司法领域，为保证法律适用的公正，维护当事人的合法权益，一般允许类推。例如，古罗马法规定，四足动物的所有人就该四足动物出于其兽性对他人所致损害，负损害赔偿责任。当第一只鸵鸟被作为战利品出现在罗马时，由于鸵鸟也可能相当狂野，于是出现了鸵鸟致人受伤，鸵鸟的主人应否负法律责任的问题。显然，鸵鸟不在古罗马法的该条规则涵盖范围之内。但是，鸵鸟致人受伤，与牛、马等四足动物致人受伤具有高度相似性，故主人也应该负法律责任。此时，运用的就是类推适用的方法。[②]

（2）目的性限缩。指当法定规则依法律的目的应予限制，但法律文本并未包含此等限制时，即应以目的论限缩法对该法定规则附加一定的限制，将特定类型的案件排除出该法定规则的适用范围，其基本原理在于"不同行为应作不同处理"。目的论限缩不同于限缩解释，后者意指法律规定的文义过于广泛，应限缩法条文义的含义，将其局限于核心，属于法律解释方法。目的论限缩则是附加了一项法律规范，属于漏洞补充方法。例如，我国台湾地区"民法"第106条规定：代理人，非经本人之许诺，不得为本人与自己之

---

① 参见杨晓娜《法律类推适用新探》，中国政法大学出版社2013年版，第9、10页。

② 参见孔祥俊《法官如何裁判》，中国法制出版社2017年版，第416页。

法律行为，亦不得既为第三人之代理人，而为本人与第三人之法律行为。设立此规定的目的是让代理人全心全意为被代理人服务，如果允许代理人代理被代理人与自己订立民事法律行为，则根据"经济人"假设，代理人可能会为了谋取自己的利益而损害被代理人的利益。但是当代理人代理被代理人与自己订立民事行为会使被代理人获益时，则应该在允许之列，例如代理被代理人与自己订立不符条件的赠与合同，把自己的名贵手表无条件赠与被代理人。此时就是进行了目的性限缩，因为解释的结果已经损害了民事法律行为一词的文义核心。[①]

（3）目的性扩张。指法律规范的文义未能涵盖某类案件，但是依据立法的目的，该规范应该包含此类情形，因而扩张该规范的范围，将其包含进来。目的论扩张与目的论限缩正好相反，前者是扩张法条的适用范围，后者是限缩法条的适用范围，但两者都以立法意旨、规范目的为判断的出发点。目的性扩张与扩大解释有所区别，即在于是否超越了文义的"射程范围"，如果没有超越文义的射程范围，解释后的含义尚在文义的射程范围之内，则为扩大解释。反之则为目的性扩张。[②] 例如，我国《民法通则》第120条规定，公民的姓名权、肖像权、名誉权、荣誉权受到侵害的，有权要求停止侵害，恢复名誉，消除影响，赔礼道歉，并可以要求赔偿损失。此处的赔偿损失，系赔偿精神损害。司法实践中，陆续出现了侵害公民隐私权、贞操权、配偶权、监护权等案件，为贯彻该条规定的立法目的，同样应当支持当事人的精神损害赔偿请求。[③] 目的性扩张与类推适用亦存在质的差异，类推适用要求争讼案型与法定案型之间有着类似性，而目的性扩张则不以此种类似性为条件，只是争讼案型与法定案型同为法律规范意旨所应涵摄。但在司法事务当

---

① 参见罗思荣、陈永强《民法原理导论》，中国法制出版社2011年版，第193、194页。

② 参见罗思荣、陈永强《民法原理导论》，中国法制出版社2011年版，第195页。

③ 参见梁慧星《民法解释学》，中国政法大学出版社2002年版，第274页。

中，常常存在二者混淆的情形。

（4）反对解释。指对于法律所规定的事项，推导出相反含义的方法。适用反对解释的前提是，法律规范的构成要件在逻辑上属于法律效果的充分必要条件或必要条件。反对解释常常容易被混同于狭义的法律解释，作为法律解释方法的一种，对此应当加以区分：法律解释系为明确法律意义内容而进行，而反对解释则为在明确法律意义内容的基础上，运用"不同事项应作不同处理"的法原则进行了组合判断，即待处理案件的利益状况中，欠缺法律某项规定的最重要利益要素的场合，对该案件作与法律某一规定的处理方法相反的处理。例如我国台湾地区"民法"第 222 条规定，故意或重大过失之责任，不得预先免除。1972 年相关判例据此认定，债务人因欠缺善良管理人之注意而发生的轻过失责任，依"民法"第 222 条之反对解释，非不得由当事人依特约予以免除。①

2. 制定法外的漏洞补充

（1）依习惯补充漏洞。习惯是人们在长期的社会生活中形成的调整社会关系的规则，其中调整重要社会关系的习惯即习惯法。这里的习惯包括交易习惯、行业习惯和地方习惯等。实际上许多法律规范就是来源于习惯法，而那些没有成文化的习惯法即法律之外的法，当然可以成为补充法律漏洞的依据。例如，我国婚姻法中规定可依习俗请求返还彩礼，但是返还多少却没有规定。对此，江苏省泰州市姜堰区人民法院在调研当地习俗、经济状况的基础上依习惯对如何返还彩礼作出了详细的规定，弥补法律中的漏洞。② 法官在依习惯对法律漏洞进行补充时也要注意，习惯不能与社会道德观念、社会主流价值准则相冲突，否则就不是习惯法，不能以此补充法律漏洞。此外，

---

① 参见梁慧星《民法解释学》，中国政法大学出版社 2002 年版，第 272、273 页。
② 参见汤建国、高其才主编《习惯在民事审判中的运用——江苏省姜堰市人民法院的实践》，人民法院出版社 2008 年版，第 14 页。

还要注意不能违背现行法律的强制性规定和任意性规定。目前，依习惯补充法律漏洞已为各国民法所普遍认同，我国民法典在总则部分第 10 条即明确：处理民事纠纷，应当依照法律；法律没有规定的，可以适用习惯，但是不得违背公序良俗。①

（2）依一般条款或者一般规则补充漏洞。一般条款是法律的一般规定，是相对于法律的具体规定而言的。解决法律纠纷时应当以法律的具体规定为依据，没有法律的具体规定时，法官可以考虑依一般条款为依据补充漏洞。比如，在民事审判时，法官就可以依据诚实信用原则、权利滥用禁止原则等一般条款进行漏洞补充。

（3）依法理补充漏洞。即在没有法律和习惯及政策时法官直接将法理规范化以填补法律漏洞。但要注意的是，法理与习惯不同，法理是抽象的价值观点，尚未达到供法官直接适用的程度。因此，依法理补充漏洞要受到严格的限制，这是法官在没有习惯法、法的一般条款可依的情况下的最后的选择。法理又往往存在不同的学说，法官在运用时应予以考量判断，一般情况下应采用通说。

（三）法律推理方法

法官审理案件的过程，是法官通过一定的思维方式将法律实际运用到具体案件的过程，其中，推理是法官经常应用的一种思维方法。我国法律规定法官在审判案件时必须坚持"以事实为根据，以法律为准绳"的原则，法官对每一具体案件的判决或裁定，不可能是简单的断定，而是将案件的法律事实和适用法律规范有机结合，从而得出裁判结论。在这一过程中，法官必须借助推理来论证判决的正当性理由，推理是法官裁判的基本思维方法，司法裁判活动离不开法律推理。然而，由于种种原因，与西方国家相比，在理论

---

① 参见梁慧星《民法解释学》，中国政法大学出版社 2002 年版，第 275 页。

上我国学者们对诸如法律解释、法律论证、法律理由等法律方法与法律思维的基本问题没有给予足够的关注，实践中法律职业者在法律适用时也很少注意适用方法与适用技术、技巧方面的问题。因而，我国法官在司法裁判活动中，不够注重裁判理由的证成，不够重视判决结果的说理，遂而导致一些司法裁判的社会认同度不高。[①] 这种状况的存在，既不利于判决为群众所接受，也不利于法律权威的树立。法律推理是法律适用中的重要方法，法律推理通过证成裁判理由的正当性而保证了裁判结果的公正。对于人民法院来说，能动司法的目的在于实现实体公正与程序公正的统一，追求实质正义的实现。因此，我们要强化法律推理在法官司法裁判活动中的地位，通过法律推理实现司法裁判公正、促进行为正义。

法官将法律推理方法运用到司法裁判活动中去，这体现了法官能动司法的要求。法律推理通过证成裁判理由的正当性来保障裁判结果的公正，摆脱主观任意和偶然随意的弊端，使法律成为捍卫和平和公正的最佳选择。

法官运用法律推理需要做到以下几点：一是法官在作出裁判时要依靠理性而不是依赖经验。理性的思维和分析的手段是逻辑，它要求运用逻辑推理，合乎规律地从一定的根据和理由中得出结论。理性裁判的过程，就是对案件事实进行周密细致的分析，认真思考，对适用的法律规范的理解和说明的过程。法官对案件事实和法律规定进行仔细思考，运用法律推理从案件事实和法律规定中作出裁判的结论。与此相反，依赖经验的判决，往往使法官先入为主，不去认真分析案件事实情况，认真领会和理解法律规定的含义、目的，而是凭个人的感知和体会，甚至从个人的善恶、喜好出发作出裁判。这种判决的结果程度不同地带有法官主观擅断的色彩。而这种没有充分理由和根据的判决很难是公正的。二是法官在司法裁判的过程中要严格保持中

---

① 参见韩登池《法律推理与司法裁判》，《河北法学》2010 年第 7 期。

立。法律推理要求法官将说理中的法条以书面形式明白无误地列出，将论证的过程在裁判文书中展示，即公开裁判理由和法官的心证，明确揭示判决的法律依据和事实依据，清楚地揭示该判决所体现的理性和正义目标以及推理的具体过程。将法官作出判决的思想过程都置于监督之下，从而限制法官的恣意裁判，在裁判过程中严格保持中立，进而保证了法律的安定性。三是法官要以严格的程序性保障当事人的各项诉讼权利。司法裁判中的法律推理要求在当事人参与、理解或认可的情况下展开。法官应当严格遵循特定的诉讼程序，引导当事人按照法定的顺序、方式充分陈述自己的权利主张和事实主张，进行针对性的论辩，并对各项诉讼权利的行使理性作出选择。法官则在此过程中公平地听取各方意见，整理争论点，形成最终判断。

法律推理的方法可以分为两大类：一是形式逻辑方法，即仅在形式上考虑推理的过程和结果是否准确，关注的是推理的"真"范畴；二是辩证逻辑方法，即在价值层面上考虑推理的价值判断的位序和取舍，关注的是推理的"善"范畴。

1. 形式法律推理

所谓形式法律推理，就是根据确认的事实，直接援引相关的法律条文并根据形式逻辑的推理方式，直接得出裁判结论的法律推理。主要包括：

演绎法律推理。是指从一般的法律规定到个别特殊行为的推理，亦即通常所说的司法三段论（大前提、小前提、结论）推理，是最简单、最基本的法律推理形式，也是制定法国家的司法活动中最主要的法律推理形式。在具体应用中，法律规则是大前提，事实证据是小前提，判决裁定是结论。

归纳法律推理。是指从特殊到一般的推理，是从两个或更多的同类特殊命题中获取一般性命题的推理。英美法系的判例法制度就是典型的归纳推理的适用。当法官在没有法律规则作为审判依据时，从一系列以往判决的比较中推导出一般的规则或原则，然后将其用于案件的审判。在判例法国家，法官处理案件时，需要将案件事实与先例事实加以比较，最终决定能否适用。这种推理因为其规则源自个案当中，所以适用面相对较窄。

类比法律推理。是指法律在没有明确规定的情况下，比照相应的法律规定处理案件的推理。类比推理与类推适用有共通之处，不少法学学者将二者等同视之。但严格来说，类推适用乃以类比推理为其逻辑基础，属于漏洞补充方法。类比推理在法律适用过程中的运用模式是：某个规则适用于甲案件，乙案件的案情与甲案件相类似，这时，该规则也就适用于乙案件。进行类比推理需以一定的政策、公平正义为基础，其推导的理由不如演绎推理、归纳推理充分，使用时应当格外慎重。

2. 辩证法律推理

所谓辩证法律推理，亦被称为实质法律推理，指在没有现成的、明确的法律规范的情况下，以法律的目的和基本理念、普遍接受的公平价值理念、社会公共利益等法律之外的因素为大前提而进行的法律推理，有助于克服形式法律推理的僵化缺陷，实现实质正义。司法过程中的实质推理一般产生于以下情况：一是对案件的事实及其法律后果没有规定或法律本身出现矛盾，且对如何处理此案存在不同的甚至相互矛盾的理由；二是法律虽有规定，但规定是模糊的、原则性的，以致可以根据规定提出两种或多种不同但论证充分的处理理由，需要法官从中加以判断；三是法律虽有规定，但是有新的情况出现，适用这一规定明显不合理，出现合法和合理的冲突。辩证推理是对法律规定和案件事实的实质内容进行价值评价的推理，很多时候是要在冲突利益中抉择，通过价值的评判来体现法律精神、化解纠纷、实现公正，法官进行辩证推理并不意味着可以随心所欲或恣意司法，必须通过有效的制度建设强化监督，以防权力的滥用。①

---

① 参见周萍、蒙柳主编《法理学》，武汉大学出版社 2016 年版，第 215、216 页；肖光辉《法理学专题研究》，上海社会科学院出版社 2016 年版，第 249、250 页。

第五章

能动司法方式与社会正义

从司法权自身特点来看，它确实具有被动性的特质，但是，这种被动性更多地表现为司法某个环节的程序性要求，而不是司法的整体价值取向。就司法的整体价值取向而言，能动性是主要方面，被动性是次要方面。因此，能动性是现代司法的基本特征和运作规律，① 也是维护和实现社会正义的有效手段。正因为如此，加强对能动司法方式的研究是一项基础性工作，是人民法院能动发挥司法审判职能更为具体、更为关键的环节，理应引起足够的重视。

一 调查走访发现实质正义

发现实质正义是司法的首要目标。"司法活动具有特殊的性质和规律，司法权是对案件事实和法律的判断权和裁决权，要求司法人员具有相应的实践经历和社会阅历，具有良好的法律专业素养和司法职业操守。"② 中共十八届四中全会通过的决定把"事实认定符合客观真相、办案结果符合实体公正"③ 作为推进严格司法的基本要求，这就鲜明地突出了通过司法实现实质正义的重大价值意义。司法现代化的历史实践证明，司法活动不仅遵循形式上正确合理的程序，注重形式正义的实现，从而使人的行为及后果具有可预

---

① 参见江必新《能动司法：依据、空间和限度》，《光明日报》2010 年 2 月 4 日。

② 参见习近平《论坚持全面依法治国》，中央文献出版社 2020 年版，第 61 页。

③ 参见《中共中央关于全面推进依法治国若干重大问题的决定》，人民出版社 2014 年版，第 23 页。

测性，而且强调对价值准则的阐释、维护和实现，诸如正义、平等、自由、安全、利益等，从而致力于追求实质正义。司法的实质正义通过司法的形式正义表现出来，但司法的形式正义必须以司法的实质正义为其存在的根据和前提，因而司法的实质正义对于形式正义具有优先性。① 在司法实践中，有的法官片面强调法律真实与程序公正，简单地"坐堂问案"，单纯依赖证据规则探寻法律事实，不去深入实际了解案件的情况，不去认真听取基层群众的意见建议，不去合理干预诉讼的进程，使司法活动脱离社会和民众的期待，导致虽然裁判结果在法律上说得过去，但老百姓却不理解、不认同、不接受。正是因为单纯"坐堂问案"的消极司法方式的存在，"调查走访"等能动司法方式才日益显现出其重要性。在当代中国转型与变革时期，涉及公平正义的矛盾和问题日益增多，司法维护社会公平正义的任务更加具有重要性、紧迫性和复杂性。

在我国，事实认定是法官处理案件的基础，如何准确发现事实就成为我国法官的重要任务之一。实际上在诉讼的过程中，大量的争议主要集中在案件事实问题上，而法院无论是以判决还是调解方式来解决纠纷，都需要搞清楚案件的基本事实。② 当事人一般为案件的亲历者，对于纠纷发生的前因后果、来龙去脉最清楚，并且往往也掌握着有关案件的事实证据。比如，在民事诉讼中，法律要求当事人对所主张的事实承担提供证据的责任。但是在实际纠纷中，当事人掌握充分证据仅是民事纠纷的少数情形。在有的案件中，当事人所掌握的或者收集到的只是部分证据，不足以证明所主张的事实为真，也不能说明主张的事实为假；在有的案件中，甚至双方当事人都无法提供证据来证明自己的主张；在有的案件中，即便是当事人提供了证据，法

---

① 参见公丕祥《当代中国能动司法的意义分析》，《江苏社会科学》2010 年第 5 期。
② 参见李浩《能动司法视野下的乡土社会的审判方法——陈燕萍办案方法解读》，《当代法学》2010 年第 5 期。

院也需要通过调查取证来核实当事人的证据。因此，在这些案件中，人民法院的调查取证对于查明案件事实至关重要。党在新民主主义革命时期创造的"马锡五审判方式"[①] 司法价值意义在于，通过深入群众，调查研究，查明案件事实真相，而不是"坐堂问案"。这种司法审判方式既坚持依法办事，又实事求是，便民司法，公正司法，切实维护广大人民群众的合法权益。因之，要大力弘扬现时代的"马锡五审判方式"，坚持走群众路线，深入扎实地做好司法活动中的群众工作。

阻碍案件事实发现的因素有很多，大体来看主要体现在以下几个方面。首先是主体认识能力的不足。面对纷繁复杂的案件事实，法官判断其真伪有时只能依靠自身的认识能力。另外，当事人和证人对案件事实的回忆也同样受到认识能力的限制。由于这一系列活动带有强烈的主观认知色彩，主体的认识能力状况直接影响到案件事实的发现。我国台湾学者李学灯曾说过："人性固然有情绪或其他的弱点，同时人的能力也有一定的限制。任何人的观察都可能发生偏差，在心理学上已经成为公认的事实。人类之记忆，每与时俱逝。时间越久，记忆越淡。……就是通常有陈述能力的人，其陈述可能有所欠缺，陈述纵无欠缺，语义是否确实，有无误解，亦可能发生问题。"[②] 其次，主观判断立场不同而产生事实取舍。诉讼过程当中，不同的诉讼主体基于不同的诉讼目的，往往不可避免突出或淡化某些事实信息，从而在法官最终认定的"事实图景"上融入对己有利的因素。以刑事诉讼为例，公诉人的诉讼目的是努力促使法官判决被告人有罪，被告人的诉讼目的是努力说服法官自己无罪，他们会分别选择有利于或不利于认定被告人有罪的事实呈现给法官，进而导

---

① 参见习近平《坚定不移走中国特色社会主义法治道路　为全面建设社会主义现代化国家提供有力法治保障》（2020 年 11 月 16 日），《求是》2021 年第 5 期。

② 李学灯：《证据法比较研究》，台北五南图书出版公司 1998 年版，第 89 页。

致出现多种不同版本的"案件事实"。[①] 再次，证明程序以及证据规则
本身的确定性也会影响案件事实的发现。比如，我国民事诉讼法规定，
当事人向法院提供书证、物证，应当提供原件。在最高人民法院的司法
解释中进一步规定，一方当事人仅提供书证的复制件或者物证的复制件
而没有提供原件的，如果对方当事人对该证据材料不予认可，而法院也
无法核对该复制件的，则该证据材料不被法院采纳。这种程序上的限制
导致在一些案件处理过程中，由于关键证据不能被采纳，案件事实真相
无法被发现。最后，诉讼法本身也对案件事实真实性的发现加以一定的
限制。案件事实真实性发现是诉讼法的一个重要目标，但却不是唯一的
目标，在一定范围内也要为其他价值让步这样的情况在辩论主义原则上
表现尤甚。另外，即使在适用"依职权调查原则"的诉讼程序中，由于
法律规定了一些特殊地位的人拒绝作证权，以及以某些违反法律规定的
方式取得的证据不能进入程序中而被禁用，还有超过举证时限导致提交
的证据原则上不被采纳等等，这些特别规定都并不是以发现案件事实为
唯一的价值目标。

　　虽然各种限制使得案件事实真实性的发现具有相对性，但是基于能动司
法的要求，在案件审理活动中，法官必须调查走访，最大限度地发现案件事
实真相。调查走访，就是通过勘验现场、深入走访等方式，查找案件真实情
况，努力使法律真实最大限度地接近客观真实；就是主动依职权调查取证，
帮助和指导诉讼能力较弱的当事人，平衡当事人的诉讼能力；就是从群众中
了解社情民意，寻求化解矛盾、案结事了的智慧，努力使裁判达致群众认可
和信服的公正；就是积极寻求基层组织的帮助，形成化解纠纷的合力，促进
纠纷的有效解决。

---

① 侯学勇等：《中国司法语境中的法律修辞问题研究》，山东人民出版社 2017 年版，第
118—119 页。

从法治实践的角度来看，我国法院调查取证制度虽历经变化，但始终未被完全弃置。梳理分析民事诉讼中法院调查取证制度的演进过程，可以总结为以下七个阶段：第一阶段，新中国成立以前，存在着以吴经熊为象征的西化法律传统和以马锡五为象征的乡土法律传统，后者的第一特点便是深入调查，即证据的收集和提出可以由裁判者完成，实质上是职权探知主义的观点。第二阶段，新中国成立后直到改革开放初期，民事审判中继续奉行"马锡五审判方式"的精华和职权探知主义原则，如1982年《中华人民共和国民事诉讼法（试行）》第56条第2款规定，"人民法院应当按照法定程序，全面地、客观地收集和调查证据"。第三阶段，1991年第一部民事诉讼法对职权探知主义原则进行了大幅度修改，强化了当事人对证据的处分权而弱化了法院主动依职权调查取证，其第64条规定，"当事人及其诉讼代理人因客观原因不能自行收集的证据，或者人民法院认为审理案件需要的证据，人民法院应当调查收集"，并将"全面地、客观地收集和调查证据"改为"全面地、客观地审查核实证据"。第四阶段，1992年最高人民法院《关于适用〈中华人民共和国民事诉讼法〉若干问题的意见》第73条详细规定了依照民事诉讼法第64条，由人民法院负责调查收集的四种证据，包括：当事人及其诉讼代理人因客观原因不能自行收集的；人民法院认为需要鉴定、勘验的；当事人提供的证据互相有矛盾、无法认定的；人民法院认为应当由自己收集的其他证据。第五阶段，1998年最高人民法院《关于民事经济审判方式改革问题的若干规定》中进一步细化了上述四种证据情形。第六阶段，2001年《最高人民法院关于民事诉讼证据的若干规定》用17个条文规定了人民法院调查取证，其中第17条规定了法院认为审理案件需要的证据即法院主动调取的证据，包括涉及可能有损国家利益、社会公共利益或者他人合法权益的事实，涉及依职权追加当事人、中止诉讼、终结诉讼、回避等与实体争议无关的程序事项，并规定除这两种情形外，人民法院调查收集证据，应当依当事人的申请进行,进一步缩小了法院主动调查取证的范围。[1] 第七阶段,2007年、2012年、2017年修订的民事诉讼法,均未针对2001年《最高人民法院关于民事诉讼证据的若干规定》的法院调查取证制度改革作出相应的修正和认可。2015年《最高人民法院关于适用〈中华人民共和国民事诉讼法〉的解释》第94条、第96条分别对当事人因客观原因不能自行收集的证据、人民法院认为审理案件需要的证据进行了明确,其中人民法院认为审理案件需要的证据包括"涉及可能损害国家利益、社会公共利益的;涉及身份关系的;涉及民事诉讼法第五十五条规定诉讼的;当事人有恶意串通损害他人合法权益可能的;涉及依职权追加当事人、中止诉讼、终结诉讼、回避等程序性事项的"五种情形,其他情况下人民法院调查收集证据,应当依照当事人的申请进行。从前述民事诉讼调查取证制度的沿革来看,立法上虽然越来越鼓励当事人主动参与案件事实查明工作,但对法院依职权调查依然持相对开放的态度。最高人民法院在司法解释中对法院依职权调查呈现出摇摆和反复状态,2001年直接取消了"人民法院认为需要自行调查收集的其他证据"这一具有兜底性质的条款,使得法院依职权调查的范围仅限于两种特定情形;而在2015年又将依职权调查的范围拓展为五种情形。按照学者的分析,主要原因在于"以往理论和实务界的主流观点是主张限制法院的调查取证权的话,那么情形已经发生了变化,有学者撰文严厉批评当下民事诉讼中存在的审判权的缺位和失范现象"。[2] 无论如何,在当下的法治建设背景下,法院依职权调查仍然属于当事人自行收集和提供证据、法院依申请调查收集证据之外的一项重要补充制度,要求法院审慎地运用这一调查职权有其合理性,但调查绝不能超过必要的限度。

---

[1] 参见周健宇《论民事诉讼中法院调查取证制度之完善——基于实证分析和比较法的考察》,《证据科学》2014年第5期。

[2] 参见李浩《回归民事诉讼法——法院依职权调查取证的再改革》,《法学家》2011年第3期。

二　柔性司法优化制度正义

柔性司法是司法和合主义的一种典型司法方式。司法和合主义认为，司法必须在依法治国的前提下，在法律的框架内，以公平正义为首要价值取向，强调司法的对应性、相容性、辩证性、和谐性。柔性司法机制要求法官在法律规则空间内，根据具体案件的要求，充分考虑涉诉纠纷形成的特殊背景，针对不同情况、不同对象合理适度地采取司法措施，最终促成纠纷的解决。[①] 当前，我国正处在经济社会发展的转型时期，各类经济和社会关系处于激烈的变动之中，法律不可能解决现实社会的所有问题。这就要求人民法院在解决纠纷的过程中，应当保持司法的适度弹性，不能简单套用法律条文，而是要强调法律与情理的互动，重视当事人利益的衡平，追求法律效果与社会效果相统一。[②] 建立健全柔性司法机制，实现司法审判效果的最优化，这对于实现制度正义有着重要作用。柔性司法机制主要包括：政策考量机制、利益衡平机制、调判结合机制、情法并用机制。

（一）政策考量

政策就是国家政权机关、政党组织和其他社会政治集团为了实现自己所代表的阶级、阶层的利益与意志，以权威形式标准化地规定在一定的历史时期内，应该达到的奋斗目标、遵循的行动原则、完成的明确任务、实行的工作方式、采取的一般步骤和具体措施。[③] 政策和法律都是国家进行社会治理的重要工具，在社会调控上具有同样的功能。但是，法律具有规范性、稳定性与滞后性特征，而政策具有指导性、灵活性与多变性特点。司法不可能

[①]　参见蒋剑鸣《转型社会的司法方法调整——关于司法和合主义的展开：柔性、本位、平行》，《社会科学》2007 年第 4 期。

[②]　参见公丕祥《坚持司法能动　依法服务大局——对江苏法院金融危机司法应对工作的初步总结与思考》，《法律适用》2009 年第 11 期。

[③]　参见张文显主编《法理学》，高等教育出版社 2018 年版，第 373 页。

脱离政治，也不可能独立于政治，脱离和独立于政治的司法本身乃是一种没有现实根基的政治主张。① 相对于单纯的法律判断而言，政策考量往往考虑更多的价值判断，比如社会效果、政治稳定、经济发展环境、社会舆论环境等。当代中国改革开放以来的司法实践也充分表明，"社会效果"的含义往往是随着公共政策的变革而变更，最高人民法院对司法裁判提出的"社会效果"的要求，实际上就是在落实不同时期的公共政策。② 因此，法官在适用法律的过程中，必须自觉地融入政策考量，通过平衡法的安定性与社会变迁性之间的关系，使裁判结果更加符合社会现实，增强司法裁判的社会认可度，进而实现社会正义。这亦是为党和国家工作大局服务、为经济社会发展服务的具体体现，是能动司法的必然要求。

司法裁判的法律效果与社会效果相统一，是中国特色社会主义司法制度的内在要求。我们认为，在司法的过程中落实公共政策，有利于使司法裁判得到人民群众的广泛支持，从而顺利地实现法律对社会关系的调控。当下中国正处于社会变革与转型的关键时期，法的安定性和社会变迁性之间存在难以消解的矛盾，机械套用法律条文，必然导致裁判结果虽然在法律上说得过去，但是老百姓却不理解、不认同、不接受。人民法院必须正确处理好依法司法和执行政策的关系，在适用法律的过程中，自觉融入政策考量，通过平衡法的安定性与社会变迁性之间的关系，使法律适用更加适应经济社会发展的客观需要。裁判中的政策考量体现在很多方面，大体上可以将其归纳为基于平衡、权宜、效果、导向和历史等因素进行的政策考量。③

（1）基于平衡的政策考量（亦称基于公平或正义的政策考量）。公平正

---

① 参见〔美〕理查德·波斯纳《法官如何思考》，苏力译，北京大学出版社2008年版，第77页。
② 参见宋亚辉《公共政策如何进入裁判过程——以最高人民法院的司法解释为例》，《法商研究》2009年第6期。
③ 参见孔祥俊《法官如何裁判》，中国法制出版社2017年版，第16—21页。

义是法律和司法的宿命或者根本追求。如果严格的法律推理或者法律适用会导致明显的不公平，或者不能从根本上实现正义，就可以以公平的方式改变常规的法律适用路线，采取更符合公平正义要求的裁判选项。

（2）基于权宜或者效果的政策考量。在特殊的时空条件下，法律的适用具有权宜性，即为适应特殊的需要或者实现特殊的目的，在特定的时期或者条件下变通常规的法律适用，这种权宜往往都是为了追求更好的法律适用效果。

（3）基于政策导向的政策考量。国家政策是裁判中的重要考量因素，而在裁判中引入国家政策的考量本身，又使国家政策具体化为司法政策，形成了裁判的政策导向性。

（4）基于历史等因素的政策考量。对于一些具有复杂历史因素的纠纷案件，脱离历史就不能公平裁判，需要法院根据历史和现状，进行公平合理的裁量。

政策考量是对法律逻辑标准的弥补或者辅助，归根结底是为了在特殊背景下追求更大的公平。[①] 在案件审理过程中，法官要考虑纠纷形成的背景因素，正确解读现行政策精神和法律原则，慎重把握裁判尺度。例如，法官在审理刑事案件时，要坚持"严打"方针，依法加大对严重暴力犯罪、多发性侵财犯罪、黑恶势力犯罪、涉众型经济犯罪的惩治力度，切实保障人民群众的生命财产安全，维护社会主义市场经济秩序。正确贯彻"宽严相济"的刑事政策，对具有法定从轻、减轻处罚情节的要充分考虑，体现立法精神；对于具有酌定从轻处罚情节的，也要体现政策要求，尤其要注意把进城、返乡农民因生活困难、一时糊涂而实施情节较轻犯罪的初犯、偶犯与严重危害社会治安的犯罪分子区别对待。应当严格区分罪与非罪界限，把握好生产经

---

① 参见孔祥俊《法官如何裁判》，中国法制出版社 2017 年版，第 15 页。

营中民事纠纷和刑事犯罪的界限，尤其是资金链断裂导致的债务纠纷与诈骗犯罪的界限。对事实、证据存在争议，法律界限不清楚的案件，对相关责任人是否定罪判刑，要从有利于恢复生产、企业的长远发展，促进经济增长等因素全面考量、慎重处理。再如，现阶段的一些就业、教育、医疗、保险、拆迁、征地等民生案件，当事人维权方式往往较为激烈，利益协调衡量的难度很大。人民法官在处理这类案件时，一定要坚持适用法律与国家保障民生、改善民生的各项政策相协调、相一致，最大限度地维护社会公平正义，保障群众的合法权益。应当注意的是，政策考量并非法律适用的常态，在实践中必须确定其适用范围、适用条件和适用程序。在特殊案件的处理中，法官必须深入分析政策考量的必要性，科学选择政策依据，仔细甄别相关因素并作出合理选择，裁判过程和结果均以不违反法律为限度。

（二）利益衡平

作为解决纠纷的法律制度，其运作的主要机理即是对不同的权益主体之间的利益冲突作出合理的安排，使各种利益和谐兼容于同一个社会结构中，实现对纠纷的有效治理。[①] 利益衡平是能动司法的一种重要方式。法律调整的主要是社会利益关系，也正是因为不同社会主体存在利益上的矛盾和冲突，法律的调整才变得重要。基于现实主义的立场，有论者认为："消灭冲突并非制度的目标，利益间的衡平才是制度真正的目标。"[②] 如果这一观点成立，那么也就意味着法律适用的过程实际上就是法官对利益进行衡平的过程。诉讼案件中体现的利益往往是多元的，其中有需要摒弃的部分，有需要兼顾的部分，也有需要优先考虑的部分。人民法官在处理纠纷的过程中必须正确把握社会主体之间的利益冲突，进而从法律理念、法律价

[①] 参见徐清宇、周永军《能动司法之方法论——以司法机关参与创制社会政策为视角》，载马荣主编《审判研究》第二辑，法律出版社 2010 年版。

[②] 参见吴清旺、贺丹青《利益衡平的法学本质》，《法学论坛》2006 年第 1 期。

值、法律原则、政策导向等角度出发，认真进行价值判断，正确适用推理方法，综合考量诉讼各方面利益关系，针对不同情况、不同对象采取不同的措施，从而达到最佳的利益衡平结果，有效地解决社会矛盾纠纷。[1]

当代中国的社会转型带来了利益结构的变化，多元化社会主体之间的利益失衡现象频仍，从而产生了新的社会矛盾和社会冲突。因此，利益失衡也就成为当今社会矛盾的重要根源所在。从这个意义上讲，法官依法调节各类经济和社会关系、化解经济和社会矛盾的过程，也就是通过司法活动实现利益衡平的过程。比如，当前劳动争议案件大量出现，法院在审理此类案件时就要衡平好促进企业稳定发展和维护职工合法权益的关系。要区分企业恶意裁员减薪与企业确因经营困难裁员的不同情形，合理确定企业应当承担的责任。在环境污染侵权案件中，也存在着保护生态环境、维护企业合法权益、促进地方经济发展等诸多诉求，法官在审理相关案件时，也要妥善协调平衡好相关利益关系。需要关注的是，利益衡量在适用上有其具体的实施前提，并非所有的案件都要运用利益衡量。对于法律规定明确、具体的利益冲突，法官直接适用有关规定即可得出法律结论。例如破产法对于企业破产财产的清偿顺序已进行了明确，法官此时只需要严格执行法律即可。只有在法律出现漏洞、含义模糊及过时的情况下，当事人之间相互冲突的利益主张在法律上均具有价值，法律对彼此的位阶高低又未作规定时，利益衡量才真正得以适用。

（三）调判结合

调解是指在人民法院、人民调解委员会或其他有关组织和人员的主持下，当事人就解决相互之间的争议自愿进行协商并达成一致协议的一种纠纷解决方式。调解制度是中国独创的、具有深厚中国文化传统的一种化解矛

---

[1]　参见江苏省高级人民法院司法改革办公室《能动司法制度构建初探》，《法律适用》2010年第 z1 期。

盾、消除纷争的形式。中国文化崇尚和解，"和为贵""息诉""论则凶"等观念深入人心。正因为如此，调解作为一种纠纷解决方式，已经被实践了数千年，并被国际称为"东方经验""东方一枝花"。[①] 近年来，调解不仅重新受到国人的重视，而且作为当代 ADR（替代性或非诉讼纠纷解决方式）中最重要的形式，越来越为世界各国所推崇。[②] 在我国，根据调解主体的不同，调解可以分为人民调解、行政调解、司法调解等等。无论是何种调解，都为当事人提供了司法判决以外的其他纠纷解决方式。这样，一方面使一些社会矛盾纠纷能够尽快得到化解，减轻当事人的讼累，节约司法资源；另一方面，也使相当多的纠纷通过和谐的方式得到化解，有利于缓和当事人之间的矛盾，维护社会的和谐稳定。

判决和调解之间存在着一种长期的制度互补又相互竞争的关系。[③] 就现实而言，判决一般更适合陌生人之间的纠纷，而调解更适用于熟人之间的纠纷。当代中国仍有 40% 的人口生活在农村。[④] 面对这样的社会现实，从国内外的研究及实践来看，对于矛盾纠纷的解决，调解往往比判决效果更好。即使在一些小城镇，乃至在大城市的一些居民社区，也存在着长期稳定的熟人关系，同样对调解有着现实的需求。[⑤]

2010 年 8 月，第十一届全国人民代表大会常务委员会第十六次会议总结新中国成立以来人民调解工作的经验，审议通过了《中华人民共和国人民调解法》，全面确立了我国的人民调解制度。2010 年 6 月 7 日，最高人民法院发布了《关于进一步贯彻"调解优先、调判结合"工作原则的若干意见》。

---

① 参见黄萍《"大调解"工作体系的法理解读》，《法学杂志》2010 年第 12 期。
② 参见范愉《客观、全面地认识和对待调解》，《河北学刊》2006 年第 6 期。
③ 参见苏力《关于能动司法与大调解》，《中国法学》2010 年第 1 期。
④ 根据国家统计局发布的《中华人民共和国 2019 年国民经济和社会发展统计公报》，截至 2019 年末，中国城镇常住人口已达 8.48 亿人，城镇化率为 60.60%。
⑤ 参见苏力《家族的地理构成》，载氏著《制度是如何形成的》，北京大学出版社 2007 年版。

这是最高人民法院根据新形势、新任务的需要，在法律允许的范围内作出的贯彻"调解优先、调判结合"工作原则的新规定，是对人民法院调解制度中行之有效做法的继承和新的发展。2009 年 7 月 28 日召开的全国法院调解工作经验交流会上指出，"调解是高质量审判，是高效益审判，调解能力是高水平司法能力"，"把调解作为案件的首要结案方式"，"打牢调解优先理念的思想基础"。① 2012 年，我国民事诉讼法在修订当中，新增了第 122 条，即：当事人起诉到人民法院的民事纠纷，适宜调解的，先行调解，但当事人拒绝调解的除外。该条首次通过立法的方式，对先行调解制度作出明确规定，为调解制度的适用和完善进一步拓展了空间。

中共十八大以来，习近平多次强调，要建立健全诉讼与非诉讼相结合的多元纠纷解决机制，把非诉讼纠纷解决机制挺在前面，加大有效解决纠纷的工作力度。"我国国情决定了我们不能成为'诉讼大国'。我国有 14 亿人口，大大小小的事都要打官司，那必然不堪重负! 要推动更多法治力量向引导和疏导端用力，完善预防性法律制度，坚持和发展新时代'枫桥经验'，完善社会矛盾纠纷多元预防调处化解综合机制，更加重视基层基础工作。"② 最高人民法院相继出台《关于人民法院特邀调解的规定》《关于开展律师调解试点工作的意见》《关于进一步完善委派调解机制的指导意见》等文件，推动调解工作不断走向纵深。

在强调能动司法和大调解的形势下，法官不仅仅在审判实践的过程中要加大司法调解的力度，在其他调解方式中也要发挥积极的指导作用。但是，强调法官在处理案件中加大调解的工作力度并不是要用调解来取代判决。法

---

① 参见袁祥《民生问题引发矛盾纠纷大增，群体性热点敏感事件频发，最高法院强调把调解作为首要方式》，《光明日报》2009 年 7 月 29 日。

② 参见习近平《坚定不移走中国特色社会主义法治道路　为全面建设社会主义现代化国家提供有力法治保障》(2020 年 11 月 16 日)，《求是》2021 年第 5 期。

官在处理案件的过程中也要注意保持能动与消极、调解和判决的平衡。"坚持能动司法，仍然需要强调法院的解决纠纷的基本功能，坚持司法、审判的固有意义，突出法院的本来价值。"[①] 判决依然是法院的重要工作，必须始终予以高度重视，并不是所有的纠纷都能够或者适合通过调解来解决。例如，在物业纠纷领域，运用调解方式往往形成"各打五十大板""和稀泥"的局面，让业主看到不交或者迟交物业费，就可以少交物业费，继而争相效仿，产生调解的"负外部性"。所以，法官在使用调解方式来处理案件时必须考虑其所依赖的社会条件，以及可能带来的社会收益，绝不能"一刀切"地以调解代替判决。另外，个人因素在能动司法和调解中也起着重要的作用，不仅要强调法官的专业化和知识化，也要注重法官的调解素质和能力。如果不具备高素质的调解能力，仅仅是一般地强调重视调解也不一定能达到期望的效果。

（四）情法并用

所谓"情理"，通常是指人情事理，它产生于民众，是民众道德、情感的集中体现。在纠纷发生以后，民众往往首先凭借情理进行是非判断，符合情理，他们就会认为理所当然；如果违反情理，他们就会认为不当。情理与法律存在着对立统一关系。情理是法律的重要基础，无视情理的法律必然缺乏正当性。法律则是情理的体系化和规范化，法律的大多数条文都直接或间接反映了情理。霍姆斯认为，法律是对人类生存状况的深情关注，法律史也就是人类道德的演进史。法律深植于人类的心性之中，法律的最大正当性，在于其与人类最深沉天性之契合无间。[②] 法律应当以情理为其存在和发展的

---

① 参见高其才《能动司法视野下人民法院社会管理创新思考》，《广西政法管理干部学院学报》2010 年第 6 期。

② 参见〔美〕奥利弗·温德尔·霍姆斯《法律之道》，许章润译，《环球法律评论》2001 年第 3 期。

基础，其内容和价值追求要尽可能地体现情理的要求，将情理融于法的价值之中。法律进化、完善的过程，其实也是法律更加合乎情理的过程。因此，从本质上看，合法性与合理性是内在统一的。

我国自古以来十分重视"情理"，古代法官断案讲究"情法两尽""情罪相符""事理切合"。在中国传统文化中，正义观念与西方国家基于自然权利、人类理性的正义观念是大相径庭的，它是以人情为基础的、以伦理为本位的正义观。[1] 在解决纠纷过程中，民众最关心的往往不是法律是如何规定的，而是在情理上如何评判。基于此，古代中国法律实际上也掺杂了大量情理、道德层面的要求。这种状况一直延续至今，在当代中国，情理在规范社会生活方面仍然发挥着不可替代的重要作用。对普通老百姓而言，当法律和情理一致时，他们守法的主动性、积极性就高。对于法院裁判案件，他们也更多地关注情理的因素，关心裁判有没有符合他们认定的某种情理。如果司法裁判仅仅为了追求合法而忽略了情理，就有可能把当事人之间的矛盾转化成为当事人和法院之间的矛盾。[2] 在推进全面依法治国、建设社会主义法治国家的时代背景下，司法机关必须坚持依法司法、公正司法，但如果案件的处理违背情理，司法效果就会大打折扣。近年来，有的案件在实体和程序上严格适用了法律规定，但由于没有充分考虑情理因素，裁判结果未能得到公众的认可，甚至在个别案件的处理上还引起了社会的广泛质疑，损害了司法的社会公信力。我们认为，法律优先不应当成为司法审判拒绝融入情理的正当理由。法官要充分关注情理的因素，在不与现行法律冲突的条件下，将一般的道德原则、普遍的是非标准、善良的民俗习惯以及人情关系中的合理因

---

[1] 参见赵旭东《乡土社会的"正义观"——一个初步的理论分析》，载王铭铭、王斯福主编《乡土社会的秩序、公正与权威》，中国政法大学出版社 1997 年版，第 178 页。

[2] 参见温刚、童玉海《法官能动司法之法理思辨——以规则之治局限性的克服为视角》，《山东审判》2008 年第 3 期。

素引入司法审判过程，使司法过程与结果更加符合人民群众的期待。①

法官解决社会矛盾，"不应仅仅停留于对纠纷是非的法律判定，也应注重主体间冲突的真正化解，特别是注重当事人对抗情绪的消融"。② 这就是说，法官应当在依法司法的前提下，根据案件具体情况，因人而异、因时而异、因地而异，结合情理法等各种因素对案件作出恰当的裁判。有学者指出，情理中所体现出来的对每个诉讼当事人的具体情况予以细致的考虑和尽可能的照顾之思想，其出发点是使人与人之间的整体关系保持和谐，但客观上也在一定程度上促进了个别正义、实质正义的实现，使司法极具能动性。③ 在具体案件中利用情理地方性知识，采取当事人容易接受的语言与行为进行说服，甚至用非正式的方式操作法定制度，变法为理，把审判的合法性转化为道德上的合理性，使司法裁判的正当性获得当事人和社会的承认，提升司法的公信力。正如习近平所强调的，"法律不应该是冷冰冰的，司法工作也是做群众工作。一纸判决，或许能够给当事人正义，却不一定能解开当事人的'心结'，'心结'没有解开，案件也就没有真正了结"。④ 因此，要坚持以法为据、以理服人、以情感人，既要义正词严讲清"法理"，又要循循善诱讲明"事理"，感同身受讲透"情理"，让当事人胜败皆明、心服口服。法官在办案过程中，要善于引情理至法中，以情理补法缺，充分发挥司法裁判与社会道德取向的双向引导作用，在审判程序、审判场所、审判方式、审判用语、案件执行等各个司法环节，注重情理的司法运用，以人民群众信得过、听得懂的方式，彰显司法的人性化与亲和力，促使当事人接受适用情理作出的

① 参见公丕祥《能动司法与社会公信：人民法官司法方式的时代选择——"陈燕萍工作法"的理论思考》，《法律适用》2010年第4期。
② 参见顾培东《构建和谐社会背景下的纠纷解决之道》，载徐昕主编《纠纷解决与社会和谐》，法律出版社2006年版，第12页。
③ 参见左为民、周长军《变迁与改革：法院制度现代化研究》，法律出版社2000年版，第165页。
④ 习近平：《论坚持全面依法治国》，中央文献出版社2020年版，第23页。

司法裁判，增强人民群众对司法审判工作的信任，最终实现情理与法律的统一、司法的法律效果与社会效果的统一，达致促进社会正义的价值目标。

三　适度干预维护程序正义

为维护司法公正，法官在司法活动中必须保持中立，不偏不倚，居间裁判。对于这一点，没有疑问。但是，有的人片面强调法官的中立，将中立理解为法官的消极不作为，这是失之偏颇的。我们认为，为实现程序正义，法官在恪守中立的前提下，应当对当事人的诉讼活动进行必要的指导，以平衡当事人的诉讼能力，促进当事人正确行使诉讼权利、承担诉讼义务。

其一，在立案、审理和执行的过程中，法官要对当事人就有关程序事项作出说明，引导其诚实有序地进行诉讼。

在诉讼程序中法官进行能动干预首先就表现为在审理案件的过程中，对有关程序事项作出说明。在现有法律中已经规定了人民法官对部分程序事项要进行说明。比如我国民事诉讼法第 124 条规定，对不属于本院管辖的案件，法院应当告知原告向有管辖权的法院起诉；第 126 条规定，在开庭审理之前，法官应当告知当事人有关的诉讼权利和义务；第 148 条规定，一审判决作出后，应当告知当事人上诉权利、上诉期限和上诉的法院等等。由此可以看出，在诉讼过程中对于程序事项的说明实际上是法官的一项法定义务。[①] 即对于法律有明文规定的程序事项，法官应当向当事人进行告知。一方面，法律是保护弱者的武器，在诉讼过程中法官的地位明显高于当事人，为了保护当事人的合法利益，规定法官相应的告知义务，可以减少法官和当事人之间的不平等。另一方面，我国法官法第三条也规定，法官必须忠实执行宪法和法律，维护社会公平正义，全心全意为人民服务。法官应当为案件

---

① 参见焦盛荣《论法官的告知义务——以民事诉讼法为例》，《兰州大学学报》（社会科学版）2006 年第 1 期。

当事人提供司法服务，对程序事项的告知就是为人民服务的一项具体体现。

在诉讼过程中，法官对当事人就有关程序事项进行说明，对于诉讼价值目标的实现具有重要意义。首先，有利于保障当事人的合法权益。权利的行使是以知道为前提，在不知道自己享有哪些权利的情况下，就谈不上维护自己的合法权益。法官在诉讼过程中对程序事项进行告知，当事人就可以采取适当的诉讼行为，最大限度地维护自己的合法权益。其次，有利于平衡当事人的诉讼地位。通过发问、告知等方式，对当事人进行合理、必要的释明，启发当事人将其主张陈述完整清楚，提出应有证据，可以弥补当事人在程序上的缺陷，消除当事人诉讼能力差异所导致的诉讼地位不平等，使双方当事人都能够充分准确地表达自己的主张，并对对方的主张进行有效的反驳和抗辩。① 再次，有利于诉讼的顺利进行。诉讼是由一系列活动组成的有序过程，当事人只有了解这一过程才能和法官进行配合，主动行使权利履行义务，减少庭审过程中的摩擦和冲突，保障诉讼的顺利进行。最后，有利于减少诉讼成本。法官对程序事项的告知，使当事人对于诉讼程序更为了解，可以减少不必要的诉讼行为。例如，当事人经释明后未能积极、合理地行使权利，将产生失权的法律后果，可以保证法官高效地控制审判节奏，及时依法作出裁判，降低相应的诉讼成本。

在法律有明文规定的情况下，对程序事项进行说明是法官的法定义务；在法律没有明确规定的情况下，对于一些影响诉讼进程的重要程序事项，法官也应当发挥主观能动性积极干预诉讼，告知当事人相应程序，以促使诉讼顺利进行，保障当事人的合法权益。例如，《最高人民法院关于适用〈中华人民共和国民事诉讼法〉的解释》第 228 条虽规定了法庭审理应当围绕当事人争议的事实、证据和法律适用等焦点问题进行，但如何具体执行

① 参见史彤彪、吕景胜、冯玉军主编《中国梦与法学研究－法律实践》，武汉大学出版社2013 年版，第 519 页。

则未予明确。对此，有学者提出，需要注意以下几点：第一，法官在开庭时告知当事人，庭审只会围绕审理前准备阶段所确定的争议焦点进行，其余问题一般不再审理，故当事人的意见应在庭前准备阶段提出，不能抱有突袭的心态而有所保留。第二，对于当事人所提出的事实争议焦点，法官应释明属于哪一类事实争点，如当事人始终围绕间接事实进行争辩的，人民法院应提示当事人围绕主要事实提供证据材料、发表意见。第三，法官要引导当事人围绕争议焦点来陈述或辩论。首先，若当事人重复陈述争点以外的事实，法官可以打断并令其围绕争议焦点陈述。其次，如果法庭在审理某一确定争点时，当事人在陈述过程中又提到了对另外的争点的意见，此时为了避免混乱，法官应将其打断，引导其按正确的争点顺序陈述意见，当然如果两争点联系紧密，或者从属于同一主要事实争点，法官也可视情允许。最后，如果当事人在辩论中没有提到某些争点，法官可询问当事人对该争点是否发表意见。①

其二，在当事人难以理解法律规定的含义时，要用群众易于接受的语言及时作出释明，使其充分表达诉讼意愿。

法律语言从语体意义上来看是专业性与通俗性、准确性与模糊性两对矛盾的统一体。法律术语来源于日常用语，并有其长期存在的现实合理性。一般来说，法律语言必须明确、统一、逻辑严谨、中性庄重、简明凝练。但是模糊性是语言的基本属性，从法律调整的类型化方式来看，法律语言不可避免地具有模糊性。法律要具有概括性、抽象性和相对稳定性，而这些特点一定程度上就是建立在法律语言模糊性的基础上的。模糊性的法律语言有利于提高法律的社会适应性，实现法律的稳定性；也有利于实现法律的普遍性，给司法适用预留了空间。但是这种模糊性法律语言的消极作用也不容忽

_____

① 参见肖峰《第一审普通程序中若干问题的完善》，《法律适用》2015 年第 4 期。

视。一方面，它将公民置于一个不公平的地位，使其不能真正理解法律的内涵；另一方面，它可以通过事后选择这种或那种可能的解释，给予公诉人和法院变相制定法律的权利。[①] 法官作为专业的法律人，在接受法律语言模糊性的前提下，应当重视法律语言的准确性。

在目前的司法实践中，由于文化层次、认知能力和获得法律服务等方面的差异，许多当事人无法理解有关法律规定真正的含义。一些晦涩难懂的法言法语讲多了，当事人认为是讲大道理，难以听进去。在无法真正理解法律规定含义的情形下，许多当事人无法表达或者错误表达自己的诉讼意愿，容易使自己在诉讼中处于不利的地位。司法的过程并不是简单地对照法律条文得出结论的投币机般的操作规程，而是在调处纠纷中融入了法官智慧的复杂的创造过程。在当代中国，人民法院一切司法活动的目标，不仅要准确认定案件事实，正确适用法律，公正高效裁判，更要让人民群众明了法院的裁判理由，知道法律规定的内涵和真谛。法官在诉讼过程中应当将法律知识转化为通俗易懂、形象贴切的群众语言，使群众听得清、听得懂、听得明，准确把握法律的精神和人情风俗。这既是一种工作方法，更是一种工作作风和工作能力。只有这样，才能使人民群众明确法律规定的权利与义务，明晰各自应当承担的法律责任，最终实现案结事了。正如陈燕萍法官总结的，很多时候老百姓不是蛮不讲理，而是不了解法律。一旦法官用他们的语言把法律解释清楚，老百姓知晓了法律规定，问题就迎刃而解了。

其三，对当事人诉讼中可能遇到的风险，要适时履行告知责任，引导其形成合理的诉讼预期。

在社会利益分化、价值多元化的环境下，社会各阶层间的利益纠纷和冲突日益增多。到法院打官司已成为越来越多的人维护自身权益的重要途

---

① 参见〔美〕罗纳德·德沃金《认真对待权利》，信春鹰、吴玉章译，中国大百科全书出版社 2002 年版，第 292 页。

径，但是，随之而来的，是相应的诉讼风险。究其原因，一是随着法治建设的日益完善，多数当事人仍习惯于传统的诉讼模式，认为"有理就能打赢官司"，因而在不了解诉讼风险的情况下贸然起诉，最终导致败诉或胜诉无法执行。二是对诉讼程序所耗费的时间、精力等判断不足，对可能损伤的社会关系缺乏预估，造成"一场官司、两败俱伤"结局。三是少数律师为了少数人的不正当利益甚至一己私利炒作个案。还有的律师严重违背职业道德和执业纪律，为了取悦当事人，甚至为了多收代理费而置事实和法律于不顾，调词架讼。

针对这种现象，法官应当帮助当事人控制诉讼风险，维护当事人的合法权益。对当事人在诉讼中可能遇到的风险，适当进行告知，引导其作出合理的诉讼预期。诉讼风险告知制度并非不让诉讼当事人打官司，而是提醒当事人以更审慎的态度对待诉讼，及时有效保护自己的诉讼权利，理智选择有利于自己的诉讼方式，避免由不利后果造成不能胜诉或因对方当事人没有足够的财产可供执行而可能出现"赢了官司输了钱"的现象，从而真正实现实体公正和程序公正的统一。诉讼风险告知制度既体现了法官对当事人负责的态度，是司法人民性的表现，也进一步地提高了诉讼效率，使当事人由消极等待变为积极参与诉讼，履行诉讼义务，减少诉讼时间，提高诉讼效率。这一方面促使双方当事人庭前和解，另一方面又降低了当事人的诉讼风险，使审判工作达到情、理、法的有机结合，从而体现人民法院审判工作的公正与高效。

依托诉讼风险告知制度，人民法官在实体方面可以将具有类似案情的生效判决的结果告知当事人，使当事人能够自行判断案件结果，适时调整诉讼预期，从心理上接受法院的判决和调解。裁判先例是人民法院作出的已经生效的，并具有一定指导或示范意义的裁判。虽然我国并非判例法国家，但从保持司法尺度统一的角度来说，裁判先例无论是对于法官，还是对于当事人都具有一定的借鉴意义。相较于枯燥的法律条文，已经生效的裁判可以使当事人更加直观地感受法律，理解法律规定的权利和义务，从而能够真正理解法院作出裁判的理由，促使当事人服判息诉、主动撤诉。在程序方面，法官应当向当事人告知超过诉讼时效的风险、诉讼请求不当的风险、举证不充分的风险、逾期提供证据的风险、举证证明力风险，以及请证人出庭作证的风险等等。通过法官的能动司法，使当事人对诉讼有着更加清晰的了解，形成较合理的诉讼预期，作出最有利的选择，使自己的诉讼权益得到最大限度的保障。

其四，对当事人举证、质证等行为进行适度干预，及时核实询问和提醒告之，并在证据的合法性和举证期限等问题上采取宽严适度的审查方式。

近些年来，我国法院的审判方式正在由传统的职权主义向当事人主义转向，人民法院的调查取证权能有所弱化。新的审判方式突出了法官的中立性和被动性，这虽然体现了司法的文明和进步，但是，应当看到，这些制度设计在一定程度上与我国当下的社会现实发生了某种脱节和错位，法官消极被动的司法角色在弱势群体中并没有得到认同。① 在诉讼证据方面，目前在诉讼特别是民事诉讼中，"谁主张，谁举证"是一项基本证据规则。由于经济能力有限，文化素质不高，证据意识不强，大多数当事人往往无法自行完成举证义务。当弱势的当事人认为其明明有理却因为不懂基本的证据规则而在诉讼中处于不利的地位时，他所期待的是法官高举正义之剑维护他的合法权利，而不是法官蒙上眼睛任由天平倾向强势的一方。如果法官机械执法，简单判决其败诉，就会导致当事人丧失应得的权利，进而使当事人认为法院违背"以事实为依据"的司法原则，没有查清客观事实，所以对法院判决不信服。

① 参见陆而启、王铁玲《事实发现：能动与回应之间》，《政法论丛》2010 年第 4 期。

所以，法官应当坚持能动司法理念，在查明案件事实的过程中，对于因举证能力较弱而无法完成举证义务的当事人，不是简单地以证据不足驳回诉讼请求，而是坚持合理行使释明权，引导当事人进行充分举证。在质证程序中，对于不懂法律的当事人应当进行询问和提醒告知，帮助当事人对一些关键证据进行核实，减少当事人因为不懂程序而在证据上处于不利地位。在证据的真实性和举证期限上，法官也应当采取宽严适度的审查方式，对于不同的情形要区分处理。如果当事人对逾期举证只有一般过错，不宜根据证据失权制度将逾期提交的证据排除在诉讼之外，不再对其进行质证。即使对存在重大过错的当事人，也应当运用利益衡量的方法，在考量证据失权给该当事人带来的实体上的损失以及给对方当事人带来的利益是否相称后，再来作出失权与否的决定。否则，极有可能阻止法院通过诉讼发现真实，使法院的判决不能建立在客观真实的基础之上，并且使另外一方当事人因为对方当事人程序上的过错而获得实体上的不当利益。[①]

其五，对当事人可能上访的已决案件，要及时地通过适当方式对其进行教育疏导，促进其服判息诉。

涉诉上访指的是对于已经进入法律程序，被司法机关处理的案件，有利害关系的当事人不服司法机关的裁判，转而采取法律程序之外的请愿活动。我国现在处于改革发展的关键时期，各种社会矛盾多发易发，人民法院受理的案件量也是不断增加，当事人因为对案件结果不满意而上访的现象也在逐年增多。[②] 涉诉上访产生的原因是多重的。从人民法院角度来看，审判工作中存在一些问题可能导致当事人选择上访。比如，有的案件裁判结果没有什么错误，但由于裁判文书在事实叙述或者说理过程中存在问题，或者程序方

---

① 参见刘黎《公正裁判之道——法官思维的 10 个维度》，中国方正出版社 2016 年版，第 81 页。

② 参见范愉《非诉讼纠纷解决机制研究》，中国人民大学出版社 2003 年版，第 101 页。

面存在问题，当事人认为案件结果并没有达到其预期，便申诉上访；有的案件由于法官在处理过程中没有做好当事人的疏导工作，而是武断专横，以法压人，难以使当事人信服，留下后遗症，当事人不信任法院判决而申诉上访；有的案件由于司法人员枉法裁判，实体或者程序甚至以上两个方面都存在不公正，当事人不肯服判息诉导致申诉上访；有的案件审结后执行不到位，债权人的债权无法实现，导致债权人上访等等。但更多的问题同样可能来自司法之外的社会因素。比如，立法的不够完善或迟滞，导致了社会的法律道德共识与严格依法审判结果之间有冲突甚至相违背，例如许霆案 ①；有些当事人的诉讼观念落后，缺乏诉讼风险意识，认为只要有理就能胜诉或者只要胜诉了就应当立即执行，当遇到没有胜诉或者被执行人无履行能力也无财产可执行时，就采用上访手段给人民法院施加压力；有些当事人无理上诉、申诉，甚至组织集体越级上访从而制造声势，借以向法院施压，从而达到自己的某种目的等等。

随着经济社会的发展，人民群众的民主法治意识不断增强，对司法工作的要求也在不断上升。涉诉上访现象不仅影响司法公信力，也浪费了有限的、宝贵的司法资源。② 在这种形势下，法官必须创造性地开展审判执行工作，既要严格执行法律，又必须切实化解矛盾；既要维护程序公正和实体公正，又必须符合人民群众对公正的理解和要求；既要追求个案处理工作，又要注重办案的法律效果与政治效果、社会效果有机统一。具体来说，首先，法官在审判过程中应当将必要的诉讼风险一并告知当事人，让其对诉讼结果有个大致了解，从源头上减少涉诉上访案件。其次，法官要提高案件的审判质量和自身的道德修养，在案件审理过程中认真负责，努力做到实体公正和程序公正的统一，减少案件程序或者实体上出现的问题。在审判过程中坚持

① 参见苏力《法条主义、民意与难办案件》，《中外法学》2009 年第 1 期。
② 参见郑鄂《"服判息诉、案结事了"是审判执行工作的硬道理》，《求是》2009 年第 12 期。

公开和公正，切实保障当事人对审判执行活动的知情权、参与权和监督权，减少司法不公现象引起的上访。再次，针对当事人可能上访的案件要积极与当事人进行沟通交流，针对当事人提出来的问题要认真研究，及时回复：对于确实有错的案件要及时提起审判监督程序，依法纠正错误裁判，维护当事人的合法权益；对于没有错误的案件应当耐心地向当事人进行解释，加强法治宣传，促使其服判息诉。又次，主动变群众上访为领导下访，大力畅通信访化解渠道，积极采取法院院领导集中接访、邀请第三方参与信访化解等方式，深入信访矛盾突出、工作比较薄弱的地方现场办公，努力把群众合理合法的利益诉求解决好。最后，对于一些长期无理上访、缠访，经多次做工作仍然无理取闹，从而影响人民法院正常工作的当事人，应当根据相关法律采取积极措施，制止其无理取闹的行为。能动司法的目标是让人民群众信服人民法院的裁判。法官要坚持"定分止争、案结事了"的基本工作标准，着力做好案件的判后辅助工作，多些判后协调，把释疑解惑作为审判工作的一个重要环节，努力增强做好群众工作的能力，以当事人听得懂的语言解释裁判的依据，从而更好地化解矛盾，使审判活动达到案结事了的司法效果。

四　人文关怀促进行为正义

法律本身应当是合乎道德的，人文关怀是法律的内在要求。"真正的法律必须体现和保障维系着社会存在的基本道德义务，这是它与生俱来的任务。"[①] "真正的法理、正义的法律，从来都是与情理沟通，充满人性意味和人文关怀的精神，因而具有其道德基础的。"[②] 司法活动中的人文关怀，是法律人文关怀的延伸，对于营造良好的诉讼氛围，促进涉诉纠纷的有效解决，增强社会公众对司法的信赖，提升司法的社会公信力，促进社会主体的行为

---

① 参见曹刚《法律的道德批判》，江西人民出版社 2001 年版，第 13 页。

② 参见梁根林《刑事政策：立场与范畴》，法律出版社 2005 年版，第 36—37 页。

正义，有着不容忽视的重要作用。因之，加强司法人文关怀乃是能动司法的必然要求。

司法人文关怀是建立在人道主义的哲学基础之上的。"人道主义"是关于人的本质、使命、地位、价值和个性发展等的思潮和理论。① 它是一个不断发展变化的哲学范畴。人类进入文明时期即萌发了人道思想，但人道主义作为一种理论，则是产生于欧洲文艺复兴时期，最初表现在文化方面，后来逐渐渗透到政治、经济、社会等领域。文艺复兴时期的思想家们高举"人道主义"大旗，反对封建专制统治，要求充分发展人的个性，倡导以人为中心，尊重人，关怀人。法国大革命时期，把人道主义的内涵具体化为"自由""平等""博爱"的口号，为资产阶级革命的胜利奠定了坚实的思想基础。此后，人道主义始终是资产阶级建立和巩固资本主义制度的重要思想武器，并进一步得到丰富和发展。随着资产阶级革命性的丧失以及无产阶级革命运动的勃兴，资产阶级人道主义思想逐渐失去了其历史进步性。马克思从人的本质、人的异化出发阐述了他的人道主义思想，肯定了资产阶级人道主义在人类思想史上的积极意义，但对资产阶级人道主义的抽象性和虚伪性予以了深刻批判。马克思主义理论中蕴含着极其丰富的人道主义思想，洋溢着浓厚的人文气息，充满了对人的深切关怀。即以人为中心、以人为目的，把人本身当作最高价值，正视人的需要和本能，珍重人的尊严和价值，以同情、友善、理解、宽容为基本表征。②

人文关怀是能动司法的题中应有之义。在司法活动中，法官恪守公正的程序、作出公正的裁判固然重要，但在此过程中，尊重、关心诉讼当事人和普通民众，同样不可或缺。

---

① 参见喻福东《论司法人性化的哲学根基》，《云梦学刊》2008 年第 2 期。
② 参见喻福东《论司法人性化的哲学根基》，《云梦学刊》2008 年第 2 期。

（一）注重人权保障

近年来，随着国际社会人权保护司法化，当代中国的法律日益重视人权保护。对于司法人员来说，办案中更要强化这一观念，特别是刑事审判领域，在坚决依法打击违法犯罪活动的同时，法官应始终注意对犯罪嫌疑人权利的保障，主动通过耐心细致的工作，化危害社会的消极因素为积极因素，从而真正实现刑罚教育人、挽救人、改造人的终极目的。例如，在审理未成年人犯罪案件时，为保护未成年人的人格尊严和名誉，应当尽量避免因审判活动而使其感受到心理压力和精神伤害，注重教育疏导工作，寓教于审、惩教结合，并对所审理的少年犯进行集中回访考察，结合开展社区矫正，充分发挥学校、家庭、社区等综合治理效应，切实保护他们的合法权益，有效地挽救失足未成年人。[①] 另外，要积极关注和满足弱势群体的特殊司法需求，落实好对困难当事人缓减免诉讼费、加强司法救助等制度，确保经济困难的当事人也能打得起官司；对身体残疾、行动不便的当事人，要积极采取上门立案、网上庭审等方式，最大限度减轻当事人讼累。

（二）弘扬优良作风

司法作风是衡量审判质量的一个关键性因素，是人民群众对人民法院作出客观评价的最直接的衡量标准。在我国司法国情条件下，诉讼对于相当一部分民众尤其是乡土社会的基层民众而言，往往是迫不得已的选择，绝大多数都是在寻求其他纠纷解决渠道无果的情况下才诉诸法院，当事人常常承受着较大的压力和负担。面对这种情况，如果法官司法作风不好，对当事人"冷硬横推"，当事人则难免会怀疑司法的公正性，产生对法官的不信任甚至对立的情绪。诚如学者所说，"法官除了刚性的威严外，还应该有柔性的亲和魅力。也就是说，法官要坚持'执法如山'的理念，但也应具有'执法

---

① 参见曲伶俐主编《刑事法治与人权保障》，中国法制出版社 2006 年版，第 237 页。

如水'的理念，山刚水柔，亦刚亦柔，柔能克刚，刚柔并济，审理案件，要像包公一样，严肃执法，对人，要像雷锋一样，热心善待，这样才能最终达到案结、事了、人和的效果"。① 因此，在司法活动中，法官必须保持优良的司法作风，多想当事人所想，多急当事人所急，让当事人信任、依赖司法，促进当事人理性表达利益诉求，充分参与诉讼活动。

（三）恪守司法礼仪

司法礼仪是司法活动中礼貌、礼节、仪表、仪式的统称，是对他人尊重、友善、文明的表现，也是司法活动主体内在修养和素质的外在表现。在当今社会，司法礼仪已经发展成为世界各国对司法执业人员的普遍要求，成为司法人员从事司法活动的一种行为规范和准则。法官是最需要讲求礼仪和形象的职业之一，培养和践行出众的礼仪，有利于减少当事人的抵触、对抗情绪，让诉讼各方彼此尊重、情感愉悦，更好地推进纠纷解决。具体而言，法官在案件审理过程中，至少应当注意做好以下几个方面的礼仪养成工作：一是着装应整齐、整洁，保持庄重的仪表和外部形象；二是用语应文明、规范，不使用侮辱、讽刺、讥笑、挖苦等词句，不随意打断当事人或其诉讼代理人的发言；三是庭审应专心、专注，集中精力听取各方当事人意见，不做与审判活动无关的事；四是交际上应谨慎、克制，各类职务外活动需与法官身份、道德准则和行为规范相适应。

---

① 参见田成有《法官的修炼》，中国法制出版社 2011 年版，第 171 页。

第六章

能动司法机制与社会正义

能动司法理念和方式，在一定程度上突破了司法的被动性、中立性和事后救济的固有传统，因而对践行能动司法理念与方式提出了全新的要求。人民法院能动司法必须建立在制度化的可靠基础之上。只有加强能动司法制度机制建设，对能动司法的做法和举措加以引导和规范，才能有效规制能动司法方式的应用，催生人民法院和法官自觉主动的能动司法行为，从而使司法审判工作更好地保障社会正义。在新时代新阶段，人民法院必须根据审判工作的特点和自身的职责定位，尤其是根据当前经济社会发展形势的需要和人民群众日益增长的司法需求，在建立健全能动司法制度机制上下功夫，确保能动司法的科学性和可持续性。

一　能动司法机制建设的必要性

社会主义社会是人类历史上最注重社会正义的社会。中国特色社会主义司法制度是中国特色社会主义政治制度的重要组成部分，维护社会正义是中国特色社会主义司法制度的基本价值目标。当前，社会不同领域内还存在一些不公正的现象，特别是由分配不公、贫富差距、社会保障、劳动就业、医疗卫生等民生问题引发的社会矛盾纠纷不断增多，并且大量进入司法渠道，人民群众迫切地要求司法机关通过司法手段来矫正这些不公正的现象。司法机关必须把保障社会正义作为司法工作的生命线，在裁判案件时秉持正确的理念，正确处理好各类主体之间的关系，平等保护他们的权益，依法促进以权利公平、机会公平、规则公平、分配公平为主要内容的社会公平保障体系的建立。

作为当代中国司法哲学的基本理念，能动司法具体体现在法院和法官的司法举措和行为之中。与具体司法举措和行为相比，由诸项制度有机构成的司法机制更带有根本性、全局性、稳定性和长期性。"机制"，一般理解为"一个复杂的工作系统"，① 是指一个系统中，各构成要素之间相互作用的过程和功能。在任何一个系统中，机制都起着基础性、根本的作用。首先，机制是经过实践检验证明有效的、较为固定的方法，不因组织内人员的变动而随意变动，而单纯的工作方式、方法是可以根据个人主观意愿随意改变的。其次，机制本身含有制度的因素，并且要求所有相关人员遵守，而单纯的工作方式、方法往往体现为个人做事的一种偏好或经验。最后，机制是在各种有效方式、方法的基础上总结和提炼的，而方式、方法往往只是做事的一种形式和思路。机制一定是经过实践检验的有效方式、方法，并通过一定的加工，系统化、理论化，这样才能有效地指导实践。而单纯的工作方式、方法则因人而异，并不要求上升到理论高度。

在不同的机制下，各种主体会有不同的行为逻辑、形态及方式。一套科学合理的机制，是系统功能有效发挥的基础平台，机制设计不科学、不合理，则会使系统的功能受到抑制，难以有效发挥。具体到人民法院司法审判领域，能动司法机制的有无以及具体设计是否合理、运行是否有效，决定了司法维护社会正义功能的发挥程度。在推进中国特色社会主义司法事业的新形势下，能动司法机制建设在宏观层面上具有以下重要的意义。

第一，加强能动司法机制建设，是保持能动司法方式稳定性的必然要求。习近平指出："公平正义是中国特色社会主义的内在要求，所以必须在全体人民共同奋斗、经济社会发展的基础上，加紧建设对保障社会公平正义

---

① 参见中国社会科学院语言研究所词典编辑室编《现代汉语词典》，商务印书馆1992年版，第523页。

具有重大作用的制度，逐步建立社会公平保障体系。"① 人民法院是中国共产党领导下的国家审判机关，是中国特色社会主义事业重要的建设者和捍卫者。人民法院履行司法职责，就必须自觉把本职工作融入党和国家工作大局之中，努力为党和国家工作大局服务。因此，坚持能动司法，维护社会正义，不是人民法院特殊时期司法应对工作的"一时之需"，而是中国特色社会主义司法制度的基本理念和基本特征。但在当前的司法实践中，有些法院对于能动司法还没有摆脱"司法应对举措"的狭隘理解，推进能动司法的思路较为单一，相关司法举措还没有真正实现由自在到自为、自发到自觉的转变。因此，人民法院坚持能动司法不能搞"运动式"的调整，而必须把握全局，着眼长远，建立健全能动司法的机制制度，积极主动地回应司法的社会需求，更加自觉有效地为大局服务、为人民司法。

第二，加强能动司法机制建设，是规范能动司法行为的必然要求。在任何社会，司法都不是万能的。能动司法必须遵循司法工作客观规律，否则司法活动既不可能取得应有的审判效果，又难以实现良好的社会效果。应当看到，对能动司法的边界把握不当，容易引起司法权的不合理扩张，甚至导致司法行为的扭曲，反而会损害社会正义。在我国，能动司法的实践既有成功的经验，也有应当铭记的教训。② 特别是在当前的司法国情条件下，司法人员的整体素质和司法环境都还不尽如人意，如果把握不当，能动司法有可能走向事物的反面。比如，有个别地方试图以西方国家司法能动主义的司法方式，超越法定规则和权限作出司法判决，在特定的情境中做司法机关不该做、不能做、做不好的事情，等等。因此，能动司法不是包揽一切、任意作为，而是司法活动和司法行为既积极有为，又合理适度。尤其是在能动司法成为法官普遍的行为方式之后，对能动司法的行为边界进行合理的、必要的

---

① 参见《十八大以来重要文献选编》（上），中央文献出版社 2014 年版，第 78 页。

② 参见苏力《关于能动司法》，《法律适用》2010 年第 z1 期。

规制，从而始终坚持依法司法、公正司法、规范司法、廉洁司法，就成为必须认真面对的现实问题。人民法院要积极探索能动司法的规制机制，以制度的方式规范人民法院和法官司法裁量权的行使，引导能动司法在现代法治的轨道上运行。

第三，加强能动司法机制建设，是坚持深化人民法院司法改革的必然要求。我国正在深入推进司法体制和工作机制改革，这是中国特色社会主义司法制度的自我完善与发展，也是有效破解人民法院司法难题的重要途径。早在 2004 年 9 月召开的中共十六届四中全会上，中央即明确提出要"以保证司法公正为目标，逐步推进司法体制改革，形成权责明确、相互配合、相互制约、高效运行的司法体制，为在全社会实现公平和正义提供法制保障"。[①] 中共十八届四中全会通过的决定强调："公正是法治的生命线。司法公正对社会公正具有重要引领作用，司法不公对社会公正具有致命破坏作用。必须完善司法管理体制和司法权力运行机制，规范司法行为，加强对司法活动的监督，努力让人民群众在每一个司法案件中感受到公平正义。"[②] 2017 年 10 月召开的中共十九大进一步强调，"深化司法体制综合配套改革，全面落实司法责任制，努力让人民群众在每一个司法案件中感受到公平正义"。[③] 习近平指出："司法体制改革必须为了人民、依靠人民、造福人民。司法体制改革成效如何，说一千道一万，要由人民来评判，归根到底要看司法公信力是不是提高了。司法是维护社会公平正义的最后一道防线。公正是司法的灵魂和生命。"[④] 很显然，促进和实现社会正义，是当代中国司法改革的基本任务，是社会主义法治国家建设进程的价值评价尺度。因此，在推进人民法院司法

---

① 参见《加强党的执政能力建设学习读本》，中共党史出版社 2004 年版，第 231 页。
② 参见《中共中央关于全面推进依法治国若干重大问题的决定》，人民出版社 2014 年版，第 20 页。
③ 参见《十九大以来重要文献选编》（上），中央文献出版社 2019 年版，第 27 页。
④ 习近平：《论坚持全面依法治国》，中央文献出版社 2020 年版，第 147 页。

改革的过程中，深刻把握能动司法的内在规律，无疑是坚持中国特色社会主义司法改革道路的必然要求。司法改革是一个发展新的司法理念、构建新的司法制度、形成新的司法秩序的过程。新中国成立以来的司法改革与发展，积累了许多宝贵的历史经验，其中一个重要启示就是，在当代中国推进司法改革，必须立足于中国的基本司法国情条件，从中国司法状况的实际出发，探索司法改革的中国模式，努力建设中国特色的社会主义司法制度，坚定地走一条自主型而非依附型司法改革道路。[①] 能动司法的提出，是人民司法适应新时期中国司法国情条件的必然选择，也是推进我国自主型司法改革道路的重要基点。"若放在中国经济社会发展的整个过程来看"，坚持能动司法"其实既是当代中国司法改革的延伸，也是司法改革的调整"。[②] 坚持自主型司法改革要求，就需要我们从中国的基本司法国情条件出发，悉心分析当代中国能动司法的内在逻辑，建立健全能动司法的机制和制度，从而保证能动司法的有效实现，最大限度地维护和实现社会正义。

第四，加强能动司法机制建设，是加强和创新社会治理的必然要求。中共十九大报告指出："打造共建共治共享的社会治理格局。加强社会治理制度建设，完善党委领导、政府负责、社会协同、公众参与、法治保障的

[①]　一个国家的司法改革道路，可以分为自主型和依附型两种模式。自主型司法改革，是指基于对本国司法国情条件的深刻把握，自主选择适合本国社会生活状况的司法制度模式，进而稳步推进司法改革。依附型司法改革，主要是指一些发展中国家脱离本国国情条件与需要，按照域外国家的司法制度模式，制定与实施司法改革方案，从而使本国的司法发展依附于域外国家的司法制度。参见公丕祥《当代中国的自主型司法改革道路——基于中国司法国情的初步分析》，《法律科学》（西北政法大学学报）2010 年第 3 期。

[②]　参见苏力《关于能动司法与大调解》，《中国法学》2010 年第 1 期。在该文中，苏力教授尽管对能动司法问题持有慎重的态度，但他依然认为，能动司法的提出，既针对近年来中国社会纠纷剧增、涉法和涉诉上访人数上升以及执行难等社会现象，同时，就司法本身而言，自 20 世纪 90 年代以来，中国司法改革的基本导向是职业化和专业化，突出审判和审判方式改革，强调法官消极和中立，律师扮演积极角色，取得了重大进展，但这种司法模式存在许多问题，特别是在农村基层社会，缺乏适用性和有效性，在宏观层面上需要适度调整。

社会治理体制，提高社会治理社会化、法治化、智能化、专业化水平。"①
中共十九届三中全会提出了坚持和完善中国特色社会主义制度、推进国家
治理体系和治理能力现代化的目标任务。人民法院作为国家审判机关，应
当立足司法职能参与社会治理，以司法裁判的方式解决各类社会矛盾纠纷，
并以裁判结果昭示法的引导、规范、教育功能，从而推动社会治理现代化。
在当前我国社会转型时期，国内外形势正在发生深刻复杂变化，经济社会
发展的不可预测性上升，诸多矛盾叠加，各类风险集聚，复杂流变的社会
关系亟待丰富完善的法律规则予以调整，不同社会主体的权利需要司法机
关运用法律手段予以平等保护。但是，立法往往具有模糊性、滞后性等特
征，有时司法裁判会遇到法律依据不完备、不明确等问题，这给人民法院
参与社会治理带来了困难。加强和创新社会管理，人民法院就必须充分发
挥司法能动作用，通过法律解释、漏洞补充、法律拟制、法律推理等法律
技术的运用，弥补现有法律的不足，妥善解决进入司法渠道的社会矛盾纠
纷，而不是消极被动地等待立法的完善。与此同时，要充分发挥司法裁判
的导向作用，促进社会治理规则的建立健全，从而预防和减少社会矛盾纠
纷的发生。②

　　第五，加强能动司法机制建设，是满足人民群众多元期待和需求的必
然要求。人民是历史的创造者，是决定党和国家前途命运的根本力量。人
民性是中国特色社会主义司法制度的本质属性，是中国特色社会主义司法
制度区别于西方国家司法制度的根本特征。这就要求人民法院必须坚持人
民主体地位，把维护人民利益，作为司法审判工作的根本出发点和落脚点。
当前，随着社会主要矛盾发生根本性变化，人民群众的美好生活需要日益
呈现多样化、多层次、多方面的特点，在司法领域主要表现为：期待司法

保障的范围越来越广泛，不仅要求保障其基本生活权益，还要求保障其民主、安全、环境等方面诉求；期待司法公正的实现越来越全面，既渴望获得公正的裁判结果，又渴望监督和参与"公正"的产出过程、加快"公正"的产出效率；期待司法服务的内容越来越精细，从关注服务举措上的"有无"转向更加重视选择上的多元、流程上的高效、使用上的便捷、成本上的低廉。如果我们片面地强调司法的绝对被动，不去积极主动地解决涉诉群众的实际困难和问题，片面地强调司法的绝对中立，不去积极主动地指导当事人诉讼，片面地强调法律至上，不去积极主动地吸纳涉诉民意，司法就会远离人民群众的司法需求，司法与人民群众的距离就会被拉远，司法也就难以得到人民群众的信赖。面对新时代人民群众对司法工作的新需求，人民法院必须坚持能动司法，加强能动司法机制建设，让司法更加贴近群众，更加方便群众，更加主动地服务群众，更加自觉地接受群众监督。

第六，加强能动司法机制建设，是传承人民司法优良传统的必然要求。近代以来，中国共产党人在新民主主义革命的伟大斗争中，形成了人民司法的优良传统。这些优良传统蕴含着极为丰富的能动司法的理念与机制。特别是以马锡五同志为代表的陕甘宁边区司法工作者创造出的"马锡五审判方式"，充分体现了人民司法的能动性品格：一是深入农村、深入实地、深入群众开展调查研究，全面调查证据，发现案件真相，实事求是地了解案情；二是发动和依靠群众，听取群众意见，注重调解和说服教育，法官与群众共同断案；三是依法办事，廉洁公正；四是实行巡回审理、就地审判、到田间地头开庭等简便利民的诉讼程序，不拘形式，方便群众。新中国的人民司法制度与新民主主义革命时期的人民司法制度是一脉相承的。在当代中国，人民法院开展司法工作，有必要大力弘扬人民司法的能动司法优良传统，努力开掘人民司法的能动司法的宝贵遗产。

二　公共政策转化机制与能动依法服务大局

司法裁判的法律效果与社会效果相统一，是中国特色社会主义司法制度本质属性的内在要求，是党和国家对法院工作的明确要求，是人民群众对法院工作的殷切期待。[①] 人民法院坚持法律效果与社会效果的有机统一，对于充分发挥职能作用，有效化解社会矛盾，妥善处理法律纠纷，维护社会正义，具有重大的意义。作为司法机关，人民法院首先必须模范地遵守法律，弘扬法治精神，坚持依法裁判，确保各项审判工作的法律效果。与此同时，还必须深刻认识到，人民法院的审判工作不是孤立的，而是中国特色社会主义事业的重要组成部分；人民法院的职责也绝不是简单的依法裁判，而是要通过司法审判，切实担负起巩固党的执政地位、维护国家长治久安、保障人民安居乐业，建设和捍卫中国特色社会主义事业的重大政治责任和使命。要履行好这样的职责，法院工作就不能仅仅满足于实现个案的法律效果，还必须紧紧围绕党和国家的中心工作，审慎行使司法裁量权，在法律精神和法律规定许可的范围内，选择最有利于维护社会正义的裁判方式和裁判结果，确保案件审判的社会效果。在这一过程中，人民法院必须充分关注公共政策在司法裁判和法院工作中的落实和运用。

政策，通常是指"国家机关、政党和其他政治团体在特定时期为实现或服务于社会政治、经济、文化目标所采取的政治行为或规定的行为准则，它是一系列谋略、法令、措施、办法、方法、条例等的总称"。[②] 在我国，党的领导作用最基本的实现方式之一，就是制定和实施一定的政策指导国家的活动，而国家活动最基本的方式就是制定和实施各种法律。因此，人民法院

---

① 参见最高人民法院编写组《人民法院审判理念读本》，人民法院出版社 2011 年版，第138 页。

② 参见陈振明《政策科学》，中国人民大学出版社 1998 年版，第 59 页。

坚持党的领导就理所当然地意味着司法活动要接受党的政策的指导。[①] 党的政策是对社会主义建设历史经验和教训的科学总结，是对现实社会发展规律的趋势的正确反映，也是全国各族人民共同利益的集中体现和社会正义诉求的有效表达。在司法过程中坚持以党的政策为指导，就能够保证司法裁判过程和结果得到人民群众的积极支持。从严格的逻辑意义上讲，党的政策不能直接称为公共政策，但它们之间的联系也是显而易见的。[②] 在中国，作为执政党的中国共产党通过与其他民主党派的政治协商，向全国人民代表大会提出政策建议，并通过人大程序转化为国家的公共政策，通过党领导的政府予以实施。所谓公共政策，即党和政府用以规范、引导有关机构、团体和个人行动的准则或指南，其表现形式有法律规章、行政命令、政府行动计划与策略等等。[③] 在司法的过程中落实公共政策，有利于使司法裁判得到人民群众的支持，从而顺利地实现法律对社会关系的调控，这也正是人民法院能动地依法的具体体现。

改革开放以来的司法实践充分表明，社会效果的含义随着公共政策的改变而改变，对司法裁判提出社会效果的要求，实际上是在落实不同时期的公共政策。[④] 公共政策进入司法的过程，主要是通过司法机关制定司法解释和司法规范性文件，将公共政策转化为司法政策，指导法官的司法行为。但是，公共政策具有多维性、变异性和差别性，其在政治、经济、文化、社会等领域都有所反映；针对相同问题的公共政策，在不同时期、不同地方也可能存在差别；受公共政策制定者的能力和慎重程度、程序控制、实施中的对策行为等因素的影响，公共政策本身可能存在一定的问题，它的实施有时可

---

① 参见张文显主编《法理学》，法律出版社 2007 年版，第 399 页。

② 参见吴玢锋《论党的政策与公共政策的关系》，《理论视野》2004 年第 2 期。

③ 参见陈庆云《公共政策的理论界定》，《中国行政管理》1995 年第 11 期。

④ 参见宋亚辉《公共政策如何进入裁判过程——以最高人民法院的司法解释为例》，《法商研究》2009 年第 6 期。

能会引发一些难以预料的结果。因此，只有在特定的情况下、基于特定的理由才能将公共政策引入裁判过程。此外，为防止出现偏差，人民法院应当对公共政策进行甄别，并进行慎重的成本分析，科学转化那些能够使社会效益最大化的公共政策。

人民法院将公共政策纳入裁判考量的范围，必须建立在可靠的司法机制之上，并考虑公共政策转化的主体、形式以及进入司法裁判的路径等基本问题。人民法院公共政策转化的主体主要是最高人民法院和高级人民法院，基于职责定位等方面的考虑，中级人民法院和基层人民法院一般不宜作为公共政策转化的主体。在我国，最高人民法院是人民法院系统有权制定司法解释的唯一主体，可以通过制定司法解释和司法规范性文件的形式转化公共政策；高级人民法院无权制定司法解释，但可以通过制定司法规范性文件的形式转化公共政策。①

对于最高人民法院来说，公共政策进入司法裁判的路径可以描述为公共政策—司法解释或司法规范—司法裁判，即通过对司法裁判提出社会效果的要求，将公共政策内化到司法裁判过程当中。比如，针对前些年国际金融危机对我国经济影响的加深，最高人民法院出台了一系列相关规范性文件，积极倡导相关案件裁判法律效果与社会效果的统一。比如，在最高人民法院 2009 年 3 月 30 日下发的《关于审理涉及金融不良债权转让案件工作座谈会纪要》中指出："人民法院在审理此类案件中，要将法律条文规则的适用与中央政策精神的实现相结合……确保审判的法律效果与社会效果统一。"2009 年 6 月 12 日下发的《关于正确审理企业破产案件为维护市场经济秩序提供司法保障若干问题的意见》中指出："审理企业破产案件的法官，要大力加强对党的路线方针政策的学习，增强大局意识和责任意识。在当前经

---

① 参见公丕祥《当代中国能动司法的意义分析》，《江苏社会科学》2010 年第 5 期。

济形势下，更要正确处理好保护金融债权与挽救危困企业之间的关系……实现社会资源的充分利用以及法律效果和社会效果的有机统一。"2009 年 6 月 26 日下发的《关于当前形势下做好行政审判工作的若干意见》中指出："正确处理适用法律与执行政策的关系，努力实现法律效果与社会效果的有机统一。"① 2014 年 6 月 3 日下发的《关于人民法院为企业兼并重组提供司法保障的指导意见》中指出："人民法院要从强化国家战略的高度深刻认识为转变经济发展方式、调整优化产业结构提供司法保障的重大意义，通过严格执行法律，公正高效地审理案件，实现兼并重组案件审理法律效果和社会效果的有机统一。"2016 年 11 月 28 日下发的《关于依法妥善处理历史形成的产权案件工作实施意见》中指出："历史形成的产权案件往往时间跨度较长、形成原因复杂。妥善处理此类案件既有严格的法律性，又有严肃的政策性；既要取得好的法律效果，又要取得好的社会效果和政治效果，充分体现政策导向。"2020 年 7 月 15 日下发的《全国法院审理债券纠纷案件座谈会纪要》中指出："正确处理好保护债券持有者和债券投资者的合法权益、强化对发行人的信用约束、保障债券市场风险处置的平稳有序和促进债券市场健康发展之间的关系，统筹兼顾公募与私募、场内与场外等不同市场发展的实际情况，妥善合理弥补部门规章、行政规范性文件和自律监管规则的模糊地带，确保案件审理的法律效果和社会效果相统一。"

对于高级人民法院来说，公共政策进入司法裁判的路径则可以描述为公共政策—司法规范—司法裁判，即通过发布案件审理指导性意见和出台司法文件，引导、规范法官的司法行为，落实审判社会效果的要求，将公共政策内化到司法裁判的过程之中。比如，为贯彻落实江苏省委、省政府《关于切实加强民生工作若干问题的决定》精神，进一步强化涉及民生案件的审

---

① 　参见宋亚辉《公共政策如何进入裁判过程——以最高人民法院的司法解释为例》，《法商研究》2009 年第 6 期。

理，江苏省高级人民法院在 2008 年出台了《关于切实加强涉及民生案件审判工作的意见》，强调要坚持法律效果与社会效果相统一原则，充分发挥司法保障功能，维护社会安定团结；充分发挥司法调节功能，维护社会公平正义。要正确运用宽严相济刑事政策，依法打击各类刑事犯罪，遏制、预防和减少犯罪；在审理涉及教育、劳动、医疗、赡养、社会保险、拆迁补偿等民事案件时，要在正确适用法律的同时，坚持与国家关注民生的各种方针政策相一致、相协调，最大限度地实现公平与正义。① 为充分发挥法院服务经济和社会发展的职能作用，及时预防和化解劳动矛盾纠纷，构建和谐共赢的新型劳动关系，维护社会的和谐稳定，广东省高级人民法院在 2010 年出台了《关于进一步发挥司法能动作用为构建我省和谐稳定劳动关系提供司法保障的若干意见》，强调把调解和解作为处理劳动争议案件的首要和最佳结案方式，积极引导当事人通过调解和解化解劳动争议，倡导建立恢复型劳动关系，促进政治效果、社会效果、法律效果的有机统一。为应对国际国内形势发展给知识产权保护带来的新挑战、新要求，切实贯彻落实中办、国办发布的《关于加强知识产权审判领域改革创新若干问题的意见》以及《关于强化知识产权保护的意见》，深入实施国家知识产权战略和创新驱动战略，进一步加大知识产权司法保护力度，为高质量发展提供坚强有力的司法保障，江苏省高级人民法院在 2019 年出台了《关于实行最严格知识产权司法保护为高质量发展提供司法保障的指导意见》，强调要牢固树立最严格知识产权司法保护理念，在现有立法框架下，充分考虑知识产权无形性、价值弹性等特点，以及侵权行为隐蔽、多发、成本低，权利人维权举证难等状况，通过诉讼制度设计和审判机制构建，进一步加大司法惩处力度，最大限度降低维权成本，显著提高侵权成本，有效遏制侵权行为，及时保护权利人合法权益，

---

① 参见公丕祥主编《能动司法的生动实践——江苏法院加强国际金融危机司法应对工作的理论思考》，法律出版社 2012 年版，第 222—225 页。

大力维护和激发创新活力。为依法防控新冠肺炎疫情和促进经济社会发展提供强有力司法服务保障，江苏省高级人民法院在 2020 年出台了《关于为依法防控疫情和促进经济社会发展提供司法服务保障的指导意见》，强调要充分发挥审判职能作用，依法严惩与疫情防控相关的刑事犯罪，加大中小微企业司法保护力度，依法妥善审理与疫情防控有关的合同纠纷案件、消费者权益保护案件和劳动人事争议案件，确保社会效果、法律效果和政治效果的有机统一。

除法院通过司法解释或司法文件转化公共政策以外，法官实际上也可以在案件审理过程中适用公共政策。法官在司法的过程中落实公共政策，有利于强化司法裁判说理性和社会正当性以最大限度地获取当事人的理解和公众的认可，从而顺利地实现法律对社会关系的调控，这也是能动司法的必然要求。当前，我国正处于社会变革与转型的关键时期，法的安定性和社会变迁性之间存在着难以消解的矛盾，机械套用法律条文，可能导致裁判结果虽然在法律上说得过去，但老百姓却不理解、不认同、不接受。因此，法官必须正确处理好依法司法和执行政策的关系，在适用法律的过程中自觉融入政策考量，通过其平衡法的安定性与社会变迁性之间的关系，使法律适用更加适应经济社会发展的客观需要。裁判中的政策考量体现在许多方面，大体上可以将其归纳为基于平衡、权宜、效果、导向和历史等因素进行的政策考量。政策考量是对法律逻辑标准的弥补或者辅助，归根结底是为了在特殊背景下追求更大的公平。[①] 法官要考虑纠纷形成的背景因素，正确解读现行政策的精神和法律原则，慎重把握裁判尺度。

法官在裁判中运用公共政策是相对"隐性"的过程，公共政策通过裁判文书中的释法析理得以"表达"，这从根本上说是一种法律自洽性、适当

---

① 参见孔祥俊《论裁判的逻辑标准与政策标准——以知识产权法律适用问题为例》，《法律适用》2007 年第 9 期。

性的体现。政策考量并非法律适用的常态，必须确定其适用范围、条件和程序。在特殊案件的处理中，法官应当深入分析政策考量的必要性，科学选择政策依据，仔细甄别相关因素并作出合理选择，且裁判过程和结果均以不违反法律规定和法律精神为基本限度。具体而言，在法律有明确规定且能确保实质正义的情况下，法官即可作出相应裁判。在法律规定缺失、模糊或者利用现有法律规定难以有效实现公平正义的情况下，法官应当克服脱离政策单纯强调法律的做法，充分考量依法裁判和执行政策的关系，对政策效果、政策效益、政策效应进行考察分析，衡量政策要求与法律规定是否一致，司法活动与政策导向是否一致，政策在司法实践中实际执行效果是否达到预期目标等，强化裁判文书释法说理，确保相关政策的精神内涵在个案裁判中得到及时、有效、科学的贯彻落实，最大限度维护社会公平正义。

三　多元纠纷解决机制与能动化解社会矛盾纠纷

经过新中国成立以来特别是改革开放以来的不懈努力，我国取得了举世瞩目的发展成就，综合国力大幅提升，人民生活不断改善。但是，我国仍处于深刻变革之中，党中央对当前我国社会形势的基本判断是：社会总体稳定，但仍处于人民内部矛盾凸显、刑事犯罪高发、对敌斗争复杂的时期。当代中国社会矛盾的类型，主要包括民生问题类矛盾、社会治安类矛盾、公共安全类矛盾、经济利益类矛盾、官员腐败类矛盾、执法司法类矛盾、心态失衡类矛盾、国家安全类矛盾等八个类型；当代中国社会矛盾的特点，主要表现为主体构成的多元化、涉及领域的广泛化、矛盾冲突的群体化、表现形式的复杂化、行为方式的激烈化等。由于我国当前的社会矛盾涉及多层次的社会关系、多样化的矛盾主体、多领域的利益冲突以及体制、机制、政策、法律、观念等多方面的因素，解决这些社会矛盾，就不是一种手段、一个部门所能做到的。实际上，在一个趋于和谐的社会、一个成熟的法治社会，国家应当为不同类型的社会矛盾提供相应的解决渠道，而不是仅仅依靠个别部门和特定手段去化解社会矛盾纠纷。

　　法律起源于纠纷，司法起源于解决纠纷，在现代社会，法院是专门的纠纷解决机构，其职责就在于定分止争，化解矛盾，其判决具有权威性和强制力。但是，有效化解社会矛盾纠纷，不能仅仅依靠法院。即使在西方法治成熟的国家，其法院系统在社会治理中起着举足轻重的作用，司法仍然不可能是解决社会矛盾纠纷的唯一机构。从世界范围内来看，诉讼制度所面临的压力及其本身固有的弊端已成为各国司法制度运行中面临的一个普遍性问题，为了解决这一问题，许多西方国家都在大力发展各种替代性纠纷化解机制（ADR）。在法治尚不够成熟的当代中国，由于司法功能的局限性和司法国情条件的限制，更不能单靠人民法院去"包办"社会矛盾纠纷的处理。其根本原因，一方面在于一些社会矛盾纠纷还未能完全纳入司法解决的轨道，司法无法发挥出应有的功能作用；另一方面在于，即使对于进入诉讼渠道的社会矛盾纠纷，法院也难以全部及时作出妥善的处理，与此同时，一些得到依法及时处理的案件却不能解决当事人所面临的实际问题。在司法实践中，一些案件迟迟不能"立案"或不能"结案"，许多案件"案结"后无法"事了"，一些案件判决生效后当事人申诉或信访不断，这些都极大地损害了法治的权威性和司法的公信力，不但没有强化反而在一定程度上损害了中国现代化进程的秩序基础。同时，还应当看到，诉讼作为纠纷解决的手段本身具有一定的局限性，其相对刚性的处理方式往往对当事人之间的亲情、友情、邻里关系以及道德、善良习俗的维系，乃至社区和社会的和谐都存在某些不利之处，且其成本相对较高，而解决纠纷的效果未必最佳。

　　社会和谐稳定是中国特色社会主义事业顺利发展的根本保障。和谐社会并不是没有社会矛盾的社会，而是各种矛盾能够及时有效化解的社会。在新的历史时期，如何有效化解涉诉矛盾纠纷，维护社会和谐稳定，是我国发展面临的一个重大的现实课题。党中央明确提出，有效化解社会矛盾纠纷是党委、政府、司法机关和社会各方面的共同责任。对于人民法院来说，作为化解社会矛盾纠纷、维护社会公平正义的专门国家机关，维护社会稳定和谐是其首要政治任务。在当前社会矛盾纠纷多发易发的形势下，积极推动构建人民调解、行政调解和司法调解相衔接的"大调解"工作体系，是有效化解社会矛盾纠纷、维护社会稳定和谐的最根本途径，是人民法院完成好首要政治责任的必然选择。[1] 能动司法就是要在遵循司法工作规律和基本要求的前提下，充分发挥司法自觉有效服务大局、服务人民的职能，为促进经济社会又好又快发展，维护社会稳定和谐，保护人民群众合法权益，实现社会公平正义提供有力的司法保障。能动司法主张，法院不应当以鼓励民众诉讼为导向，而是要把纠纷解决向社会开放，让更多的纠纷由社会自身进行消解。[2] 构建多元纠纷解决机制，为不同的矛盾纠纷提供不同的解决渠道，依靠社会力量加以化解，避免民众对司法手段的过度依赖，既是有效化解社会矛盾纠纷的必然要求，也是人民法院对社会矛盾纠纷进行能动干预的一种体现。为了使能动化解社会矛盾纠纷的方式长效化，人民法院应当建立健全相应的工作机制，引导和鼓励群众通过非诉讼的方式解决矛盾纠纷。

长期以来，党和国家高度重视多元化解工作，对多元纠纷解决机制展开了一系列卓有成效的探索。2014 年 10 月召开的中共十八届四中全会通过的《关于全面推进依法治国若干重大问题的决定》提出，要健全社会矛盾纠纷预防化解机制，完善调解、仲裁、行政裁决、行政复议、诉讼等有机衔接、相互协调的多元化纠纷解决机制。2015 年，中央办公厅和国务院办公厅

---

① 参见苏泽林《坚持能动司法，全面推进大调解工作》，载最高人民法院编写组《当代中国能动司法》，人民法院出版社 2011 年版，第 45 页。

② 参见范愉《诉前调解与法院的社会责任：从司法社会化到司法能动主义》，《法律适用》2007 年第 11 期。

下发《关于完善矛盾纠纷多元化解机制的意见》。最高人民法院 2005 年 10 月 26 日印发的《人民法院第二个五年改革纲要（2004—2008）》提出："加强和完善诉讼调解制度，重视对人民调解的指导工作，依法支持和监督仲裁活动。与其他部门和组织共同探索新的纠纷解决方法，促进建立健全多元化的纠纷解决机制。"最高人民法院 2009 年 3 月 17 日印发的《人民法院第三个五年改革纲要（2009—2013）》提出："建立健全多元纠纷解决机制。按照'党委领导、政府支持、多方参与、司法推动'的多元纠纷解决机制的要求，配合有关部门大力发展替代性纠纷解决机制，扩大调解主体范围，完善调解机制，为人民群众提供更多可供选择的纠纷解决方式。加强诉前调解与诉讼调解之间的有效衔接，完善多元纠纷解决方式之间的协调机制，健全诉讼与非诉讼相衔接的矛盾纠纷调处机制。"最高人民法院 2015 年 2 月 4 日印发的《关于全面深化人民法院改革的意见——人民法院第四个五年改革纲要（2014—2018）》提出："健全多元化纠纷解决机制。继续推进调解、仲裁、行政裁决、行政复议等纠纷解决机制与诉讼的有机衔接、相互协调，引导当事人选择适当的纠纷解决方式。建立人民调解、行政调解、行业调解、商事调解、司法调解联动工作体系。"最高人民法院 2019 年 2 月 27 日印发的《关于深化人民法院司法体制综合配套改革的意见——人民法院第五个五年改革纲要（2019—2023）》提出："深化多元化纠纷解决机制改革。创新发展新时代'枫桥经验'，完善'诉源治理'机制，坚持把非诉讼纠纷解决机制挺在前面，推动从源头上减少诉讼增量。完善调解、仲裁、行政裁决、行政复议、诉讼等有机衔接、相互协调的多元化纠纷解决体系，促进共建共治共享的社会治理格局建设。加大对行业专业调解工作的指导力度，完善多方参与的调解机制，健全完善律师调解机制，进一步发挥专业调解作用。对具备调解基础的案件，按照自愿、合法原则，完善先行调解、委派调解工作机制，引导鼓励当事人选择非诉方式解决纠纷。推动建立统一的在线矛盾纠纷多元化解平台，实现纠纷解决的在线咨询、在线评估、在线分流、在线调解、在线确认。推广线上线下相结合的司法确认模式，促进调解成果当场固定、矛盾纠纷就地化解。"2019 年初，最高人民法院在深刻分析新时代矛盾纠纷成因特点、全面总结司法改革经验的基础上，将打造一站式多元解纷和诉讼服务体系确立为新时代人民法院改革发展的一项重点工程。经过两年来的不懈努力，一个线上线下相结合的中国特色一站式多元解纷格局基本形成。①

（一）建立健全诉前调解工作机制

人民群众选择司法途径解决纠纷，并不意味着绝对排斥其他可以解决纠纷的渠道，人民法院有必要采取一定的方式，尽可能地使大量的矛盾纠纷在进入司法渠道之前通过多种途径得到化解。对于到法院诉讼的当事人，人民法院在尊重其诉权的前提下，积极引导其通过非诉讼方式解决纠纷，人民群众自主选择解决纠纷的方式，自愿接受纠纷解决的后果，也可以使矛盾纠纷处理更加符合人民群众的意愿。因此，适当地将调解提至庭审阶段之前，构筑前置的调解制度，对于人民法院来说是十分必要的。诉前调解，就是人民法院在立案之前，由立案法官根据纠纷的性质和当事人的选择，自行或委托其他社会组织、协会和人员对纠纷进行调解。诉前调解是我国法院近年来在多元化纠纷解决机制建构方面的重要制度创新。一方面，使得法院诉讼调解向诉讼外延伸，为当事人提供了更加便捷、平和、经济、有效的纠纷解决途径；另一方面，通过引进社会力量参与法院调解，在节约司法资源的同时，改善法官调解能力不足的问题，提高纠纷解决的社会效果，促进非诉讼机制和诉讼程序的衔接。在并无明确法律规定和义务的背景下，法院的努力体现了一种司法的能动性和社会责任。这种调解除立案庭法官的自主调解以外，更重要的是通过启动诉前调解联动机制，委托人民调解委员会、行业协会、

---

① 参见《人民法院报》2021 年 3 月 5 日。

特邀调解员等对纠纷进行调解。比如，安徽省高级人民法院于 2016 年 10 月印发《安徽法院诉前调解工作规则（试行）》，强调当事人通过到诉讼服务大厅现场提交起诉材料或者通过诉讼服务网申请立案，除法律规定不得调解的以外，诉调对接中心工作人员应当引导当事人优先选择诉前调解方式解决纠纷，并建议当事人依据法律法规，参照类案裁判，从诉讼结果、诉讼成本、执行风险、信访风险等方面对诉讼风险进行自助评估。起诉人同意诉前调解的，可以在诉调对接中心的指导下，选择调解组织或者直接选择一名调解员；也可以要求或者接受诉调对接中心指定调解组织、调解员。并且，近年来一些法院与司法行政等部门密切配合，在基层法院及其派出人民法庭设立调解工作室，由司法行政机关、社会综治组织选派人员进驻调解工作室，人民法院在审查起诉的过程中，在双方当事人自愿的前提下，暂时不予立案，将该纠纷移交至调解工作室先行调解。调解成功，当事人不再坚持起诉的，人民法院不再立案受理或根据当事人申请出具调解书，调解不成的，及时立案受理，正式进入诉讼程序。诉前调解抛弃了法官"坐堂问案"的被动习惯，适当发挥了司法能动性，在纠纷尚未彻底激化之前先行介入，主动进行调解工作，这种做法本身并不是严格意义上的司法行为，因此并不违背司法中立的基本原则。

实践表明，诉前调解这一纠纷化解方式能够成功处理大批即将进入诉讼程序的案件，可以取得把矛盾纠纷解决在诉前、化解在讼外的积极效果。但需要注意的是，人民法院在推进诉前调解工作中，应当坚持以下四项基本原则：一是坚持党委领导原则。充分发挥党总揽全局、协调各方的领导核心作用，紧紧依靠党委坚强领导、人大监督指导、政府大力支持、政协民主监督，及时、主动向党委汇报、政府通报社会矛盾纠纷形势，分析研判成因，提出对策建议，争取各方支持，确保诉前化解工作沿着正确方向前进。二是坚持多元调解原则。突出政府主导、综治协调、多方参与、司法推动、法治保障，建立健全由和解、调解、仲裁、行政裁决、行政复议等有机衔接、相互协调的多元纠纷解决机制，合理配置纠纷化解资源，为当事人提供适宜的纠纷化解渠道。三是坚持高效便民原则。针对不同领域、不同类型、不同特点的矛盾纠纷，充分运用人民调解、行政调解和司法调解等纠纷化解方式，为当事人提供一体化、多样化、便捷化的纠纷化解服务，及时、高效、就地化解矛盾纠纷，不得以拖促调，不得久调不决。四是坚持依法保护原则。充分尊重当事人意思自治，依法、平等保障当事人自愿选择纠纷化解途径，自主表达真实意愿，自愿达成协议，不得违背法律、法规和国家政策，不得损害当事人及利害关系人的合法权益和社会公共利益，不得因调解而阻碍当事人依法通过行政、司法等途径维护自己的权利。

（二）建立健全诉调对接工作机制

合议庭或法官在诉讼过程中主持的诉讼调解，将调解与审理融为一体，是我国法院调解的基本形式。诉讼调解需要建立在法官对案件的事实、证据以及矛盾纠纷的争议焦点具有一定的认识和理解的基础之上，才能更加具有权威性，更加便捷高效。但是，法官在庭审过程中的诉讼调解，时间较短，不易发现当事人达成合意的契机，同时法官身兼调解者和审判者的双重角色，也可能出现"以判压调"的不良现象，为了既充分发挥诉讼调解的积极作用，又最大限度地规避可能出现的负面影响，人民法院在法官进行诉讼调解的基础上，有必要将社会化的调解方式引入诉讼，将诉讼与调解有效对接起来。诉调对接，是指诉讼与法院外调解的结合，是一种以法院为主导、多元主体参加的诉讼调解与人民调解有机衔接的矛盾纠纷解决机制，整合了诉讼调解和人民调解两种纠纷解决的自愿。在案件审理的过程中，人民法院可以通过"托出去、引进来"的方式，委托或邀请矛盾纠纷调处中心、人民调解组织、行政机关参与调解工作。其基本形式主要有邀请调解、委托调解两种。

邀请调解是指法院对立案受理进入诉讼程序的案件，邀请法院外的人员、机构或组织协助审判人员进行调解的调解形式，也是目前唯一在现行法律和司法解释中被予以明确规定的社会化调解形式。我国 1991 年《民事诉讼法》第 87 条规定："人民法院进行调解，可以邀请有关单位和人员协助。"最高人民法院 2004 年制定的《关于人民法院民事调解工作若干问题的规定》第 3 条进一步规定："人民法院可以邀请与当事人有特定关系或者与案件有一定联系的企业事业单位、社会团体或者其他组织，和具有专门知识、特定社会经验、与当事人有特定关系并有利于促成调解的个人协助调解工作。"2007 年 3 月最高人民法院发布的《关于进一步发挥诉讼调解在构建社会主义和谐社会中积极作用的若干意见》第 11 条也规定，人民法院在法院调解的过程中，可以邀请人大代表、政协委员、律师等个人进行调解。实践中，邀请调解一般是由立案庭或审判业务庭的法官在立案或庭审开始之前，根据案件的具体情况依职权启动，所邀请的法院外调解组织或人员一般也是相对固定的社会调解组织或调解工作人员、基层社区干部、相关领域的专家等。将邀请调解放在庭审之前进行，让法院外调解人员尽早介入纠纷解决，可以更好地利用他们在群众中的威信、在生活经验和专业知识方面的优势解决当事人之间的争议点。为健全多元化纠纷解决机制，加强诉讼与非诉讼纠纷解决方式的有效衔接，规范人民法院特邀调解工作，维护当事人合法权益，最高人民法院于 2016 年 6 月 28 日印发《关于人民法院特邀调解的规定》。该规定阐明了开展特邀调解工作的五个原则，即平等自愿原则，尊重当事人诉讼权利原则，不违反法律、法规的禁止性规定原则，不损害国家利益、社会公共利益和他人合法权益原则，保密原则。该规定明确规定，法院应当积极发挥在多元化纠纷解决机制中的引领、推动、保障作用。但是在履行职责的过程中，也要注重编外调解组织与调解员在解纷方面的独立性。具体而言，法院应当从以下方面组织好特邀调解工作：指定部门与人员负责；建立特邀调解

组织和特邀调解员名册；对特邀调解主体进行指导与服务；对特邀调解纠纷
进行流程管理；组织开展特邀调解的业绩评估工作。该规定还对特邀调解
各阶段的具体程序作出规定，主要包括以下方面的内容：一是法院需要对特
邀调解进行引导；二是调解员在调解过程中应当遵循一定的规则，履行通知
告知义务，根据情况确定合适的调解方法；三是调解终止后，调解组织或调
解员应当与法院进行工作交接；四是特邀调解的调解期限，其中委派调解的
调解期限为 30 日，对于委托调解的案件，适用普通程序的调解期限为 15 日，
适用简易程序的调解期限为 7 日。

　　委托调解，则是指法院将立案受理进入诉讼程序的案件，委托给法院
外的组织、机构或人员进行调解的调解形式。与协助调解相比，委托调解更
好地实现了"调审分离"，将调解的过程相对独立于审判程序，可以有效避
免审判权对调解过程的直接影响。委托调解的模式主要有诉前委托调解和诉
中委托调解两种形式，其中，诉中委托调解又包括审前委托调解和审中委托
调解。审前委托调解是人民法院在受理民事纠纷后开庭前，认为该纠纷可以
委托人民调解组织等进行调解，从而委托给人民调解组织等进行调解，并规
定一定的调解期限；审中委托调解是指人民法院在审理案件的过程中，认为
该纠纷可以委托人民调解组织调解，从而委托给人民调解组织调解，并规定
一定的调解期限。调解期限届满后，对于调解成功的案件法院可以及时根据
法律规定制作调解书或建议当事人撤诉；对于调解不成的，则依法继续审理
并作出最终裁判。

　　实践中，为了推进诉调对接工作的制度化和规范化，促进依法、公正、
便捷、高效地化解纠纷，引领传统纠纷解决方式向现代纠纷解决方式"升级
换代"，最高人民法院于 2016 年 12 月 1 日印发《关于在部分法院开展在线
调解平台建设试点工作的通知》，明确各高级人民法院牵头建立省级统一的
在线调解平台，充分发挥在线调解平台的功能，确保在线调解平台具有关于

纠纷解决的裁判规则引导、纠纷案例预判、在线调解、在线司法确认、诉调对接、调解资源整合等功能。加强法院在线调解平台与法院诉讼服务网、案件信息管理系统的深度融合、互联互通、信息共享，在保证审判信息数据安全的基础上，做好大数据的挖掘应用，避免重复建设和资源浪费。一些法院积极争取党委政府支持，努力推动诉调对接网络建设，健全完善诉调对接的工作机制，引导和鼓励群众尽可能地通过非诉讼途径解决纠纷。比如，江苏省高级人民法院制定出台了《关于推进诉讼与非诉讼相衔接的矛盾纠纷解决机制改革的实施方案》，对相关工作任务进行责任分解，明确工作要求，积极促进"党委领导、政府支持、多方参与、司法推动"的多元纠纷解决机制的建立。该院先后与省公安厅、省总工会、省司法厅、省农业农村厅、省妇联、省市场监督管理局、省消协、省卫生健康委员会、省生态环境厅、省台办、省侨联就交通事故损害赔偿纠纷、劳动争议纠纷、农村土地承包纠纷、婚姻家庭纠纷、消费者权益保护纠纷、医患纠纷、环境污染损害赔偿纠纷、涉台纠纷、涉侨纠纷等十多个专门领域的诉调对接工作联合下发文件，不断推进诉讼与非诉讼相衔接的矛盾纠纷调处机制建设，实现各类调解资源的有效整合、联动，做到既各司其职又协同配合、齐抓共管。加强法院调解员队伍建设，基本构建起覆盖全省、涉及多个专业领域的专兼职调解员队伍；与基层组织加强沟通协调，全面构建起"乡镇社区司法协理员"网络，选任一定数量的司法协理员，协助乡镇、社区及时发现矛盾纠纷隐患，基本做到"一社区一员""一村一员"，形成了点、线、面的联动网络，进一步健全了诉调对接的工作网络。① 江苏省淮安市中级人民法院紧紧依靠党委领导和政府支持，按照"把非诉讼纠纷解决机制挺在前面"的要求，自主建设应用"无讼淮安"在线多元调解平台，有效推动矛盾纠纷实现从事后处置向事

---

① 参见江苏省高级人民法院司法改革办公室编《江苏法院司法改革报告（2012年度）》，第11页。

前预防、从解决表层矛盾向解决深层矛盾、从单打独斗向整体联动转变。一是从"事后诉"向"事前防"转变。立足现实需求，平台内嵌"咨询、查询、调解、诉讼"四大服务功能，为当事人提供法律知识解答、解纷方式引导、诉讼风险告知、诉讼服务指引等线上服务，及时帮助解决法律问题，引导在诉讼外理性化解纠纷，避免纠纷未经分流直接涌入法院。二是从"见面办"向"掌上办"升级。线上智能咨询无法回答的问题，通过线上人工咨询解决；案件调解证据材料传阅的难题，通过线上传输解决；群众集中反映的立案难问题，通过平台对接"江苏诉讼服务网"，与网上立案系统实现数据互通解决。平台设置定制服务导航，便于当事人查询关联事项，真正做到数据多跑路、群众少跑腿。三是从"多领域"向"全领域"覆盖。行政调解、行业调解、人民调解、律师调解、法官调解等各类多元解纷资源全面进驻平台，实现各类调解方式、调解组织、调解人员的线上整合。同时，启动调解组织、调解员、咨询师等线上名录建设工作，进一步扩大调解力量覆盖范围。四是从"分散式"向"一站式"迭代。将线上解纷与网上立案有机衔接，查询、立案、缴费、送达等15种解纷或诉讼业务均可线上一站式办理。与诉讼服务大厅、调解工作室、巡回法庭等线下空间深度融合，当事人可通过视频实现点对点调解或立案，实现线上线下有效联动。

（三）建立健全非诉讼纠纷解决方式的保障机制

建立健全诉讼与非诉讼相衔接的矛盾纠纷解决机制的主要任务，就是要充分发挥审判权的规范、引导和监督作用，完善诉讼与仲裁、行政调处、人民调解、商事调解、行业调解以及其他非诉讼纠纷解决方式之间的衔接机制，推动各种纠纷解决机制的组织和程序制度建设，促使非诉讼纠纷解决方式更加便捷、灵活、高效，有效化解社会矛盾纠纷。一个时期以来，我国人民调解工作出现萎缩的原因之一，便是调解协议完全靠当事人自觉履行；诉讼调解一直不能全面引入社会力量的协助，其主要原因也是调解活动的法律效率不明确。① 因此，如何通过建立和完善司法确认程序，充分发挥审判权的规范、引导和监督作用，推动"大调解"工作网络体系建设，促进矛盾纠纷的多元化解，是近年来人民法院面临的重要改革课题。

为发挥在大调解机制建设中的推动作用，人民法院必须充分发挥保障职能，维护非诉讼纠纷解决机构的有效性和公信力。司法确认，指的是法院确认调解协议具有司法裁判的效力，即已经达成的调解协议，由法院依当事人申请进行审查确认，并制作调解书的调解形式。② 对经过诉讼外调解组织调解达成的以民事权利义务为内容的调解协议，当事人请求确认调解协议效力，履行调解协议或者请求变更、撤销调解协议的，人民法院应当及时受理并依法办理，确保当事人的合法权益得到实现。早在 2002 年，最高人民法院发布的《关于审理涉及人民调解协议的民事案件的若干规定》就已经对当事人围绕人民调解协议发生争议时如何经由诉讼程序加以解决作出了规定。2009 年，最高人民法院发布的《关于建立健全诉讼与非诉讼相衔接的矛盾纠纷解决机制的若干意见》则在"2002 年若干规定"的基础上，又专门增加了对调解协议进行司法确认的程序。该"意见"规定，经行政机关、人民调解组织、商事调解组织、行业调解组织或者其他具有调解职能的组织调解达成的具有民事合同性质的协议，经调解组织和调解员签字后，当事人可以申请有管辖权的人民法院确认其效力。人民法院经依法审查后，以决定书的形式确认调解协议是否有效，确认调解效力的决定送达双方当事人后发生法律效力，一方当事人拒绝履行的，另一方当事人可以依法申请人民法院强制执行。为了规范人民调解委员会调解达成的民事调解协议的司法确认程序，进一步建立健全诉讼与非

---

① 参见蒋惠岭《法院附设 ADR 对我国司法制度的新发展》，载张延灿主编《调解衔接机制理论与实践》，厦门大学出版社 2009 年版，第 157 页。
② 参见齐树洁《能动司法与诉调对接——我国法院调解制度的改革与创新》，载公丕祥、李彦凯主编《人民法院能动司法方式》（司法改革研究 2011 年卷），法律出版社 2012 年版，第 156 页。

诉讼相衔接的矛盾纠纷解决机制，最高人民法院于 2011 年 3 月 23 日发布《关于人民调解协议司法确认程序的若干规定》。该规定具有便民、快捷、严谨的鲜明特点，进一步明确和细化了司法确认案件的程序问题、司法确认的条件和范围，有利于维护国家和社会公共利益、当事人及案外人合法权益。在司法确认案件的管辖方面，为方便当事人就近、及时申请司法确认，该规定明确规定，司法确认案件由主持调解的人民调解委员会所在地基层人民法院或者它的派出法庭管辖。人民法院在正式立案前委派人民调解委员会调解并达成调解协议，当事人申请司法确认的，由委派的人民法院管辖。在司法确认案件的受理方面，该规定明确规定，人民法院收到当事人司法确认申请，应当在三日内决定是否受理。人民法院决定受理的，应当编立"调确字"案号，并及时向当事人送达受理通知书。双方当事人同时到法院申请司法确认的，人民法院可以当即受理并作出是否确认的决定。关于确认决定的法律效果，该规定明确规定，人民法院经审查认为调解协议符合确认条件的，应当作出确认决定书；决定不予确认调解协议效力的，应当作出不予确认决定书。人民法院依法作出确认决定后，一方当事人拒绝履行或者未全部履行的，对方当事人可以向作出确认决定的人民法院申请强制执行。另外，该规定还对申请司法确认的条件、审查期限、审查方式、不予确认的情形、法律文书、案外人权利救济、费用、向司法行政机关及人民调解委员会通报情况、经法院建立的调解员名册中的调解员调解达成协议后当事人申请确认如何办理等具体问题作了明确规定。

最高人民法院关于司法确认的规定为全国各级法院办理相关案件提供了规范依据。为了真正实现司法确认的"法制化"，有必要对司法确认程序中涉及的具体内容作出进一步的明确规定。对此，一些地方法院进行了积极的探索。比如，江苏省高级人民法院《关于调解协议司法确认程序若干问题的意见》，明确规定对非诉讼纠纷解决组织主持达成的调解协议，当事人有权向具有管辖权的基层人民法院申请确认其强制执行的法律效力。对司法确认程序的适用范围、受理程序、审查主体、审查程序、审查内容、审理期限、处理方式、风险防范、文书形式及执行程序，该院在后期出台的《关于人民法院审理确认调解协议案件若干问题的讨论纪要》均做了详细的规定。① 为了理顺调解协议效力确认主体，该院明确要求将司法确认案件的审理工作归口省法院诉调对接工作办公室统一办理，全省各地法院也参照执行。为了提高司法确认案件的审判效率，江苏法院普遍建立完善涉及调解协议案件的"绿色通道"，对涉及调解协议效力确认的案件，实行优先立案、优先审理、优先执行。在确认调解协议效力时，坚持不轻易否定调解协议效力原则，对经人民调解、行政调解、社会调解达成的调解协议，严格按照法律和最高法院的司法解释规定，及时依法确认其效力。② 认真贯彻执行《中华人民共和国仲裁法》和相关司法解释，在仲裁协议效力、证据规则、仲裁程序、裁决依据、撤销裁决标准、不予裁决审查标准等方面，尊重仲裁制度的客观规律，发挥仲裁制度在纠纷解决方面的作用。加强与劳动、人事争议等仲裁机构的沟通协调，江苏省高级人民法院与省劳动争议仲裁委员会联合出台《关于审理劳动争议案件的指导意见》，支持和鼓励仲裁机构发挥作用。保障行政机关依法作出的调解、裁决的法律效力，鼓励和支持行政机关有效化解行政管理活动中发生的各类矛盾纠纷。近年来，江苏法院确认调解协议案件数量逐年增长，有效维护了非诉讼纠纷解决机构的公信力。③

---

① 参见江苏省高级人民法院司法改革办公室编《江苏法院司法改革报告（2012 年度）》，第 11 页。

② 参见江苏省高级人民法院司法改革办公室编《江苏法院司法改革报告（2010 年度）》，第 9 页。

③ 2010 年，江苏法院确认诉前调解协议 74663 份，其中，出具确认决定书 5990 份，出具调解书 68673 份；2011 年，江苏法院共确认诉前调解协议 117132 份，出具调解书 91261 件，出具确认决定书 25871 件，确认率为 99.58%；2012 年，江苏法院确认诉前调解协议 124174 件，其中，出具确认决定书 19689 件，出具调解书 104485 件。以上数据来源于相关年度的《江苏法院司法改革报告》。

四　参与社会治理机制与能动促进社会治理创新

加强和创新社会治理，这是党中央从推进中国特色社会主义事业战略和全局的高度作出的重大决策部署，对于促进社会主义和谐社会建设，实现国家长治久安具有十分重要的意义。社会治理创新是对传统的社会治理模式进行改造、改进和改革，建立健全利益协调、诉求表达、矛盾调处、权益保障、应急处置等机制，构建党委领导、政府负责、社会协同、公众参与的社会治理新格局，从而对社会实现科学有效低成本的治理。

当前，我国正处于社会转型变革的关键时期，新型社会关系频繁产生，新型社会矛盾纠纷不断出现，一些深层次的矛盾和问题不断暴露，传统的社会治理模式出现了很多不适应，这主要表现在以下四个方面：一是传统的社会治理手段难以适应新的管理任务，对新经济组织、新社会组织、虚拟社会等的管理，还处在探索过程之中，社会安全隐患比较多。二是一些地方重视行政机关在经济调节和市场监管等方面的职能，对于提供公共服务、管理社会事务等方面的职能重视还不够。三是基层自治组织和社会组织的社会治理功能没有充分发挥，社会自我调节、自我管理的能力不足。如，行业协会对市场主体的约束力有限，在规范市场主体竞争行为方面力不从心；社会中介组织的公信力不够高；社会团体在对其成员的教育引导、权益保障等方面力度还不够；社区居民委员会和农村村民委员会等基层自治组织在维护组织内部人际关系和谐、引导成员合法表达诉求等方面，优势没有充分显现出来；等等。四是信息时代对社会治理创新提出了新课题，社会矛盾往往通过网络表达扩展成重大事件。新兴媒体的出现使得社会公众可以更加方便、直接地评判政府工作，特别是互联网匿名的特点使得网民可以自由地发表见解，甚至借助特定事件宣泄个人情绪，一些个别的、偶然的、区域性的事件，借助网络等新兴媒体的炒作迅速放大，网上互动与社会互动相互交织，虚拟社会对现实社会的影响越来越大，信息网络管理任务异常艰巨，致使社会治理的难度增大。①

　　迈向现代化的国家，必须有现代化的社会治理。推进社会治理创新，建立与社会主义市场经济体制相适应的社会治理体系，是适应我国社会结构和利益格局发展变化的必然要求，对解决影响社会和谐稳定的源头性、根本性、基础性问题具有十分重要的意义。中国特色社会主义法律体系如期形成，这不仅标志着中国法治建设取得了历史性跨越，也预示了我国社会治理创新的体制机制及其手段将发生重大变革。中共十八大报告指出："要提高领导干部运用法治思维和法治方式深化改革、推动发展、化解矛盾、维护稳定的能力。"② 习近平在首都各界纪念现行宪法公布施行 30 周年大会上的讲话强调，要坚持依法治国基本方略和依法执政基本方式，"各级党组织和党员领导干部要带头厉行法治，不断提高依法执政能力和水平，不断推进各项治国理政活动的制度化、法律化。各级领导干部要提高运用法治思维和法治方式深化改革、推动发展、化解矛盾、维护稳定能力，努力推动形成办事依法、遇事找法、解决问题用法、化解矛盾靠法的良好法治环境，在法治轨道上推动各项工作"。③ 中共十八届三中全会明确提出："全面深化改革的总目标是完善和发展中国特色社会主义制度，推进国家治理体系和治理能力现代化。"④ 习近平在省部级主要领导干部学习贯彻十八届三中全会精神全面深化改革专题研讨班上指出："国家治理体系和治理能力是一个国家的制度和制度执行能力的集中体现，两者相辅相成。我们的国家治理体系和治理能力总体

---

① 参见公丕祥、石英主编《能动司法与社会管理创新》，法律出版社 2012 年版，第 36—37 页。

② 参见《十八大报告学习辅导百问》，党建读物出版社、学习出版社 2012 年版，第 25 页。

③ 参见习近平《在首都各界纪念现行宪法公布施行 30 周年大会上的讲话》，人民出版社 2012 年版，第 12 页。

④ 参见《十八大以来重要文献选编》（上），中央文献出版社 2014 年版，第 512 页。

上是好的，是有独特优势的，是适应我国国情和发展要求的。同时，我们在国家治理体系和治理能力方面还有许多亟待改进的地方，在提高国家治理能力上需要下更大气力。只有以提高党的执政能力为重点，尽快把我们各级干部、各方面管理者的思想政治素质、科学文化素质、工作本领都提高起来，尽快把党和国家机关、企事业单位、人民团体、社会组织等的工作能力都提高起来，国家治理体系才能更加有效运转。"中共十九届四中全会审议通过了《中共中央关于坚持和完善中国特色社会主义制度推进国家治理体系和治理能力现代化若干重大问题的决定》，全面回答了在我国国家制度和国家治理体系上应该坚持和巩固什么、完善和发展什么这个重大政治问题。

在现代社会，司法是解决社会冲突、调整社会关系的重要手段，司法机关是社会治理的重要力量，司法审判是社会治理的重要方式。积极参与社会治理，既是司法审判工作的一项重要内容，也是司法机关承担的一项重要责任。党历来重视运用司法手段化解社会矛盾、实现社会治理。早在新民主主义革命时期，中国共产党在坚持武装夺取政权的同时，积极探索建立符合中国国情和革命实践需要的人民司法制度，形成了以"马锡五审判方式"为代表的一系列人民司法的优良传统，为巩固革命根据地的社会基础、夺取革命胜利发挥了重要作用。新中国成立后，人民司法的发展历程雄辩地证明司法的地位、功能和作用与社会治理息息相关。社会治理并不仅仅是行政管理机关等部门独有的职责，人民法院的每一项审判工作，都是社会治理的重要内容，是通过司法手段，通过对司法事务的管理，实现对社会的治理。因此，参与社会治理创新，不是人民法院的"分外事"，而是人民法院的"分内事"，是宪法和法律赋予人民法院的重要职责。面对社会治理的新的形势任务，人民法院坚持什么样的司法理念，按照什么样的思路创新社会治理，成为至关重要的理论和实践问题。

在一些人的传统观念中，司法手段仅仅是解决社会矛盾纠纷的一种事后补救方式，只有纠纷进入诉讼渠道后，司法权才能行使。能动司法则主张司法要依法适度主动地参与社会治理，通过司法审判工作，为人们的社会交往和生产经营行为确立规则，倡导社会主义核心价值观；通过司法审判工作，推动公共政策的完善，促进社会公平正义的实现；通过司法审判工作，促进社会组织强化内部管理，堵塞管理漏洞，消除管理隐患。总之，人民法院坚持能动司法，推动社会治理的规范与完善，健全与发展社会治理机制，契合了变革时代社会治理创新的客观需求。① 人民法院坚持能动、创新社会治理，必须以健全完善的工作机制作保障，推动这项工作的规范、持久、有序开展。

（一）健全完善社会规则形成机制

司法作为法律实现方式之一，具有一定的社会功能。从最初意义上来讲，法院本身就是一个政府机构，是国家政治组织的重要组成部分，因而当然也应该在一个国家或地区的公共生活中发挥着重要的作用。也就是说，司法不仅具有纠纷解决的功能，而且具有规则之治的功能。司法在国家治理和社会治理中的重要作用，更多的是通过规则之治的功能来实现的。只不过由于法院主要是一种"事务型"的国家机关，其最引人注意的功能往往被认为仅局限在"案件的范围"，也正是这个原因使得纠纷解决的功能在某种程度上遮蔽了法院最初的公共政治功能。② 但长期以来，法院的司法政策和个案裁判始终可以影响公共政策的形成或调整。人民法院通过司法解释或个案裁判等手段，运用"法律之手"推动社会公共政策的制定与完善，这是人民法院创新社会治理的重要方式。人民法院必须健全完善社会规则形成机制，促进公共政策的形成和完善。在我国的审判体系中，最高人民法院是中枢或大

---

① 参见公丕祥《当代中国能动司法的意义分析》，《江苏社会科学》2010 年第 5 期。

② 参见张友连《论最高人民法院公共政策创制的形式及选择》，《法律科学》(西北政法大学学报) 2010 年第 1 期。

脑，它不仅通过诉讼程序来监督各级人民法院的具体审判工作，通过司法解释和规则制定为各级人民法院的审判提供法律依据，而且要形成指导整个审判活动的司法政策并筹划整个司法制度的发展方向。①

　　就最高人民法院而言，其一直通过司法解释、司法文件、典型案例、司法审查等司法手段广泛地介入经济社会生活。以司法解释为例，为保护医疗纠纷中的弱势群体，避免患者在医疗事故发生后因信息不对称而无法完成举证，进而导致维权不能，最高人民法院在 2001 年下发的《关于民事诉讼证据的若干规定》中明确规定：医疗行为引起的侵权诉讼，由医疗机构就医疗行为与损害结果之间不存在因果关系及不存在医疗过错承担举证责任。因为在实践中，"医疗机构具备专业知识和技术手段，掌握相应的证据材料，更易于接触证据材料，具有较强的举证能力，而患者则处于相对的弱势地位，依据举证责任分配的一般规则，患者往往因举证不能而无法获得相应的赔偿；为平衡当事人利益，更好地实现实体法保护受害人的立法宗旨，司法解释对医疗行为引起的侵权诉讼确立了举证责任倒置的举证规则"。② 自医疗纠纷"举证责任倒置"实施以后，整个医疗行业的医疗规则和医院、医护人员的行为发生了许许多多的调整和变化。③ 当然，其中既有积极的因素，也有不容忽视的消极影响，但无论如何，我们可以从中看出最高人民法院司法解释对公共政策的巨大影响力。

　　以典型案例为例，法院判决并不是完全意义上的公共政策，但法院裁决确立的某些原则对社会公众利益的分配形成了具有权威性的规则，直接或间接地改变了社会的利益分配格局，影响了国家的决策、相关产业的发

---

① 参见张千帆主编《宪法学》，法律出版社 2004 年版，第 407 页。
② 参见李国光主编《解读最高人民法院司法解释·民事卷》，人民法院出版社 2003 年版，第 597 页。
③ 参见张浩书《法律如何实现公共政策——从"孕妇死亡"事件切入》，《河北法学》2009 年第 10 期。

展、数量庞大的现实或潜在当事人的切身利益。因此从国家的角度看，判决也应当属于公共政策的范畴。"如果直面真实的中国司法实践，有形成规则功能的最高法院判决已经不是个别现象，它在数量上已初具规模，更重要的是，这些判决并非基于例外、偶然而产生，而是有制度支持并开始常规化。"① 在司法实践中，最高人民法院通过案例特别是公报案例创制的公共政策已经形成了一定的规模，并成为地方各级人民法院相关审判工作的统一标准和范例。而在法院判决领域，地方各级法院作出的判决也可以一定程度上影响本地区乃至全国的公共政策，但这一影响往往取决于最高法院的态度，或者是通过正常的诉讼程序进行确认，或给予诉讼程序之外的认同和支持。

（二）建立健全涉诉民意沟通机制

及时全面地收集民意，有针对性地加强和改进人民法院工作，这是人民法院不断满足人民群众司法新需求、创新人民法院参与社会治理的一项基础性工作。首先，要建立科学、畅通、有效的民意收集机制，通过加强人大代表、政协委员联络工作，完善人民陪审员制度，建立健全特邀审判监督员、特邀咨询员制度，加强与其他政法机关及有关方面的沟通协调，建立和完善法院领导干部倾听民意制度，建立法院工作重要事项广泛征求意见和重大案件审理征询民意机制，设立信访举报电话、法院信箱，举办法院开放日活动，发放征求意见以及搭建网上民意沟通平台等多种方式，畅通民意表达渠道，及时掌握涉诉民生需求，广泛听取人民群众对法院工作的意见建议。要积极探索收集民意的新方式，特别要密切关注互联网、新闻媒体等载体上反映的民意呼声。

其次，要建立健全涉诉民意分析处理和反馈机制。注重司法的民意考

---

① 参见侯猛《最高人民法院判决的比较优势》，《北京大学学报》（哲学社会科学版）2008年第6期。

量，在案件审理中避免"坐堂问案"，既要做到重视民意，又不能一味迁就民意，人民法院必须自觉加强对民意的分析研判，对民意作出正确的鉴别、取舍和平衡。人民法院对于收集到的民意，要委派人员进行汇总、梳理，并由相关部门处理。相关职能部门要从是否符合法律规定、是否符合社会主流价值观念等方面，认真进行分析甄别，确定处理方案。相关涉诉民意合法合理的，要及时向有关方面反映，其中涉及法律、司法解释制定或修改的，要依照程序向国家权力机关、最高人民法院、最高人民检察院提出；涉及法规、规章、公共政策制定或调整的，要向有关方面提出；属于上级法院权限范围的，要向上级法院提出；属于本院权限范围的，要及时转化为工作整改的内容，或者纳入法院规范性文件，或者通过辨法析理的方式在裁判中进行运用。人民法院对于涉诉民意的处理，应当通过新闻发布、信函回复、实地走访、组织座谈等方式，向人民群众和有关方面进行反馈。对于不合理、不合法甚至失实的涉诉民意，要及时向相关人员进行解释说明，加强教育疏导，争取群众对法院工作的理解和支持。

最后，要建立健全涉诉民意的引导机制。在立案、审理和执行过程中，要对当事人就诉讼程序事项作出说明，引导其诚实有序地进行诉讼。对当事人诉讼中可能遇到的风险以及风险责任的承担，要提前告知当事人，帮助其形成合理的诉讼预期。对于当事人在诉讼过程中的意思表示不明确、不适当以及对法律存在错误理解的，及时向当事人作出核实询问、提醒告知，确保当事人充分表达诉讼意愿。对当事人可能上访的已决案件，及时通过判后答疑等方式对其进行教育疏导，促使其服判息诉。要重视通过发布社会影响大、具有法制宣传教育意义的典型案例引导民意，推动社会法治观念的进步，促使形成尊重法律、信任法律的良好社会氛围。要完善涉诉舆情引导制度，对社会广泛关注的案件，通过适当的方式主动向社会公布案件信息，通过案件审理进展情况。对于涉诉突发事件，在第一时间向社会发布权威信息，表明立场态度，化解群众疑虑。

（三）建立健全参与社会治理的协同机制

充分整合社会资源，形成社会治理的合力，构建社会治理共同体，既是人民法院化解社会矛盾的必由之路，也是创新社会治理的重要内容。现阶段人民法院参与社会治理的机制主要应当包括以下几个方面：

（1）与基层组织良性互动机制。基层法院和基层组织都担负着化解社会矛盾、维护社会稳定、促进社会和谐的重要任务，与基层社会距离最近，接触最直接，联系最密切。基层组织覆盖面广，可以延伸到村、社区，管理着与群众衣食住行密切相关的社会事务，这使得基层组织在社会治理的范围和深度方面具有独特优势。因此，人民法院发挥司法能动作用推动社会治理创新，有必要建立起与基层组织的良性互动机制。要结合社会治安重点地区，选择社会矛盾纠纷多发、域情较为复杂的乡镇、社区为共建单位，通过与乡镇、社区党组织签订协议、联合出台意见等形式，明确共建关系，确定共建任务。建立健全矛盾纠纷预防机制、矛盾纠纷化解机制和群众工作机制，充分调动法院和基层组织两个方面的积极性，促进基层社会治理的完善和社会矛盾纠纷的解决。组织开展审务进社区、进乡镇等活动，在城市社区、城镇乡村设立巡回审判点，组织开展巡回审判工作，就地立案、就地开庭、就地调解、就地宣判，方便基层群众诉讼，切实增强司法效果。开展人民法官走进乡村工作，通过挑选法官驻村指导、确定联络法官、大学生"村官"与法官结对共建等形式，积极开展法律服务工作，指导农村平安法治创建，加强司法机关与基层组织的工作衔接。

（2）参与流动人口服务管理机制。我国拥有世界上最大规模的流动人口，大量的流动人口成为城市发展不可或缺的力量。但从总体上看，我国流动人口呈现出文化技能偏低、社会保障较差、城市融入度较低等特征，并引发了一些不容忽视的社会问题。流动人口管理工作是一项复杂的社会系统工程，是加强和创新社会治理的一个重点和难点问题。人民法院应当建立健全流动人口诉讼服务工作网络，在流动人口较多的地区探索建立巡回审判点，为流动人口提供诉讼便利。针对流动人口参与诉讼时间的特殊性，对涉及流动人口的案件采取灵活审理方式，优先审理，优先裁判，优先执行。加大对流动人口的司法保护力度，切实维护城镇化进程中失地农民的合法权益，促进有关部门社会治理行为的进一步规范。

（3）参与特殊人群帮教管理机制。常习性违法犯罪人员、刑满释放人员、未成年犯罪人员等特殊人群，是需要给予特殊关心帮助的人群。做好对这一部分社会成员的服务管理，是社会治理工作要加强和改进的一个重点，关系社会的和谐安宁，党和政府对此历来高度重视。人民法院应当积极参与对被判处缓刑、管制或免予刑事处罚以及刑满释放人员的跟踪帮教工作，促使上述人员悔过自新，防止重新犯罪。配合司法行政机关开展社区矫正工作，将刑期较短、改造较好、社会危险性小的服刑人员纳入社区矫正的范围。探索假释与社区矫正对接机制，实行假释听证，强化审前调查，完善交接手续，保障工作对接，强化释后回访，充分发挥假释与社区矫正制度的功能，帮助罪犯尽快回归社会。做好少年司法工作，开展预防未成年人违法犯罪活动，通过选派法官担任中小学法制副校长、开展法律咨询、邀请旁听开庭、举办法制讲座等形式，促进未成年人法制意识的提高。

（4）参与社会治安重点地区综合治理机制。搞好社会治安，是关系人民群众生命财产安全和社会稳定的大事。我国正处于社会转型的关键时期，加之一些历史因素的影响和制约，社会治安重点地区治安情况堪忧的问题依然比较突出。一些城中村、城乡接合部、车站码头、交通要道、娱乐场所、校园周边等区域，各种违法犯罪现象高发，成为社会治理中的"洼地"，与我国经济社会发展的现状不相协调。人民法院应当充分依托审判执行工作，及时发现、妥善处理社会治安重点地区可能影响社会和谐稳定的苗头性、倾向性问题，必要时向当地党委、政府汇报和通报，确保问题得到有效解决。参与对城中村、城乡接合部、城市老小区等社会治安重点地区的矛盾纠纷排查化解工作，维护社会治安秩序。适时选择典型案例到社会治安重点地区召开宣判大会，实现"审理一案，教育一片，警示一方"的效果。

（5）参与虚拟社会建设管理机制。虚拟社会是现实社会在网络虚拟环境中的投射，是人类交流信息、情感释放、知识生产的新型社会空间。随着网络时代的到来，人类存在方式和生活样态悄然改变，特别是随着智能手机和可携带上网设备的出现，网络对现实生活的影响越来越深刻，人们更加倾向于通过网络进行社会交往。网络世界的虚拟性、自由性、开放性、社区性等特征，在给人们生活带来便利的同时，也带来了信息污染、黑客攻击和网络犯罪，进而给社会治理带来了严峻的挑战。为了切实加强对虚拟社会的管理，人民法院必须依法打击网络诈骗、利用网络传播淫秽色情信息、破坏计算机信息系统等各种网络犯罪，净化网络环境，维护网络安全。密切关注网络涉诉舆情，充分关注网络有害信息，紧紧依靠党委领导，积极争取有关部门支持，妥善处理恶意炒作司法个案、干扰司法秩序的信息，妥善处理煽动仇视、吹捧暴力犯罪、违背社会主流价值观念的有害信息。

（6）参与社会信用体系建设机制。"社会不仅是一个经济共同体，也是一个观念共同体，如果没有一套占主导地位的基本信念和价值标准来维系人际关系和社会合作，社会秩序就难以形成。"[①] 社会信用体系是指由信用文化和信用法律制度构成的信用评价和约束系统，是一切社会行为取得有效性甚至合法性认同的根本支撑。中华民族具有深厚的诚信传统，"人无信不立"，"言必信，行必果"是人安身立命的最基本要求，历史上关于诚信的典故也俯拾皆是。现阶段，由于市场经济观念的不断冲击和对权力、财富的过度膜

---

① 参见张文显主编《法理学》，法律出版社 2007 年版，第 429—430 页。

拜，加之缺少相应的评价和约束机制，我国存在社会诚信缺失的问题。一个缺乏诚信的国家是注定没有出路的。当下，我国社会诚信问题的治理出路，在于修复法律系统与社会生活之间的裂痕，这需要国家切实承担起相应的职责并与私人合理分担惩罚与监控的权力义务，促进形成社会共识，使社会信用体系获得建构、维系和修复的有力支撑，从而为法治奠定基础。① 作为法律实施的主要方式之一，司法就是对各种行为作出权威性法律评价的过程，国家作为社会共同利益的代表，支持什么、反对什么，在司法裁判中都能直观地反映出来。为促进社会信用体系的构建，人民法院应当完善指导案例和典型案例发布制度，定期向社会发布人民法院依法制裁失信行为、运用诚信原则进行裁判的指导案例和典型案例；建立和完善案件信息管理系统，构建与相关部门的信息共享机制，向社会公开举报电话和邮箱，通过在报纸、电视、网络等媒体上公布失信被执行人名单、限制高消费人员名单等方式，加强对诚信缺失人员经营、融资、出境、消费等方面活动的限制，增强执行威慑机制的实效。

（7）司法审查工作机制。行政审判具有明显的政治性质，是人民法院参与社会治理创新的重要途径，也能显现人民法院在社会治理中的重要作用。在我国推进法治政府建设的时代背景下，人民法院对政府行政行为的司法审查职能显得愈发重要。要依法审理好各类行政案件，支持和监督行政机关依法行政，切实维护群众合法权益，推进法治政府建设；应当通过建立行政审判年度报告制度以及法院与行政机关定期交流例会制度，推进行政机关负责人出庭应诉工作，促进行政机关提高依法行政水平。

（8）司法建议工作机制。随着能动司法理念的逐步推广和司法能动性的不断增强，法官应当更多地被视为社会工程师而非单纯的规则适用者。从理

① 参见唐清利《社会信用体系建设中的自律异化与合作治理》，《中国法学》2012 年第 5 期。

论上讲，司法建议是指法院在审理案件过程中，对有关单位和部门的制度管理、生产经营方式等方面存在的漏洞提出加强和改进建议。人民法院应当不断强化司法建议工作，围绕司法审判领域涉及社会治理的苗头性、倾向性问题以及行政机关执法过程中存在的突出问题和薄弱环节，找出症结，分析原因，提出对策，及时、定期向行政机关和有关方面提出司法建议，促进其不断加强和改进相关工作。一是要明确提出司法建议的案件类型。人民法院在审判、执行和办理涉诉信访案件过程中，发现可能影响经济社会发展大局的某一类倾向性问题，或存在严重影响社会稳定的隐患，或涉及民生问题需要有关单位和部门强化措施加以改进，或国家机关、企事业单位和其他社会组织在管理体制、规章制度、工作方法等方面违反法律、政策或者存在重大漏洞，或有义务协助调查、执行的单位拒绝或妨碍人民法院调查、执行等，或行政机关拒绝履行裁判，需要给予相关责任人组织处理或纪律处分，以及其他有必要提出司法建议情形的，应当及时提出司法建议。二是要严格司法建议的程序。司法建议必须以法院的名义发送，司法建议的事项要具体、明确、有针对性，向上级党委、政府及其部门提出司法建议的，应当逐级提请同级的上级法院发送。三是要规范司法建议书的制作。制作司法建议书前，要开展细致扎实、全面深入的调查研究工作，制作时应当做到格式规范、文字精练、表述准确、措施得当，分析问题条理清楚，所提建议依据充分，在实践中易于操作、切实可行。四是要建立司法建议落实情况的反馈跟踪机制。司法建议书回复期限届满后未收到反馈意见的，相关承办部门应当主动向被建议单位进行询问、提醒或回访，也可以向其主管部门或上级领导机关提出意见。

五　内部监督制约机制与能动维护司法公正廉洁

应当看到，当前我国司法队伍的主流是好的，应予充分肯定，但是，极少数司法人员司法不公、不廉的情况也依然存在，而其中许多行为，往往是在程序上做文章。习近平深刻分析说："天下之事，不难于立法，而难于法之必行。对执法司法状况，人民群众意见还比较多，社会各界反映还比较大，主要是不作为、乱作为特别是执法不严、司法不公、司法腐败问题比较突出。有的政法机关和干警执法随意性大，粗放执法、变通执法、越权执法比较突出，要么有案不立、有罪不究，要么违规立案、越权管辖；有的滥用强制措施，侵犯公民合法权益；有的办关系案、人情案、金钱案，甚至徇私舞弊、贪赃枉法；等等。这些问题，不仅严重败坏政法机关形象，而且严重损害党和政府形象。"① 因此，人民法院在构建能动司法机制的过程中，应当积极探索能动司法的规制机制，科学规范法官在审判和执行工作领域司法裁量权的行使方式，确保能动司法在法治轨道上运行，以确保司法公正，维护司法权威，促进社会正义。

（一）健全完善审判管理机制

审判管理既是法官司法行为的"度量衡"，也是规范法官司法行为的"纠偏器"。对于能动司法理念指导下的审判活动来说，仅仅依靠立法机关制定的一套诉讼程序还不能有效地规制诉讼活动的各个节点和细微之处，这就需要在法院内部建立和执行一套严格的管理措施和管理机制，对案件的整个过程进行跟踪检查和监督制约，减少影响公正因素的发生概率。法官对自己承办的案件，都有较为充分的控制权且不易受到其他权力的监督。推进审判管理改革，就是要从机制上保障程序法在制度上得到落实，预防和纠正可能或已经出现的程序偏差，规范法官和法院的司法行为。

（1）构建审判质效评估机制。在司法实践中，人民法院设置一套科学、合理的审判质效评估指标体系，以便客观准确地评估审判工作状况。开发

---

① 习近平：《论坚持全面依法治国》，中央文献出版社 2020 年版，第 45—46 页。

出配套软件，统一在各级法院安装运行，实现指标数据由电脑自动生成。统一指标数据统计口径，规范案件报结条件和手续，严格案件电子信息输入把关，开展经常性的监督检查，确保指标数据的真实准确。建立审判运行态势分析制度，审判委员会定期对本院及辖区法院审判工作总体状况进行评估分析，针对指标数据的异常变化适时开展专项态势分析，总结经验，查找不足，解决审判工作中存在的问题。建立定期通报制度，上级法院对辖区法院、本院各审判业务部门和法官个人的审判质效指标数据实行定期通报，并进行点评分析。目前，以指标数据为主要依据，客观评估审判质效状况，据此作出司法决策，已经或正在成为法院领导的重要工作方法。

（2）构建审判质量监控机制。完善分案工作机制，实行电脑随机分案为主、指定分案为辅的原则，从源头上杜绝人情案、关系案。完善定案把关机制，强化院长、庭长的审判管理职责，明确各层级定案把关的案件范围和工作要求。完善案件质量监督评查制度，成立专兼职相结合的评查队伍，细化案件质量评定标准，及时发现和纠正案件质量问题。建立定期通报、点评讲评、专题报告等制度，并确定每名法官全年接受定期评查的案件比例。对被改判发回重审、当事人投诉举报、当事人重复上访的案件进行重点评查，对矛盾易激化、有重大社会影响、司法尺度不统一的案件进行专项评查。

（3）构建审判流程管理机制。对于各类案件立案、审理、结案、归档、移送等各个环节的管理措施，各级法院统一建立互联互通、软件相同的审判流程管理局域网，所有案件从立案到结案一律由电脑跟踪管理，对临近审限的案件由电脑自动预警。加强案件审限管理，建立运用人案比指标合理配置司法资源的制度，促进审判效率的提高。严格审限变更的条件和程序，重点加强对审限延长、中止、扣除、中断四类案件的管理，防止"隐性超审限"现象的发生。规范民事案件调解扣除审限制度，杜绝"以拖压调"现象的发生。加强对审限变更申请的实质性审核，申请审限变更必须提交相关证明材料，没有证明材料一律不予审批。严格限制审限暂停方式的使用，对于法定不计入审限的情形，原则上办理审限扣除手续，并明确具体的扣除时间，不得"一停了之"；对于确实无法明确扣除时间的，审判管理部门要跟踪督办，定期梳理办理进度情况并通报至承办部门，院庭长要将此类案件纳入审判监督管理的重点事项，加强管理，防止案件"脱管"。建立委托鉴定、拍卖案件的流程管理制度，加强委托管理部门与移送部门的协调衔接，强化对鉴定、拍卖机构的督促管理，提高委托鉴定、拍卖工作效率。

（4）完善审判绩效考评制度。绩效指标是一套用于衡量考评对象努力程度和具体绩效水平的相对客观化的标准，而绩效考评就是定义、衡量和运用这些标准的过程。人民法院应当建立针对法官和法院的两种不同的绩效考评体系。对法官的绩效考评，主要包括法官案件审判质效指标考评和司法能力考评两个方面。其中，对法官案件审判质效的考评采取质效指标数据考评与案件质量监督评查相结合的方式进行。对法官司法能力的考评主要是对法官审理重大疑难复杂案件、裁判文书制作、庭审、调研等诸项能力的综合考评。考评结果记入法官审判业绩档案，作为其评定等次、兑现奖惩、评先评优、晋职晋级以及遴选法官的主要依据。对于法院的绩效考评，可以考虑以省级为单位，以全国法院案件质量评估指标体系和本地区法院评估指标体系为基础，制定综合考评办法，对反映案件审判质量、审判效率、审判效果的指标，按照一定的数学方法进行量化考评。

（二）健全完善规范法官自由裁量权的行使机制

成文法天然地具有不周延性、模糊性与滞后性。[1] 因此，如果法官单纯

---

[1] 参见公丕祥主编《法理学》，复旦大学出版社 2006 年版，第 409 页。

地从法律条文的字面含义出发，在处理一些具体案件时往往会无所适从。赋予法官一定的自由裁量权，既是弥补立法局限的重要途径，也是实现能动司法的核心要求。自由是法官自由裁量权的核心之一，权力是法官自由裁量权的另一核心。自由裁量权的本质是审判权，属于公共权力的范畴，通过自由裁量权实现能动司法，其实质是在司法裁量的过程中实现法律效果、社会效果和政治效果的统一。[①] 需要强调的是，规范法官自由裁量权绝非简单地限制法官自由裁量权，而是教育、引导、维护和保障法官正确行使自由裁量权。规范法官自由裁量权应当包含三层含义：一是约束法官自由裁量权，即约束法官滥用自由裁量权；二是激励法官行使自由裁量权，即鼓励法官通过自由裁量权的行使实现法律的精神和目的；三是保障法官行使自由裁量权，即法官的正当自由裁量权的行使不受谴责。为了使法官的能动司法行为依法、适度、廉洁地进行，有必要建立相应的规制机制，对其进行制度约束，从而使司法审判权始终处于和谐健康的运行状态。

人民法院应当建立审判案件的定案把关机制，细化定案把关的具体措施，特别是对重大、疑难、复杂、敏感的案件，要构建起多层级的定案把关体系。加强对独任审判员的监督管理，明确对独任审判员进行监督管理的事项、方式和程序。加强法院内部审判业务部门之间、审判组织之间的审判业务交流和审判信息沟通，确保司法尺度的统一。确立自由裁量权适用规则，规范司法解释工作，完善案例指导制度，明确刑事案件量刑指导规则，确立非法证据排除规则，完善民事案件举证责任分配规则，规范法院调查取证制度。加强审级监督，建立审判工作例会制度，由上级法院审判业务部门组织，由同一条线的分管院长、庭长、副庭长、审判长等参加，定期开展审判业务

---

① 参见危浪平《自由裁量权之中国情境：需求及边界——以本土化的司法能动主义为视野》，载公丕祥、李彦凯主编《人民法院能动司法方式》（司法改革研究 2011 年卷），法律出版社 2012 年版，第 569 页。

交流，协调解决法律适用问题；建立改判、发回重审案件意见交换制度，上级法院决定对案件改判或发回重审之前，及时与下级法院沟通联系，交换审理意见。建立健全庭长依法监督指导办案制度，探索庭长通过审判长联席会议或法官会议讨论案件等形式指导法官办案的新办法。推行类案及关联案件强制检索制度，依托智能审判辅助平台，利用科技手段规范法官自由裁量权。对法官出于不正当目的行使自由裁量权、自由裁量的内容不合法、自由裁量的结果显失公正以及自由裁量违反法定程序的，应结合法官审判质量考核的相关规定予以处理。对以权谋私、枉法裁判，构成违法违纪的，依据有关法律法规及相关规定进行处理。

（三）健全完善对司法权力的监督制约机制

"一切有权力的人都容易滥用权力，这是万古不易的一条经验。"[1] 中国缺乏形式主义法治的传统，在司法权威尚未建立时提倡能动司法，存在恣意司法的危险，因此法官自身基于规则的谦抑就显得尤为重要。[2] 在能动司法语境下，人民法院必须进一步强化对法官司法权力的监督制约。

首先，人民法院应当完善内部监督制约机制。建立廉政风险节点防控机制，在司法权运行过程中容易滋生腐败的重点领域、重点部位、重点岗位、重点环节，全面确立相应的监督制约措施，确保公正廉洁司法，树立人民法院和法官的良好形象。建立特邀审判监督员制度，实行特邀审判监督员与审判业务部门的对口联系。推行司法巡查、审务督察、内部审计等工作，加强上级法院对下级法院领导班子的监督，着力查究内部管理和纪律作风方面偏差。在审判业务部门设立廉政监察员，强化对法官日常行为的监督。建立法院审判业务部门领导干部的述职述廉制度，增强其"一岗双责"责任。充分

---

[1] 〔法〕孟德斯鸠:《论法的精神》上册，张雁深译，商务印书馆 1963 年版，第 154 页。

[2] 参见夏锦文《当代中国语境下能动司法的意义阐释与有效规制》，载《当代中国能动司法》，人民法院出版社 2011 年版，第 192 页。

发挥院庭长审判监督管理作用，细化院庭长在审批程序性事项、综合指导审判、监管审判质效、排除干扰审判活动的案外因素等方面的审判监督管理职责，全面落实"让审理者裁判、由裁判者负责"的司法责任制要求，切实提升院庭长监督管理实效。建立健全司法权力清单、责任清单和负面清单制度，明确审判人员权责，确保有序放权、科学配权、规范用权、严格限权，配套建立政治素质档案和廉政情况档案，并将落实清单情况纳入上述档案，作为业绩考评、晋职晋级、法官惩戒等方面的重要依据。完善法官惩戒组织机构建设，健全法官惩戒组织机构与纪检监察机关工作衔接机制，准确把握审判瑕疵和违法审判界限，合理认定依法负责情形和条件，确保依法追究违法审判责任。提升智能化监督管理水平，加强以司法大数据管理和服务平台为基础的智慧数据中台建设，拓展人工智能、5G、区块链等科技应用形态，健全适应互联网司法特点的审判监督管理机制，增强审判权力制约监督效能。

其次，除了人民法院和法官的自我约束之外，上下级之间的内部监督和人大的监督、检察机关的法律监督也必不可少。在上下级法院的内部监督方面，强化上级法院对下监督指导的职能作用，制定出台符合审判规律、实操性强的审判业务指导工作意见，健全上级法院业务庭和下级法院挂钩机制，实现"点对点""面对面"指导。畅通监督指导途径，建立健全发改案件判前交换意见、判后互评讲评机制，综合运用编发典型案例、组织业务培训、召开条线例会、开展案件评查等多种方式，加强对下级法院的业务指导。建立上级法院向下级法院派驻党务廉政专员和集中调配使用辖区法院监督力量的工作机制，有效解决下级法院尤其是基层监督人员不足和同级监督不力问题。在自觉接受人大监督方面，把主动接受人大监督作为改进和推动法院全面工作的"治弊良药"，积极主动地请代表"听诊"，让代表"把脉"，进一步拓宽联络渠道，敞开心扉，倾听民声。完善人大代表听审制度，对于人民群众普遍关心、社会反映强烈的重大案件，有计划地邀请人大代表旁听或列席，自觉接受人大代表的监督。积极听取人大代表意见和建议，实行分级负责、挂牌督办、跟踪反馈等制度，切实提高办理工作的针对性和时效性。同时，积极主动地接受检察机关的法律监督，如果审判主体有违反法定程序但并不影响案件实体处理的行为存在，如审判组织的组成不合法、依法应当回避的审判人员没有回避、审判人员轻微的违法违纪行为等，检察机关可以依照法律规定，及时地提出检察建议，积极履行法律监督职责。在立案、审判过程中，对于在能动司法范围内合法但不合理的某些行为，如法官没有充分行使诉讼指挥权、不积极主动依职权调查取证等等，检察机关应及时向人民法院提出纠正意见。人民法院已经发生法律效力的判决裁定确有错误时，检察机关应当通过检察建议或者抗诉的方式对其进行监督。

此外，新闻媒体和网络的社会监督也提供了一个广阔的平台，也可以共同构筑能动司法的制约机制。建立媒体监督的良性互动机制，牢固树立媒体对司法的监督有助于对司法机关及其工作人员执行国家法律情况进行监督，增强公众对法院的信任的理念，坚持善待媒体、主动与媒体打交道的原则，积极与媒体建立良好的沟通渠道，形成定期交流机制，并通过新闻发布会、记者招待会、媒体恳谈会等形式多样的活动与新闻界建立良好的互动关系，从而积极回应社会关切，充分发挥媒体监督在推动审判执行工作和队伍建设中的重要作用，赢得更多理解和支持，进而构建起与媒体沟通协调的规范化长效机制，营造出正确的舆论环境和良好的司法环境。正确认识网络监督，积极和精准回应网络舆情关切，以公开赢得公信，以公正换取满意，更好地树立良好形象，提升司法公信力和群众满意度。

第七章

能动司法模式与社会正义

能动司法是一个复合性的概念，要从多角度进行分析。从司法理念上看，能动司法体现了司法的政治性、人民性、法治性的有机统一。它与人民法院既往的司法理念是并行不悖、一以贯之的，是对新时期人民法院司法理念的进一步丰富和发展。从司法功能上看，能动司法是指依法充分发挥司法的能动作用，积极主动地为大局服务、为人民司法。从司法方式上看，能动司法有三层含义：一是指人民法院通过制定文件、建立制度、出台措施，依法服务党和国家工作大局，满足人民群众司法需求；二是指法官通过依法行使职权、正确运用自由裁量权，依法妥善审判和执行案件；三是指人民法院通过依法适度延伸审判职能，促进社会矛盾纠纷的源头预防和共同治理。从司法效果上看，能动司法的效果一方面表现为法官办案的法律效果和社会效果的有机统一，另一方面表现为社会各界和人民群众对人民法院工作的理解、支持和配合。①

　　人民法院维护社会正义，必须牢固树立能动司法理念，构建能动司法模式。只有这样，才能掌握审判工作的主动权，有效化解进入司法渠道的社会矛盾纠纷；才能促进影响社会和谐稳定的源头性、根本性、基础性问题的解决，预防和减少社会矛盾纠纷的发生；才能不断提高人民群众对人民法院工作的满意程度，提升人民法院的司法公信力和司法权威。在新的形势下，人民法院能动司法模式主要有以下几个特点。

---

① 　参见公丕祥《当代中国能动司法的意义分析》，《江苏社会科学》2010年第5期，第104页。

一　能动司法是主动型司法

马克思指出:"社会不是以法律为基础的。那是法学家们的幻想。相反地,法律应该以社会为基础。法律应该是社会共同的、由一定物质生产方式所产生的利益和需要的表现,而不是单个的个人恣意横行。"① 因此,社会生活是法律发展的基础,法律绝不可能脱离一定的社会条件而孤立地存在。当新的社会需求产生,却没有相应的法律供给时,就会产生新的法律需求,这形成了法律发展的动力机制。美国学者诺内特和塞尔兹尼克在比较了目的、合法性、规则、推理、裁量、强制、道德、政治、服从期待、参与等基本变数与法的不同对应关系的基础上建立了法律三类型的理论模型。他们从历史总结的角度出发,也从构筑理想法的角度出发,把法律分为压制型法、自治型法和回应型法三种类型。所谓压制型法是指作为一种压制性权力的工具的法律;所谓自治型法是指作为一种能够控制压制并维护自身完整性的特别制度的法律;所谓回应型法是指"作为回应各种社会需要和愿望的一种便利工具的法律"。② 在他们看来,法律是循着压制型法—自治型法—回应型法的轨迹进化的,回应型法是法律进化的高级阶段,其实质是要使法律不拘泥于形式主义和仪式性,通过理论和实践相结合进一步探究法律、政策所蕴含的社会公认准则(价值)。他们主张,在回应型法的模式下,目的对于法律的发展有支配作用。"在回应型法的情况下,虽然存在着工具主义的某种复兴,但这里的工具主义却是为了一些较为客观的公共目的。与法律相关的每一种变项,都必须在与其他变项和更大体系的关系中加以理解。"③ "特殊的规则、

---

① 《马克思恩格斯全集》第6卷,人民出版社1961年版,第291—292页。
② 参见〔美〕P.诺内特、P.塞尔兹尼克《转变中的法律与社会:迈向回应型法》,张志铭译,中国政法大学出版社2004年版,第16页。
③ 参见〔美〕P.诺内特、P.塞尔兹尼克《转变中的法律与社会:迈向回应型法》,张志铭译,中国政法大学出版社2004年版,第17页。

政策和程序逐渐被当作是工具性的和可牺牲的。它们虽然可能作为长期积累下来的经验受到尊重，但却不再表明法律秩序的承诺。取而代之的是，重点转至那些包括了政策前提并告知'我们真正要干的事'的更为普通的目的。因此，回应型法的一个独特特征是探求规则和政策内含的价值。"① 司法是法律实施的重要环节，对于法律的目的性考量，同样作用于司法，能动司法理念提出的一个动因，正在于此。能动司法突出司法的目的性考量，要求司法的手段和过程主动为司法目的服务，主动性是能动司法的一项基本原则。

司法的目的，具有多样性和层次性。从司法的原初功能来看，司法的目的就是解决纠纷，修复因为纠纷发生而破坏的社会关系。从司法的终极功能来看，司法的目的是为掌握国家政权的统治阶级的利益服务。在我国，人民法院是中国共产党领导下的国家审判机关，是中国共产党领导人民治国理政的重要力量，因此，司法的终极功能，就是为党和国家工作大局服务，为最广大人民的根本利益服务。在这个意义上，我们认为，在当代中国，能动司法的主动性原则，主要包含三个方面的要求：第一，主动把司法审判工作融入党和国家的工作大局之中，把贯彻执行法律与贯彻执行党的路线、方针、政策有机结合起来，努力实现办案的法律效果和社会效果的有机统一，为党和国家工作大局提供有力司法保障。第二，主动回应人民群众的司法关切，积极落实司法便民、利民措施，拉近司法与人民群众的距离，更好地维护人民群众合法权益，让人民群众更加信赖和支持司法。第三，主动适应转型时期社会治理的要求，一方面，妥善解决进入司法渠道的社会矛盾纠纷，实现纠纷的有效解决；另一方面，充分发挥司法裁判的引导、宣教功能，促进社会治理体系的健全完善，预防和减少社会矛盾纠纷的发生。

在探讨能动司法的主动性原则的时候，我们会很自然地想到司法权的被

---

① 参见〔美〕P. 诺内特、P. 塞尔兹尼克《转变中的法律与社会：迈向回应型法》，张志铭译，中国政法大学出版社 2004 年版，第 87 页。

动性问题。一般来说，被动性，是司法权的重要特征。司法权的被动性是相对于诉权的主动性而言的，它总是被动地给予当事人请求的救济，通常理解为"不告不理"。托克维尔在《论美国的民主》一书中对司法权的被动性有过形象的表述："司法权的第三个特征，是只有在请求它的时候，或用法律的术语来说，只有在它审理案件的时候，它才采取行动。""从性质来说，司法权自身不是主动的。要想使它行动，就得推动它。向它告发一个犯罪案件，它就惩罚犯罪的人；请它纠正一个非法行为，它就加以纠正；让它审查一项法案，它就予以解释。但是，它不能自己去追捕罪犯、调查非法行为和纠察事实。如果它主动出面以法律的检查者自居，那它就有越权之嫌。"① 对于司法权的被动性的理解不完全一致，但司法权的被动性主要体现在以下四个方面，还是被广泛认可的。一是在诉讼程序启动方面，只有在有人提出申请以后才能启动司法权，没有当事人的起诉、上诉、申诉或检察机关的抗诉，法院一般不能主动受理案件。② 二是在法院的裁判范围方面，一般要遵循"诉审同一"的规则，即法院裁判的范围应限制在当事诉讼主张的范围之内。③ 三是诉讼保全应当由当事人提出，法院不主动依职权进行。四是强制执行生

---

① 〔法〕托克维尔:《论美国的民主》上卷，董果良译，商务印书馆 2002 年版，第 110—111 页。

② 但是，也有例外，如根据我国三大诉讼法的规定，最高人民法院、上级人民法院就有权启动再审程序。刑事诉讼法第二百四十三条规定:"最高人民法院对各级人民法院已经发生法律效力的判决和裁定，上级人民法院对下级人民法院已经发生法律效力的判决和裁定，如果发现确有错误，有权提审或指令下级人民法院再审。"民事诉讼法第一百九十八条规定:"最高人民法院对地方各级人民法院已经发生法律效力的判决、裁定、调解书，上级人民法院对下级人民法院已经发生法律效力的判决、裁定、调解书，发现确有错误的，有权提审或者指令下级人民法院再审。"行政诉讼法第九十二条规定:"上级人民法院对下级人民法院已经发生法律效力的判决、裁定，发现有本法第九十一条规定情形之一，或者发现调解违反自愿原则或者调解书内容违法的，有权提审或者指令下级人民法院再审。"

③ 但是，也有例外。如我国刑事诉讼法第二百二十二条规定:"第二审人民法院应当就第一审判决认定的事实和适用法律进行全面审查，不受上诉或者抗诉范围的限制。"

效法律文书应当由当事人提出，法院不主动依职权进行。坚持司法权的被动性特征，有利于确保法院独立公正行使审判权，有利于保障当事人充分行使自己的处分权。

应当看到，能动司法强调司法权的主动性，并不是对司法权的被动性的否定，更不是以主动性取代被动性，司法权的主动性并不意味着法院可以主动启动诉讼程序，主动裁判或者超越当事人的诉讼请求作出裁判。在把司法权的主动性与被动性作为一对相对应的范畴讨论时，主动性主要侧重司法功能，它通过要求法院和法官在司法活动中综合考量各种因素，以正确行使自由裁量权，来实现司法的目的；被动性则主要侧重司法程序，它通过程序的规制和当事人处分权的行使，防止司法权的滥用，确保司法权独立公正行使。司法权的主动性和被动性，从不同的角度揭示了司法权的内在属性，两者是一个事物的两个方面，并不存在不可调和的矛盾，而是可以和谐地共存于司法权的正当行使过程之中，从而达到一种内在的平衡和统一。了解司法权的主动性与被动性的作用范围和表现，有助于我们对能动司法有更加准确的理解和把握。

二　能动司法是协同型司法

协同，来自系统论的概念，是指在一个系统中通过各个子系统之间的相互作用，产生各子系统默契合作的现象，从而使整个系统处于和谐有序的状态。总体上看，人类社会的纠纷解决机制无外乎诉讼纠纷解决机制和非诉讼纠纷解决机制两种模式。司法在现代社会的功能是无法替代的，在纠纷解决系统中毋庸置疑处于核心和主导地位。但是，它也不可避免地存在着缺陷。首先，司法解决纠纷的范围是有限的。"虽然在有组织的社会的历史上，法律作为人际关系的调节器一直发挥着巨大的决定性的作用，但是在任何这样的社会中，仅仅依凭法律这一社会控制力量显然是不够的。实际上，还存在一些能够指导或引导人们行为的其他工具，这些工具是在实现社会目标的过程中用以补充或部分替代法律手段的。"[1] 在人类社会中，权力、道德、宗教、习惯都是调整社会关系的力量，它们与法律在调整领域上，既有各自的范围，也存在交叉。不是所有的纠纷都必须通过司法途径解决，只有符合诉讼法规定的受案范围的纠纷才可以进入司法渠道，并且要遵循"不告不理"的原则。其次，司法解决纠纷的手段是有限的。纠纷解决的方式有许多，如行政裁决、仲裁机构仲裁、中间人居间调解、当事人自行协商和解等等。这些纠纷解决方式要么具有简便、高效、社会成本低的特点，要么具有缓和当事人之间矛盾的特点。相比于这些纠纷解决方式，司法手段往往表现出程序烦琐复杂、当事人之间对抗烈度强等劣势。在一定意义上讲，司法手段不是解决纠纷的最佳方式，往往是当事人迫不得已的最后选择。最后，司法解决纠纷的效果是有限的。纠纷解决的效果主要体现在三个方面：受侵害的权利得到恢复的程度、纠纷当事人的满意程度、社会公众对纠纷解决的认可程度。实践中，司法解决纠纷的效果往往会偏离人们的预期。"通过诉讼达到的判决使纠纷得到解决，指的只是以既判力为基础的强制性解决。这里所说的'解决'并不一定意味着纠纷在社会和心理的意义上也得到了真正的解决。由于败诉的当事者不满判决是一般现象，表面上像是解决了的纠纷又有可能在其他方面表现出来。"[2] 从社会公众来看，他们对于司法公正的认识日趋多元化，对于同一案件的处理结果，不同群体、不同阶层、不同个体时常作出不同甚至完全相反的价值评判，社会公众对司法公正的理解呈现出前所未有的差异性。

---

① 参见〔美〕E·博登海默《法理学：法律哲学与法律方法》，邓正来译，中国政法大学出版社 2004 年版，第 369 页。

② 参见〔日〕谷口安平《程序的正义与诉讼》，王亚新、刘荣军译，中国政法大学出版社 2002 年版，第 45—46 页。

理性地分析司法的有限性，并不是否认司法在解决纠纷中的重要作用，而是要通过客观的揭示，力图使司法处于社会公众合理的角色期待之中。司法的有限性使人们认识到了非诉讼纠纷解决方式的重要价值，因而，近年来关于非诉讼纠纷解决方式的研究和探讨汗牛充栋，这对于完善我国纠纷解决体系无疑是大有裨益的。但是，我们注意到，这些研究和探讨大多关注的是诉讼纠纷解决方式与非诉讼纠纷解决方式共存的必要性，以及如何充分发挥各自的解决纠纷功能，而对于把诉讼纠纷解决方式与非诉讼纠纷解决方式作为纠纷系统解决的组成部分，它们之间如何互动，以致达到相互配合、相互促进，进而形成解决纠纷的合力，这方面的研究还不够。能动司法之所以强调协同性原则，就是希望实现诉讼纠纷解决方式与非诉讼纠纷解决方式的良性互动、协调运作，从而达到纠纷彻底解决的目的。

协同性原则的第一个方面的要求是，法院要引入非诉讼纠纷解决方式，共同化解涉诉矛盾纠纷。判决和调解都是人民法院重要的司法方式，不存在谁优谁劣的问题，关键是要根据具体案情，正确加以运用，片面强调调解或者片面强调判决，都是不可取的。就调解而言，由于其具有自愿性、协商性、开放性、灵活性等特点，在一些案件中运用得当会取得比较好的法律效果和社会效果。调解在一定意义上对于法律知识的要求并不是主要的，更多的是需要一种建立在熟人社会基础上的沟通技能。应当承认，法官不一定是调解技能的擅长者，而人民调解组织、行业调解组织以及一些具备特定专业知识或者享有较高社会声望的人则可能在这方面具有优势，依靠他们帮助法院做调解工作，往往会取得良好的效果。因此，协同性原则要求法院在诉讼调解过程中，构建联动调解机制，积极邀请人民调解组织、行业调解组织、村（居）民委员会、行政机关、社会团体、人大代表、政协委员、技术专家以及诉讼当事人的亲属、好友、邻里等有利于案件调解的组织和个人参与调解，共同化解涉诉矛盾纠纷。

协同性原则的第二个方面的要求是，法院要为非诉讼纠纷解决方式发挥作用提供司法保障。在我国纠纷解决体系中，大部分非诉讼纠纷解决方式不具有强制力，这就为当事人反悔提供了方便，从而使人们对非诉讼纠纷解决方式的作用产生怀疑，在一定程度上导致非诉讼纠纷解决方式的利用率降低。因此，法院要通过一定的方式，使非诉讼纠纷解决结果接受司法审查，从而获得司法保障。其一，对人民调解组织、商事调解组织、行业协会或其他行业调解组织调解达成的调解协议，行政机关对平等主体间的民事纠纷调解达成的调解协议，或者其他组织依法对民事纠纷调解达成的调解协议，当事人如果担心将来可能得不到履行，可以共同申请法院依法确认该调解协议的效力，法院确认调解协议效力的决定具有强制执行力。其二，对于上述调解组织调解达成的具有民事合同性质的调解协议，当事人一方反悔的，对方当事人可以向法院提起诉讼，请求履行调解协议，变更、撤销调解协议，或者确认调解协议无效。其三，对具有给付内容的调解协议，当事人可以根据公证法的规定，向公证机关申请依法赋予其强制执行效力。经公证机关赋予强制执行效力的调解协议，当事人可以申请法院执行。其四，对于具有合同效力和给予内容的调解协议，债权人可以依法向法院申请支付令。

协同性原则的第三个方面的要求是，法院要加强对非诉讼纠纷解决方式的指导。非诉讼纠纷解决方式更多的是关心纠纷解决的实际效果，追求高效快捷地平衡当事人之间的利益关系，因而它在法律专业性和程序严谨性方面相对于诉讼纠纷解决方式是比较欠缺的，不可避免带来法律正当性和程序正当性评价的问题，可能会导致一些在价值判断上看来非正义的结果。而在这方面，诉讼纠纷解决方式具有无可替代的优势。如前所述，在整个社会的纠纷解决体系中，诉讼纠纷解决方式处于主导和核心地位，这种主导和核心地位一方面表现为诉讼纠纷解决方式为非诉讼纠纷解决方式提供司法上的保障，另一方面表现为诉讼纠纷解决方式为非诉讼纠纷解决方式提供法律上的指导。在实践中，人民法院开展专题培训、案例指导，与行政机关、各类调解组织召开座谈会，聘请有关人员担任人民陪审员等，都是对非诉讼纠纷解决方式进行指导的有效形式。

三　能动司法是引导型司法

法律并不是仅仅消极地反映社会，而是对社会能够产生强大的反作用。在社会控制的理论中，法律是现代社会控制的最主要的方式。庞德指出："文明是人类力量不断地更加完善的发展，是人类对外在的或物质自然界和对人类目前能加以控制的内在的或人类本性的最大限度的控制。"[①] "社会控制的主要手段是道德、宗教和法律。在开始有法律时，这些东西是没有什么区别的。"[②] "在近代世界，法律成了社会控制的主要手段。"[③] 但是，应该看到，法律并不能自发地对社会形成控制，它只有与一定的组织力量相结合才能对社会施加实际的影响。庞德也承认："在当前的社会中，我们主要依靠的是政治组织社会的强力。我们力图通过有秩序地和系统地适用强力，来调整关系和安排行为。此刻人们最坚持的就是法律的这一方面，即法律对强力的依赖。但我们最好记住，如果法律作为社会控制的一种方式，具有强力的全部力量，那么它也具有依赖强力的一切弱点。"[④] 在社会控制机制中，司法的功能在于它凭借政治上组织起来的力量和权威将抽象的法律规范转化为现实的对人们行为的控制，这种控制是对个别行为的直接控制和对普遍行为的张力控制的有机结合，从而使人们在可预测性和确定性的条件下进入现实过程，

---

① 〔美〕罗斯科·庞德:《通过法律的社会控制》，沈宗灵译，商务印书馆2009年版，第10页。
② 〔美〕罗斯科·庞德:《通过法律的社会控制》，沈宗灵译，商务印书馆2009年版，第11页。
③ 〔美〕罗斯科·庞德:《通过法律的社会控制》，沈宗灵译，商务印书馆2009年版，第12页。
④ 〔美〕罗斯科·庞德:《通过法律的社会控制》，沈宗灵译，商务印书馆2009年版，第12页。

并使他们的行为处于实际控制之中。① 司法是将处于抽象静态的法律规定适用到具体的社会中，形成动态法律秩序的过程。在这种意义上，"通过法律的社会控制"事实上也就是"通过司法的社会控制"，两者具有同构性。

司法的社会控制功能一方面表现为，司法将法律规则适用于具体案件，并对案件作出权威裁判。作为权威性的纠纷解决机制，司法的社会控制功能，首先表现为解决纠纷、惩罚犯罪，它是司法发挥社会控制作用的基本方向，其根本目的在于调整社会关系，恢复社会秩序。另一方面，司法活动也包含着对社会主体行为的法律评价和价值判断，司法机关审理具体案件，不仅是解决当事人之间的纷争，还发挥着对社会主导价值和行为模式的引导功能。这种引导功能主要表现为四个方面。一是指引。司法的结果能够为人们提供一种既定的行为模式，指引人们可以这样作为、必须这样作为或者不得这样作为，从而引导人们在法律范围内活动。二是评价。司法对人们的行为是否合法或违法及其程度，具有判断、衡量的作用。三是预测。司法结果能够告知人们某种行为所具有的、为法律所肯定或否定的性质以及它所导致的法律后果，从而使人们可以预先估计到自己和他人行为的后果。四是教育。司法具有能够影响人们思想，培养和提高人们法律意识，引导人们依法行为的作用。

能动司法的引导性原则，关注的就是司法的价值引导功能。在调解与裁判这两种基本司法方式中，司法的价值引导功能更多地体现在裁判中，因为调解更注重平衡利益，裁判则更注重维护正义。在司法裁判这一概念范畴内，我们认为，能动司法的引导性原则主要包括以下几个方面的要求：

第一，司法裁判应当符合法理。法理是法律的一般原理，是法律的合理性的来源与依据，因而也是正确理解法律的一把钥匙。在司法实践中出现因

---

① 参见程竹汝《社会控制：关于司法与社会最一般关系的理论分析》，《文史哲》2003年第5期。

"同法不同解"而产生的"同案不同判"的现象，主要原因就在于有的法官没有正确把握相关条文背后的法理。可以说，法官只有准确地把握法理，才能正确地理解法律、适用法律，才能正确地处理案件，从而更好地发挥司法的价值引导功能。如何才能发现法理？正如张文显教授所说，"法理"往往蕴含于立法草案的说明、立法宗旨和目的、一部法律的基本原则和一般规定之中。"法理"有时并不一定隐藏在法律条文背后，而是显见于法律之中，表达为法律条文或法律宣言及序言。① 如《中华人民共和国民法典》中第四至九条关于平等、自愿、公平、诚实信用、公序良俗、节约资源与保护生态的规定，《中华人民共和国刑法》中关于罪刑法定、法律面前人人平等和罪责刑相适应的法律条文，在明确民事与刑事法律基本原则的同时，也是对其中基本法理的阐述和确认。除了有关法律原则的规定之外，法律规则中也蕴含着可待发现的法理要素。例如，《中华人民共和国民法典》第三百一十二条规定："所有权人或者其他权利人有权追回遗失物。该遗失物通过转让被他人占有的，权利人有权向无处分权人请求损害赔偿，或者自知道或者应当知道受让人之日起二年内向受让人请求返还原物；但是，受让人通过拍卖或者向具有经营资格的经营者购得该遗失物的，权利人请求返还原物时应当支付受让人所付的费用。权利人向受让人支付所付费用后，有权向无处分权人追偿。"其中就体现了有关保护产权、保护公平交易、维护市场秩序、遵循诉讼时效等多方面的法之原则的"法理"。

　　第二，司法裁判应当考虑风俗习惯。人类进入文明时代，每个社会都存在多种规则系统，基本上可以分为习惯规则系统和法律规则系统，它们之间总是形成交往关系。这种交往关系会呈现出不同的方式：一种是法律规则系统试图逐步取代习惯规则系统，有人称之为替代型规则交往模式；另一种是

---

① 参见丰霏《如何发现法理？》，《法制与社会发展》2018 年第 2 期。

法律规则系统和习惯规则系统通过对话与融合共同调整社会关系，有人称之为共治型交往模式。① 在当代中国法制现代化建设进程中，不少人推崇法律一元化的治理方式，强调建立替代型规则交往模式。这是有其积极意义的。但是，应当看到，在任何一个国家，无论法律规则处于多么崇高的地位，习惯规则却一直顽强地存在，并一如既往地发挥作用。我们认为，在中国这样一个有着悠久历史的国度，在当代中国的社会变革与转型时期，一味强调法律的一元化治理，显然是不适应中国国情的。尽管风俗习惯存在这样那样的缺陷，但我们不能全盘否定其在社会治理中的重要作用。问题的关键在于，如何有效地把风俗习惯引入司法过程，一方面充分发挥风俗习惯解决纠纷的作用，另一方面有效规范和引导风俗习惯，促进形成良好社会风尚。对此，在具体运用风俗习惯时，法官应当根据一定的标准对风俗习惯进行甄别、筛选，确立善良风俗习惯，并将其引入司法审判的价值取向，以利于正当、合理、有效地在司法实践中运用善良风俗习惯解决矛盾纠纷，从而为善良风俗习惯导入司法提供有效保障。风俗习惯的司法运用应当遵循合法性、合理性、正当性、普遍性四项原则。具体而言，合法性是指风俗习惯的适用不得违背法律规定，这是司法裁判适用风俗习惯的前提条件，也是协调好风俗习惯与国家法治统一关系的重要保证。具体而言，不得违背法律规定包含不能违背法律强制性规定、符合法律倡导性规范、符合法律价值取向三个方面的内涵。不能违背法律强制性规定比较好理解，在此不予赘述。所谓法律倡导性规范指的是为法律规定所提倡、弘扬的行为，其通常属于法律规范中的授权性规范或任意性规范。比如，《中华人民共和国老年人权益保障法》第8条规定："全社会应当广泛开展敬老、养老、助老宣传教育活动，树立尊重、关心、帮助老年人的社会风尚。"由于倡导性规范的功能体现为提倡和诱导

---

① 参见公丕祥主编《民俗习惯司法运用的理论与实践》，法律出版社 2011 年版，第 25、37 页。

当事人采用特定行为模式，在案件审理过程中，法官要正确运用风俗习惯解决纠纷，就离不开法律倡导性规范的指引。合理性乃是某一惯例的有效要件之一，所以法院不能确立一种不合理的或荒谬的习惯去影响当事人的法律权利。如何把握合理性，从目前的司法实践来看，主要有两个标准，即道德标准和情理标准。基于风俗习惯本身的价值判断，风俗习惯的正当性表现为体现时代发展趋势，符合正当程序要求，以及为大多数人普遍信奉，具有积极的社会整合功能等方面。普遍性原则，是指能为司法认可的风俗习惯要具有普遍的约束力，大多数人都在自觉或不自觉中按照风俗习惯的要求从事或不从事某种行为，也即风俗习惯在人们内心形成了类似于法的确信，信其为一种规则，信其为如不遵守便会破坏共同体秩序且自身会被共同体排斥在外的一种规则。

　　第三，司法裁判应当考虑民意。民意体现了绝大多数社会成员的价值共识，代表了一个社会的主流价值判断，展示了一个社会中的道德观念、风俗习惯、民族文化的强大力量。强调民意在司法裁判中的作用，与强调审判权独立行使原则并不冲突。法院在依法独立行使审判权的过程中，合理吸纳民意，既可以增强司法裁判的说服力，又可以强化司法裁判对社会观念和社会行为的引导功能，实现司法裁判的法律效果和社会效果的有机统一。因此，法官应当正视民意作为一种对司法过程存在影响的力量的客观现实，转而分析司法如何在现有制度框架内考量民意，有效吸纳民意中包含的合理成分，在此基础上作出公众认可的合法公平的判决。[①] 当然，由于当今社会主体利益的多元化和公民意见表达渠道的多样化，特别是随着网络技术的发展，很多的意见表达往往并没有反映出真正的民意。因此，在司法审判过程中建立一套具有可操作性的民意识别装置就显得尤为必要。一般而言，民意识别包

---

① 参见梁迎修《论民意的司法考量——基于方法论的分析》，《法学杂志》2014 年第 3 期。

含法律、事实和结论的民意。① 对于法律的民意，法官是法律方面的专家，对法律有深刻的认识并需要依法裁判。公众缺少（至少在一定程度上缺少）对法律的系统理解，他们更多地从道德主义的视角出发评价法律的功过是非，殊不知，法律的逻辑与道德的逻辑并不完全一致。"普通人更习惯于将问题道德化，用好人和坏人的观点来看待这个问题，并按照这一模式来要求法律做出回应。"② 站在维护法治的立场，法官需要与法律民意保持距离，并且进行独立的理性思考。当法官的职业判断与大众的法律民意出现分歧时，法官可以根据法律的原则、立法的精神和目的，运用相应的司法技术如法律推理、法律解释等，尽可能寻找"服从法律外观的依据"，让民意悄无声息地体现在司法裁判中。对于事实的民意，法官需要有选择地采纳。法官不是案件事实的亲历者，也不曾目睹案件的发生，法官所获知的事实基本来自双方当事人的叙述，极易形成事实的真实信息与法官掌握的信息之间的严重不对称。法官应当充分考虑民意形成的基础和依据，发挥民意作为法院查明事实的手段的重要作用，弥补仅依据当事人提交证据认定事实的不足，全面客观地反映案件的客观事实。对结论的民意，法官必须保持警惕，公众的裁判结论通常是根据道德或者直觉作出的。即使有法律上的依据，也只是依据基础性法律知识作出的模糊判断，缺少技术性法律知识的支撑与论证。法官在获得有关结论的民意之时，不能直接接受这个结论，但是法官可以从公众的结论中思考其背后的生成逻辑，这样至少有两点好处：一是从公众的结论中可以获得其推理的前提，尤其是事实的真实版本；二是可获知公众广泛接受的民意动向，便于司法裁判也同样获得社会的认可。

第四，司法裁判文书应当注重说理。正如季卫东教授所言，"判决理由是司法权合理化的最重要的指标，也是法官思维水平的最典型的表现，在学

---

① 参见孙日华《中国司法中的民意识别与回应》，《中共浙江省委党校学报》2010 年第 5 期。
② 苏力：《基层法院审判委员会制度的考察及思考》，《北大法律评论》1998 年第 2 期。

识性、合理性较强的法律体系下，判决书不阐述和论证把法律适用于具体事实的理由的事情是绝对不可想象的"。① 因此，司法裁判不仅需要对特定的权利义务争议作出权威、明确的裁断，还应当在裁判文书中详细说明事实认定与法律适用的理由，向当事人和社会公开。裁判文书实际上是审判人员的逻辑思维过程的固定，是其职业素养的直接呈现。发挥司法裁判对社会风尚的引导作用，必须强调裁判文书的说理，不断提高说理的质量。按照 2018 年最高人民法院《关于加强和规范裁判文书释法说理的指导意见》的文件精神，应当做到以下几个方面：要阐明事理，说明裁判所认定的案件事实及其根据和理由，展示案件事实认定的客观性、公正性和准确性；要释明法理，说明裁判所依据的法律规范以及适用法律规范的理由；要讲明情理，体现法理情相协调，符合社会主流价值观；要讲究文理，语言规范，表达准确，逻辑清晰，合理运用说理技巧，增强说理效果。要立场正确、内容合法、程序正当，符合社会主义核心价值观的精神和要求；要围绕证据审查判断、事实认定、法律适用进行说理，反映推理过程，做到层次分明；要针对诉讼主张和诉讼争点、结合庭审情况进行说理，做到有的放矢；要根据案件社会影响、审判程序、诉讼阶段等不同情况进行繁简适度的说理，简案略说，繁案精说，力求恰到好处。裁判文书中对证据的认定，应当结合诉讼各方举证质证以及法庭调查核实证据等情况，根据证据规则，运用逻辑推理和经验法则，必要时使用推定和司法认知等方法，围绕证据的关联性、合法性和真实性进行全面、客观、公正的审查判断，阐明证据采纳和采信的理由。

　　第五，司法裁判应当关注对社会本体价值的体认。发挥司法的价值引导功能，从根本上讲，需要法官的良心自觉，既要秉持职业道德依法审判，也要把自己放进社会之中，以一种社会成员的心态来审判。不同的社会有不同

---

① 贺荣主编《司法体制改革与民商事法律适用问题研究》(上)，人民法院出版社 2015 年版，第 408 页。

的价值标准，不同的社会群体也有迥异的价值取向，司法裁判显然无法做到符合每个人的价值判断，但是，法官至少可以在审判时关注社会本体价值，这是人们在长期的共同社会生活中形成的共识，一旦法官偏离了社会本体价值，司法裁判就会引起社会的反感，甚至是激烈的反对。因而，司法裁判应当是法官对社会本体价值的体认。当前，我国正处在大发展大变革大调整时期，在前所未有的改革、发展和开放过程中，各种价值观念和社会思潮纷繁复杂。面对此种新态势、新特点，迫切需要我们积极培育和践行社会主义核心价值观。具体到司法场域中，要求人民法院和法官将社会主义核心价值观融进司法裁判中。具体而言，在理念上摒弃机械司法、就案办案的思维，在理顺案件是非曲直的基础上权衡利弊关系，尽力在个案中嵌入社会主流价值的司法裁判。① 在裁判依据上，尽可能尊重社会公众的朴素情感和基本道德诉求，尽力弥合情理法之间的罅隙，努力实现情理法的融会贯通。在法律规则适用上，不能就案办案，要深入探究立法背后的道德考量和机制功能，以充分实现个案正义和社会公平。在法律原则适用上，不能简单地将核心价值文字表述直白地引入裁判文书中，应当更加注重融贯性，将宏观抽象的价值理念转化为细致鲜活的法律话语，不断增强司法裁判的公信力。

但是，我们也注意到，在司法实践中，司法裁判常常会引起社会价值的变动。作为法官，把司法裁判作为影响社会价值的一种手段，是可取的，但是必须建立在社会需要这样的变化、大多数人认可这样的变化的基础之上。对于一些案件，不同的人往往会有不同的价值判断，法官在把握价值尺度时，既不能仅仅从自己的价值判断出发，也不能迎合外界的各种观点。法官必须保持清醒和谨慎，在各种是非认知中，确定符合大多数人的价值判断标准，从而作出合理的裁判。

---

① 参见洪泉寿《让社会主义核心价值观融进司法裁判》，《人民法院报》2020 年 8 月 9 日。

四　能动司法是复合型司法

坚持原则性与灵活性相结合，防止机械司法，这是能动司法的应有之义。在能动司法的语境下，法官审理案件的考量因素、法律适用、事实认定、司法方式都不是单一的，而是复合的。

首先，从考量因素来看，法律是法官审理案件的基本依据，但是，法律规范的一般性与具体案件的个别性的矛盾、过去制定的法律与当下现实生活的矛盾、有限的法律规制与复杂多变的社会关系的矛盾，决定了如果仅仅机械地依照法律作出裁判，有的案件审理往往不会取得良好效果。"法官不是将法律条文机械地在具体案件之中对号入座的技师"，① 在案件审理中，法官必须综合考量法律、政策、道德、情理、民意以及涉诉矛盾纠纷的特点、成因、背景、当事人情况等多种因素，审慎地作出裁判，才能确保案件审理的法律效果和社会效果的有机统一。比如，在我国，尽管中国共产党的政策在内容和形式上都与法律有着很大的差异，但是，不可否认，党的政策是中国特色社会主义法律体系最重要的渊源。人民法院坚持能动司法，确保法律正确有效实施，就绝不能把党的政策与法律割裂起来、对立起来，而是要把党的政策与法律有机结合起来，在严格执行法律的同时，贯彻执行好党的政策。司法过程中的政策考量体现在许多方面，大体上可以归纳为基于平衡、权宜、效果、导向和历史等因素进行的政策考量，它是对法律的辅助或者补充，目的是实现社会公平正义。在案件审理过程中，法官要充分考虑纠纷形成的背景因素，在遵循法律原则和法律规定的前提下，正确解读党的政策的精神，慎重把握裁判尺度，确保法律的适用与党的政策相协调、相一致。

其次，从法律适用来看，法律的不确定性、不周延性、不全面性是客观

① 参见孔祥俊《司法理念与裁判方法》，法律出版社 2005 年版，第 302 页。

存在的，因此，在法律适用的过程中，存在着正确解读法律的问题。正如庞德所说："立法者即使制定出关于新问题的法规，如他的预见性延伸到问题的每个细节或者说他所能做到的远远超过提供的宽阔范围，那是十分罕见的。所以即使在制定法的领域，法律体系中的传统因素仍扮演着重要的角色，我们必须依赖于传统的因素去填补立法的空白，并阐释和发展由立法引入的原则。"① 解读法律的方法是多种多样的。比如，法律推理包含了演绎推理、类比推理、实质推理等等，法律解释包含了文义解释、体系解释、目的解释等等，法律论证包含了内部证成、外部证成等等。② 在审理具体案件过程中，采用何种方法解读法律，需要法官能动地作出选择。卡多佐认为，司法过程既包含发现的因素，也包含创造性的因素。法官必须经常对互相冲突的利益加以权衡，并在两个或两个以上可供选择的、在逻辑上可接受的判决中作出选择。"在这些空缺地带的一些限制之内，在先例和传统的诸多限制之内，会有一些自由选择，使这些选择活动打上了创造性的印记。作为它所导致的产品，这个法律就不是发现的，而是制作的。"③ 法律的解读涉及技术，更重要的是涉及关系价值，或者说，价值衡量或价值取向在法律解读中意义更为重要。"在司法过程中，一旦技巧和工艺占了主导地位，就会导致文牍主义的结果——对于所有遭遇这种结果的人来说，这都是一件可悲的事情。"④ 法律规定是抽象统一的，具体案件则千差万别，如何在每个个案中实现公平正义，需要法官在法律解读中有创造性的思维，通过能动的选择，去填补价值，弥补漏洞。

---

① 参见〔美〕罗斯科·庞德《普通法的精神》，唐前宏、高雪原、廖湘文译，法律出版社2001年版，第122页。

② 参见陈金钊《法律人思维中的规范隐退》，《中国法学》2012年第1期。

③ 参见〔美〕本杰明·卡多佐《司法过程的性质》，苏力译，商务印书馆2000年版，第71页。

④ 参见〔美〕博西格诺等《法律之门》，邓子滨译，华夏出版社2002年版，第52页。

再次，从事实认定来看，法官是在认定事实的基础上作出裁判的，事实是裁判的基础，是司法活动所要解决的基本问题。这是因为法律规范都是以假定的事实状态为适用条件的，脱离具体的事实状态，也就没有法律适用的余地。在法律学界和实务界，对于"事实"往往是从两个方面来讨论的：一是客观事实，即客观上实际发生的事实；二是法律事实，即法院在审判程序中认定的事实。在发现事实的过程中，能动司法的法官所追求的是要最大限度地使法律事实接近客观事实。尽管法官认定案件事实受特殊的程序和规则的限制，并不是在任何情况下都能发现客观事实，但仍要尽最大可能去发现客观事实。在这样的目标指引下，能动司法的法官往往需要综合运用证据规则、经验法则、调查取证等多种方法来认定案件事实，仅仅依赖其中一种方法认定案件事实，则可能失之偏颇。特别是如果一味地依靠证据规则来发现案件事实，很可能会因为当事人对诉讼技巧的过分运用而无法发现客观事实。在这种情况下，法官更加需要发挥能动性，积极运用多种方式去发现客观事实，努力确保司法公正。

最后，从司法方式来看，法律有其刚性的一面也有其弹性的一面，相应地，司法方式也有硬性和柔性之分。能动司法的法官在审理案件过程中，既要用好硬性方式也要用好柔性方式，要在综合考量各种因素的基础上，针对不同对象、不同情况依法采取不同的司法方式。比如，在破产案件审理中，对那些虽然已经资不抵债、不能清偿到期债务或者有明显丧失清偿能力可能但仍然存在再生希望的企业，不一味强制清算债务，而是依相关当事人的申请进入重整程序，促成债权人与债务人达成谅解，进行营业重组与债务清理，使企业避免破产清算，摆脱困境，恢复经营能力。在采取财产保全措施时，坚持兼顾债权人与债务人合法权益，对尚能生产经营的负债企业，根据其生产经营特点和被保全标的物的性质，灵活采取保全方法：负债企业有其他财产可供保全的，避免对原材料、半成品、成品采取保全措施；有辅助财产可供保全的，避免对关键资产采取保全措施；在基本账户之外有其他存款可供保全的，一般不冻结基本账户；负债企业为生产经营需要提供其他等价值财产置换被保全财产的，及时变更财产保全标的物；等等。①

五　能动司法是干预型司法

为确保司法公正，法官在司法过程中必须保持中立，平等对待各方当事人，不偏不倚，不带有个人偏见，居间裁判案件，定分止争。对于这一点，并没有什么疑问。但是，问题在于，对于司法的中立性程度，则有着不同的理解。有的尊崇当事人主义诉讼模式，主张法官是超然于诉讼各方之上的消极中立的仲裁者，除了根据证据规则认定案件事实以及适用法律外，不应当再做其他事情。由此带来的弊病是显而易见的：强调法官的消极中立，当事人虽享有形式上的平等，但在双方当事人诉讼能力悬殊的情形下，则可能使他们处于实质上不平等的地位，反而可能会使当事人丧失本应属于自己的权利。当事人为了让法官确认自己主张的事实，在举证过程中必定会提出对自己有利的证据，而不提供对自己不利的证据，甚至会歪曲、捏造某些证据，在这种情况下，如果法官处于消极中立的地位，可能会导致一些关键事实无法查清，妨碍了实体公正的实现。能动司法并不否认形式正义的重要性，但是，绝不能为了形式正义而牺牲实质正义。司法"应该提供的不只是程序正义。它应该既强有力又公平；应该有助于界定公众利益并致力于达到实体正义"。② 因此，秉持能动司法理念的法官在必要的情况下，应当深化释明权"名为权，实为义务"的观念认识，切实从"行使权利"向

① 参见公丕祥《坚持司法能动　依法服务大局——对江苏法院金融危机司法应对工作的初步总结与思考》，《法律适用》2009 年第 11 期。
② 参见〔美〕P. 诺内特、P. 塞尔兹尼克《转变中的法律与社会：迈向回应型法》，张志铭译，中国政法大学出版社 2004 年版，第 82 页。

"履行职责"转变，通过行使释明权，干预当事人的诉讼，以确保实体公正的实现。

所谓法官的释明权，主要是指，法官在诉讼过程中，当出现当事人提出的诉讼请求、陈述的意见以及提供的证据不明确、不充分、不适当的情形时，依法对当事人进行提醒、启发或要求当事人对上述事项作出解释说明或补充修正。在一些大陆法系国家，释明权的行使还包括允许法官与当事人就诉讼请求或实体法要件进行讨论，即所谓的法官的讨论义务或指示义务。如果法官要适用当事人没有注意到的实体法要件或者当事人的诉讼请求（法的观点）不当的时候，法官就应当向当事人指出这样的要件事实，并与当事人就此进行充分的讨论，讨论的结果对法官没有必然的拘束力。在日本民事诉讼法中，这种义务被称为"法的观点指出义务"或"法律问题指出义务"。[①] 日本的判例进一步确认了违反该义务的后果，即法院在没有指出法的观点的前提下作出的裁判，将会被撤销原判或发回重审。

针对我国司法现状，我们认为，法官释明权行使的范围主要应当包括以下几个方面：其一，当事人的陈述不清楚时，法官可能通过释明使其陈述清楚。其二，当事人的诉讼资料如证据材料不充分时，法官可以通过释明使其补充。其三，对当事人之间法律关系的释明，即一案不能同时审查两个或两个以上的法律关系。其四，对当事人可以申请法院调查的情形、举证期限的约定、举证不能或逾期举证的法律后果等，做原则性的指导。其五，法官在法律授权范围内设定的裁判规则，必须充分释明后才能运用。如法律对举证责任的分配大多只是原则性的规定，很多具体情形下只能由法官根据公平原则和诚实信用原则，综合当事人的举证能力等因素确定举证责任的承担。对这些案件的举证责任的分配规则，法官必须向当事人充

---

① 参见〔日〕高桥宏志《民事诉讼法——制度与理论的深层分析》，林剑锋译，法律出版社 2003 年版，第 367 页。

分释明。其六，法官对当事人的不当行为作出对其不利的推定前，必须对推定的规则和后果充分释明。诉讼中，当事人因利益驱动，可能会故意隐瞒重要事实或不配合诉讼，为体现对这种行为的惩罚，法律规定了对其不利的法律后果。但当事人的不当行为也可能是在对其行为后果认识不足的情形下发生的，心存侥幸，以为可以蒙混过关，故法官在作出对其不利的推定前，应当向当事人充分释明，给予当事人考虑的机会，以确定是否是其真实的意思表示。

法官行使释明权，对于平衡当事人的诉讼能力，确保司法公正，提高司法效率，无疑具有十分重要的作用。但是，法官释明权的行使，体现了法官对诉讼活动的职权干预，过度行使则可能会影响法官中立、公正的司法形象。因此，法官释明权的行使必须控制在合理的限度内。第一，要遵循当事人意思自治原则。当事人意思自治是民事审判的重要原则。这就要求法官在审判案件时，一方面要准确把握当事人陈述、主张的真实意图，为可能需要的释明作必要准备；另一方面，确需释明时，法官对当事人的提示或发问应以促使当事人进一步说明、补充其真实意图为目的，而不是与当事人的真实意图相反，或者迎合法官自己的意图。这是对当事人诉讼主体地位的尊重，也是保障当事人诉权的体现。第二，要保持中立的立场。中立就是不偏不倚，法官在行使释明权的时候不能偏向任何一方当事人。法官必须保证在中立的前提下行使释明权，确保释明不能够损害审判的程序公正。释明必须确有必要，不带个人偏见，不体现对一方的"特别关照"。第三，释明必须适度和适时。所谓适度，是指法官行使释明权必须以一定的尺度为限，防止过度释明，同时在释明中应以提示、发问的形式进行，避免使用诱导性的语言，以免让当事人产生不公正的合理怀疑。所谓适时，是指只有在当事人存在诉讼障碍或缺陷时法官才能行使释明权，法官不得任意行使释明权，更不得滥用释明权。

六 能动司法是开放型司法

司法的开放性是相对于司法的封闭性而言的。司法的封闭性，是指司法有意识地与外界隔离，纯粹按照法律的思维和法律的逻辑进行司法活动，排除任何外在的影响和参与。封闭型司法使得司法成为少数法律"精英"掌握的技艺，对普通民众而言，司法是陌生的、冷漠的和神秘的。能动司法则主张司法应当打破自己为自己所设的藩篱，以开放的、接纳的姿态主动融入社会生活，积极与外界交流，从而回应社会关切，增强司法的正当性，维护司法的公信力。特别是在当下中国司法公信力受到质疑的情况下，人民法院通过推进开放型司法，形成司法与社会的良性互动关系，显得更为重要。能动司法的开放性原则，主要包括以下几个方面的要求：

第一，充分考量民意。所谓民意，又被称为民心、公意，是指大多数社会成员对与其相关的公共事务或现象所持有的大体相近的意见、情感和行为倾向的总称。在我国，民意对于司法的影响具有悠久的历史渊源。自汉代"春秋决狱"以来，一直存在着撇开法律而径直依据情理或其他非成文法渊源判决案件的情况，一些"受到称道、传至后世以为楷模者往往正是参酌情理而非仅仅依据法律条文的司法判决"。[①] 在当代中国，民意对于司法个案的关注度空前提高，一些司法个案在社会上产生轩然大波，引起广泛的关注和讨论，甚至影响了案件的裁判结果。对此，有的人认为，"民意不可能干预司法，虽然民意经常产生干预司法判决的冲动，但民意是司法体制外的声音，不具有强制性，法官在裁判过程中有权拒绝民意。无论民意多么强烈，法官都应该根据法律与社会公义平静地做出判决"。[②] 但我们认为，依法判决固然是法官裁判案件的首要原则，但作出的判决唯有具有广泛的社会接受性，

---

① 参见杨一平《司法正义论》，法律出版社 1999 年版，第 245 页。

② 参见吕忠梅《如何处理司法公正与民意表达的关系》，《人民法院报》2009 年 6 月 30 日。

才具有社会意义上的正当性基础。也就是说，司法裁判只有得到社会较为普遍的接受和认可，才能逐渐培育民众对司法的尊重和对法律的信仰。法官在法律思维中，应当适当地考虑个案解决对社会公众的影响，考虑社会公众可能的态度，考虑解决社会问题和法律规定之间的平衡。对于案件的处理，一定要综合考虑内外因素，使司法尽可能地与社会公众的期待相一致，这并不是对法律适用的背离，而是增强司法裁判对社会矛盾纠纷的调处能力、提高司法公信力所必须要做的。

　　第二，坚持司法公开。加强司法公开是落实宪法法律原则、保障人民群众参与司法的重大举措，是深化司法体制综合配套改革、健全司法权力运行机制的重要内容，是推进全面依法治国、建设社会主义法治国家的必然要求。司法公开是能动司法开放性原则的题中应有之义。在当代中国，推进司法公开，无疑是维护司法公正，提升司法公信力的良方。能动司法所倡导的司法公开，体现了公开对象的广泛性、公开范围的全面性、公开时间的即时性和公开性质的多重性。从对象来看，司法公开既包括向诉讼当事人公开，也包括向其他诉讼参与人、利害关系人公开，还包括向社会公众公开。从范围来看，应当坚持"公开为原则、不公开为例外"的要求，除法律规定不得公开的事项外，其他都应当公开。从时间来看，司法公开应当即时。特别是在一些重大涉诉事件发生后，要在第一时间公布事件真相和进展情况，掌握主动权，防止由信息不对称造成社会公众的误解。从性质来看，司法公开既是法院的义务，又是当事人的诉讼权利，同时还是社会公众的民主权利。司法公开并不是法院"想公开什么就公开什么"的权力，而是宪法和法律规定的一项义务，是当事人和社会公众的权利。如果将司法公开定性为法院的权力，那么法院在决定是否公开以及公开的范围和方式等方面就会具有较大的随意性，司法公开将流于形式，司法公正也将难以得到保障。为此，人民法院应当贯彻主动、依法、全面、及时、实质公开原则，健全完善司法公开工作机制，不断拓宽司法公开范围、健全公开形式、畅通公开渠道、加强平台建设、强化技术支撑，不断增强司法权威和司法公信力。一是深化审判流程信息公开网机制，全面落实通过互联网公开审判流程信息的规定，完善相关业务规范和技术标准，推进网上办案数据自动采集，推动实现全国法院依托统一平台自动、同步向案件当事人和诉讼代理人公开审判流程信息，充分保障并高效实现当事人的知情权，满足当事人对案件的掌控权。二是深化庭审活动公开，扩大庭审公开范围，以有典型意义、社会关注度高的案件为重点，充分运用网络直播、视频录播、图文直播等形式，实现庭审公开常态化，主动接受社会监督。三是深化裁判文书公开，加大裁判文书全面公开力度，严格不上网核准机制，使各方当事人和人民群众能真正理解法官作出某裁判或不作出某裁判的真实原因，并从裁判文书本身获取法治的养分。四是深化执行信息公开，优化整合各类信息公开平台功能，拓展执行信息公开范围，推动实现执行案件流程信息、被执行人信息、失信被执行人名单信息、网络司法拍卖信息等在同一平台集中统一公开，确保执行权在阳光下运行。

第三，推进司法民主。司法民主是关于司法权力来源的民主性以及司法程序民主参与的理论概括。在能动司法语境下讨论司法民主问题，更多的则是关注司法程序的民主参与问题。司法权的性质是判断权，传统司法理论要求法官作为裁判者必须排除一切干扰，不偏不倚地按既定规则办事，不受外界的任何影响。但是，即使是从司法权本身的运作过程来看，司法过程也不是封闭的，而是处处包含着民主参与的因素，比如当事人之间的质证与辩论、合议制与多数决等等。当前，加强公共领域包括司法领域的民主参与已经成为世界趋势。司法程序的民主参与如果仅仅局限在当事人或是法官之间，显然是远远不够的。特别是在司法公信力缺失的情况下，加强司法的社会公众参与，显得更为必要和迫切。人民陪审员制度是具有鲜明中国特色的司法民主形式，在当代中国，深入推进司法民主，必须把完善人民陪审员制度作为基本立足点。当前，我国人民陪审员制度还存在着参审案件的范围界定模糊、人民陪审员职权模糊、人民陪审员作用发挥有限等等不足。要进一步扩大人民陪审员的参审案件范围，明确人民陪审员的权利和义务，规范人民陪审员管理制度，加强人民陪审员履行职权的保障，从而充分发挥人民陪审员的作用，彰显中国特色司法民主的制度优越性。具体而言，一是推动做好人民陪审员选用工作，充分保障人民群众参与司法的广泛性和公平性。认真贯彻好人民陪审员选任条件的"一升一降"和选用程序的"三次随机"，保障人民陪审员来源广泛性和代表性，更好地发挥人民陪审员富有社会阅历、了解社情民意的优势。在安排人民陪审员参加个案审判时，要通过随机抽取方式确定人选，防止将陪审任务固定交给少数人民陪审员，体现人民陪审员参加案件审判的公平性。充分运用信息化手段，实时掌握人民陪审员参审案件数量，优先抽选参审案件少的人民陪审员，真正实现人民陪审员均衡参审。二是充分发挥人民陪审员的实质参审作用，真正实现人民陪审员制度的功能价值。合理确定人民陪审员的参审案件范围，充分发挥人民陪审员参加审判活动的实质性作用，努力实现从注重陪审案件数量向关注陪审案件质量转变。优化人民陪审员与法官的职权分工，强化法官对人民陪审员的指引、提示，引导人民陪审员充分发挥其"民间智慧"，促进案结事了。三是健全人民陪审员履职管理和保障机制，切实提升人民陪审员履职的积极性和实效性。建立人民陪审员宣誓制度，人民法院要会同司法行政机关及时组织人民陪审员公开进行就职宣誓，可以邀请人大代表、政协委员及其他部门同志参加，共同见证人民陪审员宣誓履职的神圣时刻。准确把握和落实人民陪审员"任期为五年，一般不得连任"的规定，对于一些有意愿继续任职的优秀陪审员和具有专业知识的陪审员，可以通过个人申请和组织推荐再次被选任为人民陪审员。加强对人民陪审员的人身安全和住所安全的保护，对报复陷害、侮辱诽谤、暴力侵害人民陪审员及其近亲属的，依法追究法律责任。

主要参考文献

一

《马克思恩格斯全集》第 1 卷，人民出版社 1995 年版。

《马克思恩格斯全集》第 3 卷，人民出版社 1960 年版。

《马克思恩格斯全集》第 6 卷，人民出版社 1961 年版。

《马克思恩格斯选集》第 1—4 卷，人民出版社 2012 年版。

《邓小平文选》第二卷，人民出版社 1994 年版。

《邓小平文选》第三卷，人民出版社 1993 年版。

《中共中央关于加强党的执政能力建设的决定》，载《十六大以来重要文献选编》（中），中央文献出版社 2006 年版。

《中共中央关于全面深化改革若干重大问题的决定》，人民出版社 2013 年版。

《中共中央关于全面推进依法治国若干重大问题的决定》，人民出版社 2014 年版。

江泽民:《全面建设小康社会，开创中国特色社会主义事业新局面——在中国共产党第十六次全国代表大会上的报告》（2002 年 11 月 8 日），载《十六大以来重要文献选编》（上），中央文献出版社 2005 年版。

胡锦涛:《坚定不移沿着中国特色社会主义道路前进，为全面建成小康社会而奋
　　斗——在中国共产党第十八次全国代表大会上的报告》（2012 年 11 月 8 日），
　　载《中国共产党第十八次全国代表大会文件汇编》，人民出版社 2012 年版。

《习近平谈治国理政》，外文出版社 2014 年版。

《习近平谈治国理政》第二卷，外文出版社 2017 年版。

《习近平谈治国理政》第三卷，外文出版社 2020 年版。

《习近平关于全面深化改革论述摘编》，中央文献出版社 2014 年版。

《习近平关于全面依法治国论述摘编》，中央文献出版社 2015 年版。

《习近平关于社会主义政治建设论述摘编》，中央文献出版社 2017 年版。

习近平:《论坚持全面深化改革》，中央文献出版社 2018 年版。

习近平:《论坚持全面依法治国》，中央文献出版社 2020 年版。

习近平:《紧紧围绕坚持和发展中国特色社会主义学习宣传贯彻党的十八大精
　　神》（2012 年 11 月 17 日），载《十八大以来重要文献选编》（上），中央文
　　献出版社 2014 年版。

习近平:《在首都各界纪念现行宪法公布施行 30 周年大会上的讲话》（2012 年
　　12 月 4 日），人民出版社 2012 年版。

习近平:《切实把思想统一到党的十八届三中全会精神上来》（2013 年 11 月 12
　　日），载《十八大以来重要文献选编》（上），中央文献出版社 2014 年版。

习近平:《严格执法，公正司法》（2014 年 1 月 7 日），载《十八大以来重要文
　　献选编》（上），中央文献出版社 2014 年版。

习近平:《决胜全面建成小康社会，夺取新时代中国特色社会主义伟大胜利——
　　在中国共产党第十九次全国代表大会上的报告》（2017 年 10 月 18 日），载
　　《十九大以来重要文献选编》（上），中央文献出版社 2019 年版。

习近平:《坚持和完善中国特色社会主义制度、推进国家治理体系和治理能力现

代化——在中共十九届四中全会上的讲话》(2019 年 10 月 31 日)，载《习
　　近平谈治国理政》第三卷，外文出版社 2020 年版。

习近平:《坚定不移走中国特色社会主义法治道路　为全面建设社会主义现代
　　化国家提供有力法治保障》(2020 年 11 月 16 日)，《求是》2021 年第 5 期。

二

《习近平法治思想概论》编写组:《习近平法治思想概论》，高等教育出版社
　　2021 年版。

张文显主编《法理学》，法律出版社 2007 年版。

张文显主编《法理学》，高等教育出版社 2018 年版。

公丕祥主编《法理学》，复旦大学出版社 2006 年版。

周萍、蒙柳主编《法理学》，武汉大学出版社 2016 年版。

房文翠主编《法理学》，厦门大学出版社 2012 年版。

肖光辉:《法理学专题研究》，上海社会科学院出版社 2016 年版。

孙笑侠:《法的现象与观念——中国法的两仪相对关系》，光明日报出版社 2018
　　年版。

卓泽渊:《法的价值论》，法律出版社 2006 年版。

李君如主编《社会主义和谐社会论》，人民出版社 2005 年版。

曹刚:《法律的道德批判》，江西人民出版社 2001 年版。

杨一平:《司法正义论》，法律出版社 1999 年版。

徐大同主编《现代西方政治思想》，人民出版社 2003 年版。

邓正来:《哈耶克法律哲学》，复旦大学出版社 2009 年版。

何信全:《哈耶克自由理论研究》，北京大学出版社 2004 年版。

江国华:《常识与理性:走向实践主义的司法哲学》，生活·读书·新知三联书店
　　2017 年版。

杨建军:《司法能动主义与中国司法发展》,法律出版社 2016 年版。

公丕祥主编《民俗习惯司法运用的理论与实践》,法律出版社 2011 年版。

公丕祥、石英主编《能动司法与社会管理创新》,法律出版社 2012 年版。

公丕祥主编《能动司法的生动实践——江苏法院加强国际金融危机司法应对工作的理论思考》,法律出版社 2012 年版。

孔祥俊:《司法理念与裁判方法》,法律出版社 2005 年版。

张千帆主编《宪法学》,法律出版社 2004 年版。

陈瑞华:《刑事审判原理论》,北京大学出版社 1997 年版。

黄建辉:《法律漏洞·类推适用》,蔚理法律出版社 1988 年版。

李学灯:《证据法比较研究》,台北五南图书出版公司 1998 年版。

范愉:《非诉讼纠纷解决机制研究》,中国人民大学出版社 2003 年版。

左为民、周长军:《变迁与改革:法院制度现代化研究》,法律出版社 2000 年版。

梁根林:《刑事政策:立场与范畴》,法律出版社 2005 年版。

李国光主编《解读最高人民法院司法解释·民事卷》,人民法院出版社 2003 年版。

汤建国、高其才主编《习惯在民事审判中的运用——江苏省姜堰市人民法院的实践》,人民法院出版社 2008 年版。

最高人民法院编写组:《人民法院审判理念读本》,人民法院出版社 2011 年版。

江苏省高级人民法院司法改革办公室编《江苏法院司法改革报告(2010年度)》。

江苏省高级人民法院司法改革办公室编《江苏法院司法改革报告(2011年度)》。

江苏省高级人民法院司法改革办公室编《江苏法院司法改革报告(2012年度)》。

中国社会科学院语言研究所词典编辑室编《现代汉语词典》,商务印书馆 1992

年版。

陆学艺主编《当代中国社会阶层研究报告》，社会科学文献出版社 2002 年版。

陈振明：《政策科学》，中国人民大学出版社 1998 年版。

卢现祥：《西方新制度经济学》，中国发展出版社 1996 年版。

《论语》。

杨晓娜：《法律类推适用新探》，中国政法大学出版社 2013 年版。

孔祥俊：《法官如何裁判》，中国法制出版社 2017 年版。

罗思荣、陈永强：《民法原理导论》，中国法制出版社 2011 年版。

梁慧星：《民法解释学》，中国政法大学出版社 2002 年版。

侯学勇等：《中国司法语境中的法律修辞问题研究》，山东人民出版社 2017 年版。

刘黎：《公正裁判之道——法官思维的 10 个维度》，中国方正出版社 2016 年版。

曲伶俐主编《刑事法治与人权保障》，中国法制出版社 2006 年版。

田成有：《法官的修炼》，中国法制出版社 2011 年版。

贺荣主编《司法体制改革与民商事法律适用问题研究》（上），人民法院出版社
　　2015 年版。

王千华：《论欧洲法院的司法能动性》，北京大学出版社 2005 年版。

三

〔美〕E·博登海默：《法理学：法律哲学与法律方法》，邓正来译，中国政法大
　　学出版社 2004 年版。

〔美〕约翰·罗尔斯：《正义论》（修订版），何怀宏、何包钢、廖申白译，中国
　　社会科学出版社 2009 年版。

〔美〕约翰·罗尔斯：《正义论》，何怀宏、何包钢、廖申白译，中国社会科学出
　　版社 1988 年版。

〔美〕约翰·罗尔斯：《作为公平的正义——正义新论》，姚大志译，中国社会科

学出版社 2011 年版。

〔美〕克里斯托弗·沃尔夫:《司法能动主义——自由的保障还是安全的威胁?》（修订版），黄金荣译，中国政法大学出版社 2004 年版。

〔美〕P. 诺内特、P. 塞尔兹尼克:《转变中的法律与社会：迈向回应型法》，张志铭译，中国政法大学出版社 2004 年版。

〔美〕布雷恩·Z. 塔玛纳哈:《论法治——历史、政治和理论》，李桂林译，武汉大学出版社 2010 年版。

〔美〕迈克尔·D·贝勒斯:《法律的原则：一个规范的分析》，张文显、宋金娜、朱卫国、黄文艺译，中国大百科全书出版社 1996 年版。

〔美〕马丁·P·戈尔丁:《法律哲学》，齐海滨译，生活·读书·新知三联书店 1987 年版。

〔法〕孟德斯鸠:《论法的精神》上册，张雁深译，商务印书馆 1963 年版。

〔美〕罗纳德·德沃金:《认真对待权利》，信春鹰、吴玉章译，中国大百科全书出版社 2002 年版。

〔美〕理查德·波斯纳:《法官如何思考》，苏力译，北京大学出版社 2008 年版。

〔美〕理查德·A·波斯纳:《法律的经济分析》（上），蒋兆康译，中国大百科全书出版社 1997 年版。

〔德〕卡尔·拉伦茨:《法学方法论》，陈爱娥译，商务印书馆 2003 年版。

〔美〕罗伯特·诺齐克:《无政府、国家与乌托邦》，何怀宏等译，中国社会科学出版社 1991 年版。

〔美〕罗斯科·庞德:《通过法律的社会控制》，沈宗灵译，商务印书馆 2009 年版。

〔美〕罗斯科·庞德:《普通法的精神》，唐前宏、高雪原、廖湘文译，法律出版社 2001 年版。

〔美〕本杰明·卡多佐:《司法过程的性质》，苏力译，商务印书馆 2000 年版。

〔美〕R.M. 昂格尔:《现代社会中的法律》，吴玉章、周汉华译，中国政法大学出版社 1994 年版。

〔美〕博西格诺等:《法律之门》,邓子滨译,华夏出版社 2002 年版。

〔英〕托马斯·霍布斯:《利维坦》,黎思复、黎廷弼译,商务印书馆 1985 年版。

〔英〕弗里德利希·冯·哈耶克:《法律、立法与自由》第一卷,邓正来、张守
　　东、李静冰译,中国大百科全书出版社 2000 年版。

〔英〕弗里德利希·冯·哈耶克:《法律、立法与自由》第二、三卷,邓正来、张
　　守东、李静冰译,中国大百科全书出版社 2000 年版。

〔英〕汤姆·宾汉姆:《法治》,毛国权译,中国政法大学出版社 2012 年版。

〔德〕马克斯·韦伯:《经济与社会》下卷,约翰内斯·温克尔曼整理,林荣远
　　译,商务印书馆 1997 年版。

〔德〕马克斯·韦伯:《儒教与道教》,王容芬译,商务印书馆 1995 年版。

〔德〕黑格尔:《法哲学原理》,范扬、张企泰译,商务印书馆 1961 年版。

〔德〕鲁道夫·冯·耶林:《为权利而斗争》,中译本载梁慧星主编《民商法论丛》
　　第 2 卷,法律出版社 1994 年版。

〔法〕卢梭:《社会契约论》,何兆武译,商务印书馆 2003 年版。

〔法〕托克维尔:《论美国的民主》上卷,董果良译,商务印书馆 2002 年版。

〔日〕谷口安平:《程序的正义与诉讼》,王亚新、刘荣军译,中国政法大学出版
　　社 2002 年版。

〔日〕高桥宏志:《民事诉讼法——制度与理论的深层分析》,林剑锋译,法律出
　　版社 2003 年版。

〔以色列〕S.N. 艾森斯塔得:《帝国的政治体系》,阎步克译,贵州人民出版社
　　1992 年版。

〔古希腊〕亚里士多德:《尼各马可伦理学》,廖申白译注,商务印书馆 2003
　　年版。

《阿奎那政治著作选》,马清槐译,商务印书馆 1963 年版。

〔美〕万斯庭:《美国法官的工作》,载宋冰编《程序正义与现代化——外国法
　　学家在华演讲录》,中国政法大学出版社 1998 年版。

〔美〕奥利弗·温德尔·霍姆斯:《法律之道》,许章润译,《环球法律评论》2001
　　年第 3 期。

〔英〕T·R·S·阿伦:《立法至上与法治:民主与宪政》,原载英国《剑桥大学法
　　律杂志》1985 年 3 月号,译本载《法学译丛》1986 年第 3 期。

北京大学哲学系、外国哲学史教研室编译《古希腊罗马哲学》,生活·读书·新
　　知三联书店 1957 年版。

苗力田主编《亚里士多德全集》第八卷,中国人民大学出版社 1994 年版。

四

顾培东:《构建和谐社会背景下的纠纷解决之道》,载徐昕主编《纠纷解决与社
　　会和谐》,法律出版社 2006 年版。

江国华:《走向能动的司法——审判权本质再审视》,《当代法学》2012 年第 3 期。

侯学勇、赵玉增:《法律论证中的融贯论——转型时期和谐理念的司法体现》,
　　《法学论坛》2007 年第 3 期。

夏勇:《法治是什么——渊源、规诫与价值》,载夏勇、李林、〔瑞士〕丽狄娅·芭
　　斯塔·弗莱纳主编《法治与 21 世纪》,社会科学文献出版社 2004 年版。

李树忠:《迈向"实质法治"——历史进程中的十八届四中全会〈决定〉》,《当
　　代法学》2015 年第 1 期。

霍秀媚:《制度公正与民主政治》,《探求》2003 年第 2 期。

杨博:《社会正义还是行为正义?——哈耶克正义观评析》,《天津行政学院学
　　报》2013 年第 4 期。

陈朝阳:《司法哲学基石范畴:司法能动性之法哲理追问》,《西南政法大学学
　　报》2006 年第 3 期。

陈朝阳:《法律方法之基础:司法能动性》,《华东政法学院学报》2004 年第 5 期。

武飞:《法律解释的难题:服从还是创造——法律方法视角的探讨》,《法学论坛》2005 年第 6 期。

刘士国:《法律漏洞及其补充方法》,载《人大法律评论》2010 年卷,法律出版社 2011 年版。

韩登池:《法律推理与司法裁判》,《河北法学》2010 年第 7 期。

李浩:《能动司法视野下的乡土社会的审判方法——陈燕萍办案方法解读》,《当代法学》2010 年第 5 期。

焦盛荣:《论法官的告知义务——以民事诉讼法为例》,《兰州大学学报》(社会科学版)2006 年第 1 期。

陆而启、王铁玲:《事实发现:能动与回应之间》,《政法论丛》2010 年第 4 期。

苏力:《法条主义、民意与难办案件》,《中外法学》2009 年第 1 期。

郑鄂:《"服判息诉、案结事了"是审判执行工作的硬道理》,《求是》2009 年第 12 期。

蒋剑鸣:《转型社会的司法方法调整——关于司法和合主义的展开:柔性、本位、平行》,《社会科学》2007 年第 4 期。

公丕祥:《坚持司法能动　依法服务大局——对江苏法院金融危机司法应对工作的初步总结与思考》,《法律适用》2009 年第 11 期。

宋亚辉:《公共政策如何进入裁判过程——以最高人民法院的司法解释为例》,《法商研究》2009 年第 6 期。

孔祥俊:《论裁判的逻辑标准与政策标准——以知识产权法律适用问题为例》,《法律适用》2007 年第 9 期。

徐清宇、周永军:《能动司法之方法论——以司法机关参与创制社会政策为视角》,载马荣主编《审判研究》第二辑,法律出版社 2010 年版。

吴清旺、贺丹青:《利益衡平的法学本质》,《法学论坛》2006 年第 1 期。

黄萍:《"大调解"工作体系的法理解读》,《法学杂志》2010 年第 12 期。

苏力:《关于能动司法与大调解》,《中国法学》2010 年第 1 期。

苏力:《家族的地理构成》,载《制度是如何形成的》,北京大学出版社 2007
年版。

高其才:《能动司法视野下人民法院社会管理创新思考》,《广西政法管理干部
学院学报》2010 年第 6 期。

赵旭东:《乡土社会的"正义观"——一个初步的理论分析》,载王铭铭、王斯
福主编《乡土社会的秩序、公正与权威》,中国政法大学出版社 1997 年版。

温刚、童玉海:《法官能动司法之法理思辨——以规则之治局限性的克服为视
角》,《山东审判》2008 年第 3 期。

公丕祥:《能动司法与社会公信:人民法官司法方式的时代选择——"陈燕萍工
作法"的理论思考》,《法律适用》2010 年第 4 期。

陈金钊:《法律人思维中的规范隐退》,《中国法学》2012 年第 1 期。

苏力:《关于能动司法》,《法律适用》2010 年第 z1 期。

公丕祥:《当代中国的自主型司法改革道路——基于中国司法国情的初步分析》,
《法律科学》(西北政法大学学报) 2010 年第 3 期。

吴玢锋:《论党的政策与公共政策的关系》,《理论视野》2004 年第 2 期。

陈庆云:《公共政策的理论界定》,《中国行政管理》1995 年第 11 期。

苏泽林:《坚持能动司法,全面推进大调解工作》,载最高人民法院编写组《当
代中国能动司法》,人民法院出版社 2011 年版。

范愉:《诉前调解与法院的社会责任:从司法社会化到司法能动主义》,《法律适
用》2007 年第 11 期。

蒋惠岭:《法院附设 ADR 对我国司法制度的新发展》,载张延灿主编《调解衔
接机制理论与实践》,厦门大学出版社 2009 年版。

齐树洁:《能动司法与诉调对接——我国法院调解制度的改革与创新》,载公丕

祥、李彦凯主编《人民法院能动司法方式》（司法改革研究 2011 年卷），法律出版社 2012 年版。

公丕祥:《当代中国能动司法的意义分析》,《江苏社会科学》2010 年第 5 期。

张友连:《论最高人民法院公共政策创制的形式及选择》,《法律科学》(西北政法大学学报) 2010 年第 1 期。

张浩书:《法律如何实现公共政策——从"孕妇死亡"事件切入》,《河北法学》2009 年第 10 期。

侯猛:《最高人民法院判决的比较优势》,《北京大学学报》(哲学社会科学版) 2008 年第 6 期。

唐清利:《社会信用体系建设中的自律异化与合作治理》,《中国法学》2012 年第 5 期。

危浪平:《自由裁量权之中国情境: 需求及边界——以本土化的司法能动主义为视野》, 载公丕祥、李彦凯主编《人民法院能动司法方式》(司法改革研究 2011 年卷), 法律出版社 2012 年版。

夏锦文:《当代中国语境下能动司法的意义阐释与有效规制》, 载《当代中国能动司法》, 人民法院出版社 2011 年版。

程竹汝:《社会控制: 关于司法与社会最一般关系的理论分析》,《文史哲》2003 年第 5 期。

曹玉涛:《论罗尔斯制度正义的优先性及其启发意义》,《西南师范大学学报》(人文社会科学版) 2005 年第 2 期。

张文显:《人民法院司法改革的基本理论与实践进程》,《法制与社会发展》2009 年第 3 期。

喻福东:《论司法人性化的哲学根基》,《云梦学刊》2008 年第 2 期。

彭语良:《程序正义的理念、源流及现实意义》,《中国党政干部论坛》2014 年第 7 期。

练崇潮、易有禄:《立法程序的价值分析》,《浙江学刊》2014 年第 4 期。

刘立明:《"感受到公平正义"的法治意蕴》,《江苏社会科学》2020 年第 5 期。

周健宇:《论民事诉讼中法院调查取证制度之完善——基于实证分析和比较法的考察》,《证据科学》2014 年第 5 期。

李浩:《回归民事诉讼法——法院依职权调查取证的再改革》,《法学家》2011 年第 3 期。

肖峰:《第一审普通程序中若干问题的完善》,《法律适用》2015 年第 4 期。

范愉:《客观、全面地认识和对待调解》,《河北学刊》2006 年第 6 期。

张立勇:《论马锡五审判方式在当代的继承与发展》,《人民司法》2009 年第 7 期。

丰霏:《如何发现法理?》,《法制与社会发展》2018 年第 2 期。

梁迎修:《论民意的司法考量——基于方法论的分析》,《法学杂志》2014 年第 3 期。

孙日华:《中国司法中的民意识别与回应》,《中共浙江省委党校学报》2010 年第 5 期。

苏力:《基层法院审判委员会制度的考察及思考》,《北大法律评论》1998 年第 2 期。

江必新:《能动司法:依据、空间和限度》,《光明日报》2010 年 2 月 4 日。

赵迅:《我国法治转型的公平正义取向》,《光明日报》2012 年 10 月 17 日。

梁慧星:《怎样进行法律思维》,《法制日报》2013 年 5 月 8 日。

袁祥:《民生问题引发矛盾纠纷大增,群体性热点敏感事件频发,最高法院强调把调解作为首要方式》,《光明日报》2009 年 7 月 29 日。

吕忠梅:《如何处理司法公正与民意表达的关系》,《人民法院报》2009 年 6 月 30 日。

洪泉寿:《让社会主义核心价值观融进司法裁判》,《人民法院报》2020 年 8 月 9 日。

后　记

　　本书是南京师范大学法学院李浩教授主持的国家社会科学基金重大招标项目"维护司法公正和社会公平正义研究"的最终研究成果之一。

　　本书坚持以马克思主义法治理论和习近平法治思想为指导，立足当代中国的基本司法国情实际，从当代中国社会转型的特定历史阶段和人民法院面临的重大时代挑战出发，深入考察能动司法与社会正义的互动机理，从理论与实践的结合上努力回应新时代中国司法现代化的实际问题。

　　本书是集体合作的产物，课题组的写作分工如下（以写作内容为序）。

　　公丕祥：前言、第一章；

　　章润、孔令媛：第二、三章；

　　史乃兴、鲍平晓：第四、五章；

　　马洪涛、解思辛：第六、七章。

　　本书由公丕祥教授修改定稿，章润博士协助主编做了包括统稿在内的大量工作，於海梅博士承担了具体的技术辅助工作。

　　本书的写作和出版，得到了国家社会科学规划办公室和江苏省哲学社会科学规划办公室的大力支持，得到了社会科学文献出版社刘骁军主任的精心编辑，亦得到了南京师范大学中国法治现代化研究院和南京师范大学法学院的热情支持。在此，谨致以诚挚的谢忱！本书的不足之处，尚祈法学法律界同仁和广大读者批评指正。

编　者

2021 年 3 月于南京

图书在版编目（CIP）数据

能动司法与社会正义 / 公丕祥主编 . -- 北京 : 社
会科学文献出版社，2022.3（2024.7 重印）
ISBN 978-7-5201-9650-5

Ⅰ.①能… Ⅱ.①公… Ⅲ.①司法制度－研究－中国
Ⅳ.① D926

中国版本图书馆 CIP 数据核字（2022）第 031149 号

能动司法与社会正义

主　　编 / 公丕祥
副 主 编 / 章　润

出 版 人 / 冀祥德
组稿编辑 / 刘骁军
责任编辑 / 易　卉
文稿编辑 / 许文文
责任印制 / 王京美

出　　版 / 社会科学文献出版社·法治分社（010）59367161
　　　　　　地址：北京市北三环中路甲 29 号院华龙大厦　邮编：100029
　　　　　　网址：www.ssap.com.cn
发　　行 / 社会科学文献出版社（010）59367028
印　　装 / 唐山玺诚印务有限公司

规　　格 / 开　本：787mm×1092mm　1/16
　　　　　　印　张：16.5　字　数：217 千字
版　　次 / 2022 年 3 月第 1 版　2024 年 7 月第 2 次印刷
书　　号 / ISBN 978-7-5201-9650-5
定　　价 / 98.00 元

读者服务电话：4008918866